वित्तीय नियोजन

वित्तीय नियोजन

कब, क्यों और कैसे ?

(वित्तीय स्वतंत्रता की ओर पहला कदम)

योगेश शर्मा

प्रभात
प्रकाशन

प्रकाशक

प्रभात प्रकाशन प्रा. लि.

4/19 आसफ अली रोड, नई दिल्ली-110002

फोन : 011-23289777 • हेल्पलाइन नं. : 7827007777

इ-मेल : prabhatbooks@gmail.com ❖ वेब ठिकाना : www.prabhatbooks.com

संस्करण

2023

पेपरबैक मूल्य

तीन सौ रुपए

मुद्रक

नरुला प्रिंटर्स, दिल्ली

VITTEEYA NIYOJAN

by Shri Yogesh Sharma

Published by **PRABHAT PRAKASHAN PVT. LTD.**

4/19 Asaf Ali Road, New Delhi-110002

ISBN 978-93-90378-01-2

₹ 300.00 (PB)

भूमिका

पैसा दुनिया का सबसे भावुक विषय है। विद्यालयों और महाविद्यालयों में एक विषय के रूप में हमें कभी भी पैसों के बारे में पढ़ाया नहीं जाता है। देखा जाए तो हमारी पूरी शिक्षा प्रणाली में उसके लिए बहुत कम जगह है। लेकिन दूसरी ओर देखेंगे तो पाएँगे कि पैसा ऐसी चीज है कि उसी के चारों ओर हमारी दुनिया घूमती है और आगे बढ़ती है। आधुनिक समाज भी पैसे को अत्यधिक महत्त्व देता है, हालाँकि अधिकतर लोगों को महाविद्यालय की पढ़ाई समाप्त होने के बाद पसंदीदा नौकरी या काम मिल जाता है और वे इतना पैसा कमाना शुरू कर देते हैं कि उनकी जिंदगी सुख–सुविधा से गुजर सकती है। लेकिन एक अच्छी नौकरी मिल जाना ही सबकुछ नहीं है। यह बस एक शुरुआत है।

अपने कॅरियर के शुरुआती कुछ सालों में लोगों को जो छोटे–बड़े अनुभव होते हैं, वे उसमें बँधकर रह जाते हैं, वे यह जान ही नहीं पाते हैं कि पैसों का प्रबंधन भी उतना ही जरूरी काम है, जितना कि पैसा कमाना। मार्गदर्शन के अभाव में कई बार बहुत बुरे अनुभवों से गुजरना पड़ता है। आपके दोस्त या रिश्तेदार भी जबरदस्ती आपको तरह–तरह के वित्तीय उत्पाद (फाइनेंशियल प्रोडक्ट) बेच देते हैं। उससे भी आप बहुत कुछ सीखते हैं। आप इन सबसे बच सकते हैं, बशर्ते आप वित्तीय नियोजन (फाइनेंशियल प्लानिंग) को जानें।

एक जागरूक निवेशक अपने निवेश से तभी अधिकतम आय प्राप्त कर सकता है, जबकि उसे अपने निवेश के विभिन्न आवश्यक पहलुओं की सही–सही जानकारी हो। जैसे उस निवेश में वार्षिक वृद्धि की अपेक्षाएँ, वार्षिक आय, कर–मुक्ति संबंधी प्रावधान, उसके सुगम हस्तांतरण के प्रावधान आदि। इस प्रकार एक निवेशकर्ता उचित वित्तीय नियोजन द्वारा जहाँ एक ओर अपने निवेश की सुरक्षा के बारे में निश्चिंत हो सकता है, वहीं दूसरी ओर वह अपने

जीवन के वित्तीय लक्ष्य प्राप्त कर सकता है।

यह पुस्तक आपके लिए मार्गदर्शक के रूप में काम कर सकती है तथा आपको एवं आपके परिवार के लिए सर्वाधिक लाभप्रद निवेश चुनने में मदद करेगी। यह पैसे को नई दृष्टि से देखने में आपकी मदद करेगी। यह रणनीति बनाने में आपकी मदद कर सकती है, जिससे आप उस मुकाम पर पहुँच सकते हैं, जहाँ आप वास्तव में पहुँचना चाहते हैं।

यह पुस्तक आपकी है, आप इसके मालिक हैं। आप इसे जब पढ़ना चाहें, जैसे पढ़ना चाहें, वैसे पढ़ें; जो सोचना चाहें, वह सोचें; बस एक बात याद रखें कि आप अपना कीमती समय और ऊर्जा इसे पढ़ने में लगा रहे हैं। इसलिए निवेश और समय को बेकार न जाने दें। कुछ ऐसी बातें जरूर अपनाएँ, जो आपके वित्तीय जीवन को एक सीढ़ी ऊपर ले जाएँ।

अब जबकि यह पुस्तक आपके हाथ में है, तो यह एक तरह से आपका संकल्प है कि आप वित्तीय नियोजन के क्षेत्र में अपनी दक्षता बढ़ाना चाहते हैं। एक बैंकर एवं प्रमाणित वित्तीय सलाहकार के रूप में अपने वर्षों के अनुभव के आधार पर मैं आपको यकीन के साथ कह सकता हूँ कि अगर आप वित्तीय नियोजन को पढ़ेंगे तो उससे आपके जीवन में यह बड़ा बदलाव अवश्य आएगा, जिसकी आपको तलाश है। अगर यह पुस्तक आपको वित्तीय नियोजन के क्षेत्र में कुछ करने के लिए प्रेरित करती है, तो मैं समझूँगा कि इस पुस्तक को लिखने का उद्देश्य सफल हो गया है।

आभार

आभार परमपिता परमेश्वर एवं मेरे आदरणीय माता–पिता का, जो मेरी प्रेरणा एवं शक्ति हैं।

आभार अपने बैंक के प्रति, जिसने मुझे बैंकिंग उत्पाद एवं वित्तीय नियोजन से संबंधित विभिन्न पहलुओं के संबंध में अपने ज्ञान व समझ को विकसित करने का अवसर प्रदान किया।

आभार बैंक के उन सभी वरिष्ठ अधिकारियों व सहकर्मियों का भी, जिन्होंने पुस्तक–लेखन के लिए मेरा उत्साह बढ़ाया। आभार राजभाषा विभाग का, जिसने मेरी परिकल्पना को मूर्त रूप दिया और सर्वोपरि आभार उन पाठकों के प्रति, जो न केवल गुणग्राही हैं, वरन् हिंदी जिनके हृदय की भाषा है।

यूनियन बैंक ऑफ इंडिया मौलिक
हिंदी पुस्तक लेखन योजनांतर्गत लिखित

अनुक्रम

वित्तीय नियोजन के माध्यम से जिएँ चिंतामुक्त जीवन

'वित्तीय नियोजन' (फाइनेंशियल प्लानिंग) – इस शब्द को सुनकर अकसर लोग दुविधा में पड़ जाते हैं। हमारे यहाँ कई लोगों को तो इसका मतलब भी पता नहीं होता है और तमाम लोग सोचते हैं कि यह कोई बहुत ही मुश्किल काम है। परंतु वास्तव में ऐसा नहीं है। वित्तीय नियोजन का सीधा सा मतलब है, अपनी भविष्य की जरूरतों को देखते हुए वित्तीय साधन जुटाना या कहें कि आनेवाले दिनों में आपको जो काम निपटाने हैं, उनके लिए पहले से पैसे जमा करना।

पेट काटकर पैसे जमा करना कोई समझदारी नहीं है। वित्तीय नियोजन के जरिए आप आज से समझौता किए बगैर अपने कल को सुरक्षित बना सकते हैं। एक बेहतरीन वित्तीय योजना (फाइनेंशियल प्लान) से न तो आपको अपने जीने के तरीके में बदलाव करने की जरूरत होती है और न ही अपने किसी लक्ष्य को बदलने की आवश्यकता।

वित्तीय स्वास्थ्य को दुरुस्त रखते हुए भविष्य के वित्तीय लक्ष्यों की प्राप्ति के लिए केवल अनुशासित निवेश ही जरूरी नहीं, बल्कि इसके अतिरिक्त कुछ अन्य जरूरी बातों पर गौर करना महत्त्वपूर्ण होता है।

वित्तीय नियोजन पर बात करने पर अकसर लोग उखड़ जाते हैं। कुछ लोग कल के बजाय आज की चिंता करते नजर आते हैं। उनको आज की फिक्र होती है। किस क्लब में जाना है, कहाँ खाना–पीना है और कहाँ घूमने जाना है। धनी होना सचमुच सौभाग्य की बात है, लेकिन धन का सदुपयोग कर अपने भविष्य को सुरक्षित बनाना भी उतना ही महत्त्वपूर्ण है।

हकीकत में सिर्फ इसी से जिंदगी का पहिया नहीं दौड़ेगा। अब वह दौर नहीं रहा कि आप पैसा कमाते रहें और उसे अपव्यय करते रहें। आपको न

चाहते हुए भी भविष्य की योजना पर काम करना ही होगा। अगर आप अपना कल सुरक्षित देखना चाहते हैं, तो वित्तीय योजना बनाना अत्यंत आवश्यक है। युवाओं को अपने नजरिए में बदलाव लाना होगा। अगर नौकरी के शुरुआती दौर में वित्तीय नियोजन कर लिया जाए, तब कई मुश्किलें आसान हो जाती हैं।

ऐसे भी लोग हैं, जो मानते हैं कि उनके पास पर्याप्त पैसा है और उनका काम ठीक से चल रहा है, लिहाजा उन्हें कोई योजना बनाने की जरूरत नहीं है। परंतु उन्हें भी किसी अनिश्चितता से बचाव के लिए वित्तीय नियोजन की आवश्यकता है।

कृपया यह समझने का प्रयास करें कि वित्तीय समस्याएँ आपकी कम आय (लो इनकम प्रोफाइल) की वजह से नहीं उपजतीं, बल्कि इसका कारण वित्त संबंधी मामलों पर आपका व्यवहार व दृष्टिकोण होता है। ज्यादा पैसा होने का मतलब यह नहीं कि आपकी सारी वित्तीय समस्याएँ दूर हो जाएँगी। इन्हें दूर करने के लिए आप वित्तीय योजनाकार सरीखे किसी विशेषज्ञ के पास जाएँ।

'अरे, आप इन दिनों कहाँ हैं और क्या कर रहे हैं?' मेरे एक ऐसे पुराने मित्र ने, जिनसे मैं चार साल बाद मिल रहा था, मुझसे पूछा। 'मैं एक वित्तीय योजनाकार हूँ,' मैंने उत्तर दिया। 'ओह, तो आप निवेश योजना संबंधी कारोबार में हैं। मुझे आपकी सेवाएँ लेकर बड़ा अच्छा लगता, पर योजना बनाने के लिए पैसों की जरूरत होती है और पैसे बचते ही कहाँ हैं?'

उन्हीं दोस्त ने मुझे एक पखवाड़े के बाद फोन किया और पूछा कि आयकर बचाने व अपने बच्चों के भविष्य के लिए किस चाइल्ड प्लान में निवेश करना चाहिए, तब मैंने उन्हें वित्तीय नियोजन की जरूरत समझाई। एक बार फिर उनका आग्रह था—'मित्र, पहले चाइल्ड प्लान की बात बताएँ, बाकी बात बाद में, शायद अगले महीने जब मुझे कंपनी से अच्छा बोनस मिलेगा।' अगले महीने उन्होंने मुझे फिर फोन कर शेयर बाजार पर राय माँगी। क्योंकि उन्हें अच्छा बोनस मिला था, जिसके 70 फीसदी भाग से उन्होंने एक नई कार खरीद ली और बाकी 30 फीसदी हिस्से को वे अगले 8–10 महीने में अच्छा मुनाफा पाने के लिए शेयर बाजार में लगाना चाहते थे। उस समय भी उनके पास कोई लक्ष्य नहीं था, बस वह एक फ्लैट खरीदने के लिए शुरुआती भुगतान (डाउन पेमेंट) हेतु पैसा इकट्ठा करना चाहते थे।

पिछले महीने उनके पिता का स्वर्गवास हो गया, जिन पर वह अपने गृह

ऋण की मासिक किस्त (ई.एम.आई.) के 50 फीसदी हिस्से के लिए निर्भर रहता था। गृह ऋण की मासिक किस्त, बच्चों की लगातार बढ़ रही स्कूल फीस, आसमान छूती महँगाई व नौकरी परिदृश्य में अनिश्चितता से वे तनाव में दिखने लगे।

यह कोई इकलौती समस्या नहीं है। ऐसा तकरीबन हर उस इनसान के साथ होता है, जो कि वित्तीय नियोजन की उपेक्षा करता है। ज्यादातर लोग यह समझते हैं कि वित्तीय नियोजन निवेश से संबंधित है और जब आपके पास अतिरिक्त पैसा आ जाए, तब आपको इसकी जरूरत पड़ेगी। लोग इसे बड़े परिदृश्य में नहीं देखते, जिसमें उनके वित्तीय मामलों, उनके लक्ष्यों, देयताओं व जिम्मेदारियों का समावेश होता है, ताकि वे अपने वित्तीय जीवन के पहले दिन से ही इसके लिए इंतजाम कर सकें। इसकी आप बिल्कुल उपेक्षा न करें। इससे आपकी वित्तीय जिंदगी अच्छी गुजरेगी।

लोगों के पास वित्तीय नियोजन न कराने के कई बहाने होते हैं

मेरे पास पर्याप्त पैसे नहीं हैं

इस तरह के कई लोग हैं, जो यह समझते हैं कि उनके पास पर्याप्त पैसा नहीं है और इस कारण भविष्य की योजना बनाना उनके लिए संभव नहीं है। अगर यह सच है तो आपको वास्तव में वित्तीय नियोजन की आवश्यकता है। बजटिंग (बचत और खर्चों का हिसाब) पर ध्यान दें। इसके विपरीत ऐसे भी लोग हैं, जो मानते हैं कि उनके पास पर्याप्त पैसा है और उनका काम सुविधापूर्वक चल रहा है, लिहाजा उन्हें कोई योजना बनाने की जरूरत नहीं है। परंतु उन्हें भी किसी अनिश्चितता से बचाव के लिए वित्तीय नियोजन की आवश्यकता है।

नौकरी के कारण ऐसे काम के लिए वक्त ही नहीं मिलता

आपका नियोक्ता जो लक्ष्य आपको देता है, आप उसे पूरा करने के लिए दिन के पूरे 12 घंटे खर्च करते हैं। परंतु जब बात आपके निजी लक्ष्यों की होती है तो आपके पास पर्याप्त समय नहीं होता। कृपया यह ध्यान रखें कि आपके निजी लक्ष्य व समस्याएँ हमेशा आपके ही रहेंगे। ऋण की बढ़ती मासिक किस्त, आपके बच्चों की लगातार बढ़ रही स्कूल फीस आदि के लिए

आपका नियोक्ता आपकी मदद नहीं करेगा। जब तक आप अपने नियोक्ता के लिए उपयोगी हैं, तब तक आप नौकरी में हैं, जब उसके लिए आपका कोई उपयोग नहीं होगा, आप बाहर होंगे।

मेरा व्यवसाय ही मेरी पहली प्राथमिकता है

एक व्यवसायी ने मुझसे कहा कि मेरा कारोबार सालाना 30 फीसदी प्रतिफल (रिटर्न) देता है। क्या आपके पास कोई अन्य विकल्प है, जो इससे बेहतर प्रतिफल दे सके? यह सवाल उसी भ्रांति से उपजता है, जो कि लोग वित्तीय नियोजन के बारे में रखते हैं। मैं उन्हें बताता हूँ कि यह सिर्फ निवेश की बात नहीं होती। यह तो आपके जीवन में आनेवाली अनिश्चितताओं व जोखिमों से बचाव की बात होती है।

भगवान् न करे कि आपके परिवार का मुखिया बीमार पड़ जाए, तब उसके अस्पताल के खर्चे कहाँ से आएँगे या फिर परिवार के कमाऊ व्यक्ति की असामयिक मौत के बाद काम कैसे चलेगा? अगर काम पर रहते हुए आपके किसी कर्मचारी के साथ कोई दुर्घटना हो गई तो क्या होगा?

वित्तीय नियोजन का मतलब यह नहीं है कि लोग अपने कारोबार पर ध्यान देना छोड़ दें। वित्तीय नियोजन का मतलब एक अलग निजी वित्तीय जीवन जरूर होता है।

हम सिर्फ रियल एस्टेट में निवेश करते हैं

आपके लिए अच्छा है; पर इसे वित्तीय नियोजन से क्यों नहीं जोड़ते? रियल एस्टेट भी तो एक संपत्ति (एसेट क्लास) ही है, जिसमें आपको किसी वित्तीय नियोजक की जरूरत होती है। अगर आपका लक्ष्य एकदम सही है और आपने अन्य पहलुओं, जैसे जोखिम के प्रबंधन व एस्टेट प्लानिंग पर ध्यान दिया है तो आप अपनी परिसंपत्तियों का उचित आवंटन कर अपने निवेश पर अच्छा लाभ प्राप्त कर सकते हैं। वित्तीय योजनाकार भी तो यही काम करता है।

मेरे पास पहले से कई बीमा पॉलिसी हैं

यह उन लोगों की एक अन्य किस्म है, जो यह विश्वास करते हैं कि वित्तीय नियोजन का मतलब बच्चों के भविष्य के लिए चाइल्ड प्लान, अपनी सेवानिवृत्ति के लिए पेंशन प्लान व निवेश के लिए यूलिप या एंडोमेंट सरीखी विभिन्न बीमा योजनाएँ खरीदना है। पर ऐसे लोग पूरी तरह से गलत हैं,

क्योंकि वित्तीय नियोजन तो इससे कहीं ज्यादा है। यह सिर्फ एक वित्तीय उत्पाद पर सलाह देने की बजाय उनकी सभी जरूरतों पर जिम्मेदारियों के लिए रोडमैप बनाती है।

मेरा चार्टर्ड अकाउंटेंट सब देख लेता है

हर प्रोफेशनल में कुछ विशेषज्ञता तो रहती है। सी.ए. टैक्सेशन, कॉरपोरेट अकाउंटिंग व कानूनी मामलों में विशेषज्ञ होते हैं। निजी वित्त व वित्तीय नियोजन पर वे आयकर कानून की धारा 80सी या 80डी के तहत टैक्स बचाने के लिए निवेश करने जैसे मूलभूत (बेसिक) मामलों पर राय दे सकते हैं। पर इस बारे में आपकी सही मदद तो कोई वित्तीय योजनाकार ही कर पाएगा। जैसे पेटदर्द में आप हृदय रोग विशेषज्ञ के पास नहीं जाते, वैसे ही आप निजी वित्त के मामलों में सी.ए. के पास क्यों जाते हैं? हाँ, अगर आपका वित्तीय योजनाकार जरूरत समझेगा तो आपको सी.ए. के पास जाने की सलाह देगा।

जानिए वित्तीय नियोजक चुनने के नुस्खे (टिप्स)

बीमा एजेंट, जो खुद को सलाहकार कहते हैं, उन्हें ढूँढ़ना आसान है। प्रत्येक गली–कूचे में ऐसे सलाहकार आपको मिल जाएँगे। वित्तीय उत्पादों की बिक्री के पेशे से जुड़ना आसान है और इस क्षेत्र में प्रवेश के नियम आसान होने की वजह से कोई भी व्यक्ति वित्तीय सलाहकार बन सकता है।

कोई भी निवेशक एक वित्तीय सलाहकार से यह उम्मीद करता है कि वह बिना पक्षपात किए उसे उचित सलाह देगा। लेकिन नियामक द्वारा हाल में विभिन्न वित्तीय सलाहकारों के लिए तय की गई आचार संहिता, स्पष्ट तौर पर एक बड़े अंतर की ओर इशारा करती है। ऐसे सलाहकार समाधान का हिस्सा नहीं, बल्कि समस्या का हिस्सा बन गए हैं। हो सकता है, इन बातों से आप आश्चर्यचकित हुए हों, लेकिन सच्चाई यही है।

कैसे करें एक अच्छे वित्तीय सलाहकार की तलाश? एजेंट और वित्तीय सलाहकार के बीच का अंतर कैसे समझें?

आपके वित्तीय लक्ष्यों को पूरा करने में एक योग्य वित्तीय सलाहकार की भूमिका काफी अहम होती है। इसके लिए आवश्यक है कि आपके वित्तीय सलाहकार से आपके मधुर संबंध हों। ऐसा तभी हो सकता है, जबकि आप

दोनों के बीच का तालमेल ठीक हो और एक–दूसरे पर विश्वास हो। हालाँकि ऐसा हो नहीं पाता है। अकसर देखा गया है कि निवेशक और वित्तीय सलाहकार के बीच भरोसे की कमी होती है। इसमें घाटा निवेशक का ही है, क्योंकि उसे अपना वित्तीय लक्ष्य पूरा करने में दिक्कत आती है। दोनों के बीच इस भरोसे को तभी लाया जा सकता है, जब पारदर्शिता के साथ नियम और शर्तों का पालन किया जाए। इसके लिए जरूरी है कि आप सोच–समझकर अपने लिए वित्तीय सलाहकार का चुनाव करें।

वित्तीय सलाहकार के प्रमाण–पत्र की जाँच अवश्य करें

कई बार लोग एजेंट को वित्तीय सलाहकार समझ बैठते हैं, जो कि पूरी तरह से गलत है। वित्तीय सलाहकार अगर प्रमाणित (सर्टिफाइड) नहीं है तो वह आपके पोर्टफोलियो का प्रबंधन भली प्रकार से कर पाएगा, इस बात की कोई गारंटी नहीं है। कई बार तो एजेंट भी खुद को प्रमाणित वित्तीय योजनाकार (सर्टिफाइड फाइनेंशियल प्लानर) बताकर निवेशकों को गुमराह करते हैं। ऐसे में आप प्रामाणिकता अवश्य जाँचें। इससे आप जान सकेंगे कि आपका वित्तीय सलाहकार अपने काम के लिए योग्य है भी या नहीं?

कभी आपने जानना चाहा है कि आपके सामने बैठे आर्थिक सलाहकार ने कहाँ तक पढ़ाई की है, उसे वित्तीय क्षेत्र का कितना ज्ञान है, कितना अनुभव है और उसकी विश्वसनीयता कैसी है? वारेन बफेट का कहना है कि वॉल स्ट्रीट ऐसी एकमात्र जगह है, जहाँ लोग रॉल्स रॉयस से आकर उन लोगों से सलाह लेते हैं, जो परिवहन के सार्वजनिक साधन से पहुँचते हैं। भारत में भी ऐसे कई उदाहरण आपको मिल जाएँगे, जहाँ किसी टर्मिनल पर बैठने वाले या ब्रोकर, जिन्हें निवेश का ज्ञान नहीं होता, सलाह देते नजर आते हैं।

एक अच्छे सलाहकार के चयन का सबसे बेहतर तरीका यह है कि आप अपने हिसाब से बेहतर अनुभव और ज्ञान वाले ऐसे कुछ लोगों का चयन करें। एक प्रश्नावली बनाएँ और शिक्षा तथा अनुभव के अलावा यह भी जानने का प्रयास करें कि वित्तीय संस्थानों के साथ उनका सफर कैसा रहा है। क्या सलाहकार की आय का प्रदर्शन के साथ संबंध है? अगर हाँ, तो किस हद तक? इन सब सवालों के जवाब पाकर आप यह बेहतर तय कर सकते हैं कि उसके द्वारा दी सलाह में आपकी भलाई अधिक है या उसकी।

वित्तीय सलाहकार को उत्पाद (प्रोडक्ट) की कितनी जानकारी है? यह देखना भी जरूरी है

किसी ने सच ही कहा है कि जिस व्यक्ति के पास केवल हथौड़ा होता है, उसे हर समस्या कील जैसी नजर आती है। आपकी बचत संबंधी जरूरत हो या बच्चों की शिक्षा के लिए धनकोष बनाने की जरूरत या फिर सेवानिवृत्ति योजना, एक बीमा एजेंट हमेशा एक पॉलिसी के साथ तैयार मिलता है। इसके अतिरिक्त वह एजेंट केवल अपनी कंपनी के उत्पाद ही आपको सुझाता है, उसे दूसरी कंपनियों के उत्पाद के बारे में अधिक जानकारी नहीं होती है। अब म्यूचुअल फंड एजेंट की बात करते हैं। म्यूचुअल फंड एजेंट एन.पी.एस., पोस्ट ऑफिस की बचत योजनाओं, कॉरपोरेट फिक्स्ड डिपॉजिट या बैंक के फिक्स्ड डिपॉजिट का सुझाव शायद ही देते हैं।

क्या किसी वित्तीय सलाहकार ने आपसे कभी कहा है कि आप अपने बकाया ऋण को पहले चुकाएँ, फिर निवेश के बारे में सोचें या आपातकालीन निधि के लिए आपको अपने कुछ पैसे बैंक के बचत खाते या लिक्विड फंडों में रखने चाहिए? वित्तीय सलाहकार को ग्राहक की वित्तीय परिस्थितियों के प्रत्येक पहलू की जानकारी होनी चाहिए। इसी की बदौलत वे उनके लायक विस्तृत सलाह दे सकते हैं।

वित्तीय सलाहकार का चुनाव करते समय यह जानना बेहद जरूरी है कि जो उत्पाद वह आपको दे रहा है, उसका ज्ञान उसे है भी या नहीं। अच्छा तो यही रहेगा कि आपके दिमाग में जो भी सवाल आ रहे हैं, वे सब आप पूछें। साथ ही यह भी ध्यान रखें कि जिन सवालों के जवाब उसके पास नहीं हैं, उन पर उसकी प्रतिक्रिया कैसी है? क्या उसे यह पता है कि किसी वित्तीय उत्पाद में अगर फायदा हो रहा है तो क्यों और अगर नुकसान हो रहा है तो इसकी क्या वजह हो सकती है? साथ ही यह भी ध्यान रहे कि आपका सलाहकार किसी उत्पाद के जोखिम के बारे में आपको जानकारी दे रहा है या नहीं। अगर वह आपके सभी सवालों का जवाब सतही तौर पर दे रहा है और कह रहा है कि टीम इसका प्रबंधन कर लेगी तो उसके ज्ञान पर संदेह करना अनिवार्य है।

आपको प्रभावित करने की कोशिश न करे

कई बार अयोग्य वित्तीय सलाहकार अपने ग्राहक को प्रभावित करने के लिए ऐसी शब्दावली का प्रयोग करते हैं, जो आम निवेशक को समझ नहीं

आती। एक अच्छा वित्तीय सलाहकार वही होता है, जो निवेशक को आसान शब्दों न उत्पाद जोखिम और वास्तविक लाभ की जानकारी दे।

निस्स्वार्थ सलाह देते हुए सही प्रक्रिया का पालन करें

एक अच्छा वित्तीय सलाहकार वही होता है, जो निवेशक को सलाह दे, न कि खुद के विचार को उस पर थोपे। उदाहरण के लिए, अगर आप टैक्स सेविंग बॉण्ड खरीदना चाहते हैं और आपके वित्तीय सलाहकार ने आपकी मरजी के खिलाफ किसी और फंड में निवेश की योजना बनाई है तो यह जानना जरूरी हो जाता है कि इसमें उसकी क्या दिलचस्पी है।

बातचीत के दौरान गौर कीजिए कि जिस उत्पाद में आपकी दिलचस्पी है, क्या वित्तीय सलाहकार भी आपको उसी की सलाह दे रहा है या फिर उसके मन में कुछ और पल रहा है? कहीं आपके सामने बैठा वह सलाहकार अपनी बिक्री के मासिक लक्ष्य या सालाना बोनस के लिए आपको किसी खर्चीले उत्पाद की सलाह तो नहीं दे रहा? अगर आपका सलाहकार किसी ब्रोकरेज फर्म, म्यूचुअल फंड कंपनी या बीमा कंपनी के साथ काम कर रहा है तो इस बात की संभावना अधिक है कि वह आपकी जरूरतों और लक्ष्यों को ताक पर रखते हुए अपनी स्वार्थ सिद्धि पर ज्यादा ध्यान देगा। किसी भी निवेशक के लिए ऐसे वित्तीय सलाहकार नुकसानदायक साबित हो सकते हैं। ऐसे आर्थिक सलाहकार की तलाश करें, जो आपके लक्ष्यों और आवश्यकताओं के अनुरूप सुझाव देने में वास्तव में दिलचस्पी दिखाए और जिसकी रुचि आपके साथ लंबी समयावधि का संबंध बनाने में हो।

भारत में 'वित्तीय सलाहकार' (फाइनेंशियल एडवाइजर) या 'वित्तीय योजनाकार' (फाइनेंशियल प्लानर) शब्द बड़ा आम है। एक बीमा एजेंट के कार्ड पर भी 'वित्तीय सलाहकार' छपा होता है। नियम और दिशानिर्देश के अभाव की वजह से कोई भी व्यक्ति खुद को 'वित्तीय सलाहकार' या 'वित्तीय योजनाकार' कह सकता है, भले ही उसने आवश्यक प्रशिक्षण, शिक्षा या प्रमाण–पत्र प्राप्त न किया हो। ऐसे में जरूरी है कि आप एक विश्वसनीय और वित्तीय उत्पादों की जानकारी रखनेवाले सलाहकार की तलाश करें।

क्या आपको स्वयं निवेश करना चाहिए (डू इट यूअरसेल्फ इन्वेस्टिंग)

डी.आई.वाई. क्या है?

आजकल डिजिटल चैनलों की वजह से बहुत सारे लोग स्वयं निवेश करते हैं, अर्थात् इसके तहत निवेशक बिना वित्तीय सलाहकार के अपने वित्तीय लक्ष्य हासिल करने का प्रयास करता है। प्रौद्योगिकी (टेक्नोलॉजी) ने इसे आसान बना दिया है कि आप अब स्वयं निवेश कर सकते हैं।

इसको उत्तीर्ण करने के लिए आप में कुछ मूलभूत आवश्यकताएँ होनी चाहिए–

- ✓ आपको वर्तमान, भविष्य एवं दीर्घावधि योजनाओं की जानकारी होनी चाहिए।
- ✓ अपने निवेश को लक्ष्य आधारित रखें।
- ✓ सूचनाओं की सही परख एवं उनका आकलन करें।
- ✓ आप में निर्णय लेने का साहस हो एवं योजना बनाने के बाद उस पर लगातार अमल करें।
- ✓ आप अनपेक्षित परिस्थिति की योजना बनाकर रखें, जैसे मृत्यु, अस्पताल में भरती होना आदि।
- ✓ प्रत्येक लक्ष्य के बीच फर्क मालूम होना एवं उसी के अनुसार योजना बनाना।

क्यों नहीं करनी चाहिए डी.आई.वाई. (डू इट यूअरसेल्फ) इन्वेस्टिंग

- ➢ लोग जोखिम लेने से डरते हैं।
- ➢ लोग अपने ऑफिस तथा घरेलू काम में ज्यादा व्यस्त रहते हैं।
- ➢ लोगों को वित्तीय बाजार की उचित जानकारी नहीं होती है।

आप में यह योग्यता होते हुए भी सलाहकार से सलाह अवश्य लें

अपने आप से पूछें।

क्या मुझमें स्वयं निवेशक बनने के लिए मूलभूत आवश्यकताएँ हैं? क्या मुझे वित्तीय सलाहकार की सलाह लेने से फायदा होगा?

अगर इसका उत्तर 'हाँ' होगा तो अपनी खोज जारी रखें एवं अच्छा सलाहकार ढूँढ़ें।

इसका उतर 'नहीं' होगा, तब मुसकराते हुए डी.आई.वाई. निवेशक बनें।

क्या महिलाओं के लिए वित्तीय नियोजन जरूरी है?

इस सवाल का जवाब देने से पहले मैं यहाँ एक घटना का जिक्र करना चाहूँगा–

जून 2015 की बात है। उस समय मैं जयपुर में बैंक के सरकारी व्यवसाय विभाग में कार्यरत था। एक दिन मैं एक विद्यालय में अध्यापक वेतन खाते के लिए बैंक के उत्पादों के बारे में जानकारी दे रहा था। तभी एक शिक्षिका ने मुझसे कहा कि श्रीमान, महिलाओं को टर्म प्लान लेने की आवश्यकता नहीं होती है, साथ ही वित्तीय नियोजन का उनके लिए कोई महत्त्व नहीं है, क्योंकि उनके परिवार में दोनों लोग कार्य करते हैं। मैंने अपनी बात उनके सामने शालीनतापूर्वक रखी एवं वित्तीय नियोजन का महिलाओं के लिए महत्त्व समझाया। एक वर्ष पश्चात् वह शिक्षिका मुझसे मिलने मेरे ऑफिस में आई और कहा कि उसे टर्म प्लान लेना है एवं वित्तीय नियोजन के बारे में जानना है। मैं उनकी ओर मुसकराया और कहा कि आपको वित्तीय नियोजन की कहाँ जरूरत है?

उन्होंने मुझे आगे बताया कि उनका पति से तलाक हो गया है एवं पुत्र के भविष्य की जिम्मेदारियाँ उन्हें उठानी हैं।

महिलाओं के लिए वित्तीय नियोजन की आवश्यकता

मित्रो, किसी के साथ कुछ भी हो सकता है और कोई भी मुसीबत कहकर नहीं आती है। बुरे दिनों की कल्पना करना हमें अच्छा नहीं लगता है। लेकिन जिंदगी हमेशा एक जैसी नहीं रहती है और फिर हमें लगता है कि बहुत देर हो गई। अनेक महिलाएँ पूरी जिंदगी में वित्तीय नियोजन से जुड़े मामलों से दूरी बनाए रखती हैं। सभी लोग जानते हैं कि महिलाएँ बचत करने में पुरुषों से आगे रहती हैं, वे स्मार्ट होती हैं, अच्छा पैसा कमाती हैं, परंतु बचत करने के बाद उस बचत को निवेश करने से अपरिचित हैं या उनमें इसकी समझ नहीं है।

फिर एक दिन उनकी दुनिया अचानक बदल जाती है। उदाहरण के लिए, किसी दुर्घटना में या किसी अन्य कारण से उनके पति का निधन हो गया या उनका पति से तलाक हो गया। अब भावनात्मक दुःख के साथ–साथ उनके जीवन में और कई मुश्किलें आनेवाली हैं, जैसे कि बच्चों की आर्थिक जरूरतों और धन संबंधी बाकी मामलों का खयाल कौन रखेगा, तब उन्हें कुछ

पता नहीं है कि पैसा कहाँ निवेश करें, ताकि उनके बच्चों की पढ़ाई और उनकी जिंदगी आराम से चल सके।

देवियो! धन के बारे में थोड़ा–बहुत सीख लो, अगर आपको यह सोचना भी अच्छा नहीं लगता है, तब भी, जरूरत जितना तो सीख लो, इतना कि आप बुरे दिनों में बागडोर स्वयं सँभाल सको, और कोई आपकी स्थिति का गलत फायदा न उठा सके।

निम्नलिखित कारणों से महिलाओं को वित्तीय नियोजन जानना जरूरी है–

1. स्वाभाविक बचत करने की आदत – पैसा बचाने के बाद निवेश को समझना या वित्तीय नियोजन को जानना जरूरी है। लंबे समय तक धन सृजन (वेल्थ क्रिएशन) योजना बनाना आना चाहिए।

2. जिंदगी के अंतिम वर्षों में अच्छे जीवनयापन हेतु – महिलाओं की उम्र शादी के वक्त पुरुष से कम होती है। इसी वजह से पति की मृत्यु के बाद भी कई सालों तक उनको अकेले ही जीवन जीना पड़ता है। अगर उनको वित्तीय नियोजन के मूलभूत सिद्धांतों की जानकारी नहीं होती है, तो उन्हें समस्याओं का सामना करना पड़ता है।

3. वित्तीय स्वतंत्रता के लिए – भारत में अब अकेली माँ (सिंगल मदर) का विचार (कॉन्सेप्ट) बढ़ रहा है। उन महिलाओं की संख्या बढ़ रही है, जो अकेली माँ हैं।

4. अनपेक्षित घटनाओं के घटित होने के कारण – अनपेक्षित घटनाएँ, जैसे पति की मृत्यु, अपंगता एवं तलाक होने पर उन्हें अपने बच्चों के दीर्घावधि लक्ष्यों को प्राप्त करने के लिए निवेश और वित्तीय नियोजन जरूरी है।

महिलाओं को कुछ सामान्य गलतियाँ करने से बचना चाहिए एवं इन पर विवेकानुसार विचार करने से उनका वित्तीय जीवन खुशहाल हो जाएगा–

1. अपने वित्तीय नियोजन को पति के हवाले कर देना।

   समाधान – अपने वित्तीय नियोजन पर स्वयं ध्यान दें, वित्तीय नियोजन की पुस्तकें पढ़ें तथा वित्तीय सलाहकार से परामर्श लें।

2. अच्छी वेतन वृद्धि के लिए प्रयास न करना।

   समाधान – वेतन वृद्धि के प्रयास करने चाहिए। अच्छे अवसरों को

हाथ से न निकलने दें।

3. अपनी भावनाओं पर काबू नहीं रख पाना एवं भावनाओं में बहकर उन लोगों की मदद कर देना, जो पैसा वापस नहीं लौटाते हैं। जिनमें रिश्तेदार एवं मित्र शामिल होते हैं।
   समाधान – भावनाओं पर काबू रखें।
4. सोने के आभूषणों में ज्यादा निवेश कर देना।
   समाधान – सोने के आभूषणों में निवेश से कोई फायदा नहीं है।
5. अपने आपको खुश रखने के लिए महँगे कपड़े, गैजेट्स एवं अन्य सामान खरीद लेती हैं तथा कुछ समय के लिए खुश रहती हैं और बाद में पछताती भी हैं।
   समाधान – अपने आप को खुश रखने के लिए अच्छा संगीत सुनें, योगा करें, तैराकी करें, जिम जाएँ, समाज–सेवा करें, आर्ट ऑफ लिविंग से जुड़ें एवं अन्य रुचियों पर ध्यान दें।

जीवन के विभिन्न पड़ावों में वित्तीय नियोजन

जीवन के विभिन्न पड़ावों में व्यक्ति की आर्थिक जरूरतें और लक्ष्य अलग–अलग होते हैं। जिंदगी के महत्त्वपूर्ण पड़ावों पर वित्तीय नियोजन के लिहाज से कौन–कौन से उपाय किए जाने चाहिए, यह जानना महत्त्वपूर्ण है।

जिंदगी में कई मील के पत्थर होते हैं, जिन्हें हम हासिल करते हैं। इनमें से प्रत्येक हमारी प्राथमिकता व वित्तीय जरूरतों में परिवर्तन लाते हैं। इन बदलावों को आत्मसात् करने के साथ ही निर्धारित लक्ष्यों की प्राप्ति के लिए हमें पहले से ही तैयारी करके चलना चाहिए। कई बार तो इन बदलावों की वजह से हमें बड़ी वित्तीय मदद की जरूरत पड़ती है, ताकि हम जीवन में आगे बढ़ सकें।

आज हम जिंदगी के ऐसे ही कुछ महत्त्वपूर्ण पड़ावों की चर्चा करेंगे, जिनसे हमें आमतौर पर गुजरना पड़ता है। आइए, जानते हैं कि कैसे हम अपनी वित्तीय सेहत पर असर डाले बिना इनका सामना कर सकते हैं।

आपकी पहली नौकरी (अविवाहित)

किसी भी व्यक्ति के जीवन में पहली नौकरी जिंदगी के एक महत्त्वपूर्ण पड़ावों में से एक है, क्योंकि आप इससे अपने कॅरियर की शुरुआत में ही आत्मनिर्भर होते हैं। इस चरण में अगर आप योजनाबद्ध तरीके से नहीं

चलेंगे तो भविष्य में आपकी वित्तीय सेहत प्रतिकूल रूप से प्रभावित हो सकती है। एक आपातकालीन कोष बनाइए। टर्म इंश्योरेंस और स्वास्थ्य बीमा जरूर लीजिए।

कॅरियर में बदलाव

वर्तमान नौकरी से असंतोष या फिर बढ़ती वित्तीय जरूरतों को पूरा करने के लिए लोग अपनी नौकरी बदलना चाहते हैं। जिन पर अपने अभिभावकों की जिम्मेदारी होगी, उनके लिए यह फैसला करना सरल नहीं होगा। इसलिए हमारी सलाह ऐसे आपातकालीन कोष की है, जिससे कि नौकरी में बदलाव के बीच वाले न्यूनतम 6–7 महीनों तक, जब आपके पास आय का कोई साधन न हो तो काम चलाया जा सके। इस दौरान आपके मूल मासिक खर्चे के लिए पर्याप्त पैसे रहने चाहिए। जब आपके वेतन में बढ़ोतरी हो तो आप अपने सभी खर्चों, मसलन–मीटिंग खर्च, परिवार व अभिभावकों की देखरेख के लिए प्रावधान को देखिए। यह जरूरी है कि आपके पास पर्याप्त स्वास्थ्य बीमा व टर्म इंश्योरेंस रहना चाहिए।

विवाहित

परिवार में किसी सदस्य की बढ़ोतरी होने पर आपकी जीवनशैली में बदलाव आ जाता है। अगर आप शादी करने जा रहे हैं तो इसके लिए आपको तैयारी करनी होगी, क्योंकि शादी के बाद आपकी वित्तीय जरूरतें बढ़ जाती हैं। इस मोड़ पर आपके पास पर्याप्त राशि का टर्म इंश्योरेंस होना जरूरी है। अगर आप अपने परिवार में बच्चे की योजना बना रहे हैं तो जितनी जल्दी हो सके, उतनी जल्दी वित्तीय योजनाएँ बना लीजिए, क्योंकि उसके भविष्य के खर्चों के लिए आपको लंबे समय की योजना की आवश्यकता होगी। छोटी रकम से शुरू कीजिए और वांछित चरण तक पहुँचने पर रकम को बढ़ा दीजिए।

बच्चे का जन्म

प्रत्येक अभिभावक के लिए आँगन में किलकारी गूँजना अनुपम खुशियों से भरा होता है। बच्चे के जन्म के बाद उसे स्वास्थ्य बीमा पॉलिसी में शामिल कीजिए। अपनी बचत का एक हिस्सा बच्चे की जरूरतों की पूर्ति के लिए विभिन्न परिसंपत्ति वर्ग (एसेट क्लास) में निवेश करें। बच्चे का खाता खोलने से शुरुआत करें और इसमें समय–समय पर अपने खाते से रकम हस्तांतरित करते जाएँ। कमाऊ अभिभावकों के पास अपने लिए पर्याप्त जीवन बीमा

होना चाहिए, ताकि किसी अप्रत्याशित घटना से परिवार की आर्थिक सुरक्षा सुनिश्चित की जा सके।

सेवानिवृत्ति

जीवन में सेवानिवृत्ति सबसे बड़ा मील का पत्थर होता है, क्योंकि इसके बाद आपको फिर योजना पर काम करने की जरूरत नहीं होती। आप अपनी सेवानिवृत्ति पर अपनी आवश्यकताओं का मूल्यांकन कीजिए और पता कीजिए कि उस दौरान आपको खर्च के लिए कितनी रकम की जरूरत होगी। इसमें प्रोविडेंट फंड, ग्रैच्युटी व सुपरएन्युशन, बीमा पॉलिसी की मैच्योरिटी आदि से आनेवाले फंड भी शामिल करें और आय के अन्य संसाधनों के साथ अपने स्वास्थ्य बीमा कवरेज को चेक करें तथा इसमें कमी होने पर कवर का दायरा बढ़ाएँ।

अपने जीवन के इन मील के पत्थरों को आप दरकिनार नहीं कर सकते। इनसे आपको गुजरना ही होता है। वित्तीय नियोजन की अहमियत ऐसे ही समय के लिए होती है। इससे सभी भावी बदलावों से पार पाने में मदद मिलती है। योजना के अनुसार काम कीजिए ताकि आपकी वित्तीय सेहत और परिवार पर भविष्य के हालातों में कोई अनावश्यक बोझ न आए।

नवविवाहितों के भविष्य के लिए जरूरी है वित्तीय नियोजन

सात फेरों का बंधन यानी जन्म–जन्म का साथ। अब आगामी जिंदगी आप दोनों को साथ–साथ सुख, समृद्धि और शांतिपूर्वक बितानी है। इसमें पैसे की काफी अहम भूमिका होती है। इस मामले में खुले दिल से बातचीत भी जरूरी है, दंपती को अपने सपने, आकांक्षाओं व लक्ष्यों के बारे में आपस में बातचीत करते रहना चाहिए। सबसे अच्छी बात तो यह होती है कि दंपती शुरुआत से ही अपने भविष्य के लिए एक वित्तीय योजना बनाकर उसके अनुरूप काम करते चलें। पति–पत्नी दोनों के लक्ष्य संभवतः अलग हो सकते हैं, पर संसाधनों के बेहतर इस्तेमाल और बेहतरीन बजटिंग से लक्ष्य प्राप्ति का रास्ता थोड़ा आसान हो जाता है।

अपने बैंक/डीमैट खाते में नाम परिवर्तन को अद्यतन (अपडेट) करवाइए, फिर इसके बाद जल्दी से म्यूचुअल फंड निवेश, इंश्योरेंस पॉलिसी सरीखे अन्य निवेशों में नाम में परिवर्तन करवाइए। इससे आप कई प्रकार की परेशानियों से बचे रहेंगे।

शादी के बाद वित्तीय नियोजन के लिए जरूरी कागजात

आजकल दोनों पार्टनरों के लिए कॅरियर सबसे पहली प्राथमिकता होती है, उसके बाद वे शादी करते हैं। लिहाजा तब तक वे बैंकिंग व निवेश के बारे में मूलरूप से जान चुके होते हैं। अब के.वाई.सी. (नो योर कस्टमर) जैसी प्रक्रिया का पालन आपको निवेश व बैंकिंग प्रणालियों के सभी प्रकारों में करना होता है। लिहाजा आप निम्नलिखित कागजातों की तैयारियाँ कर डालिए।

विवाह प्रमाण–पत्र

यह सबसे महत्त्वपूर्ण कागजात है। बैंक, म्यूचुअल फंड कंपनियाँ, पासपोर्ट दफ्तर जैसे सभी कार्यालयों की ओर से, जिनके रिकॉर्ड में आपका नाम रहता है, नाम बदलने की स्थिति में इसकी माँग की जाएगी।

गजट नोटिफिकेशन

कुछ दफ्तर नाम में बदलाव की स्थिति में बतौर कागजाती सबूत गजट नोटिफिकेशन की माँग कर सकते हैं।

पैन कार्ड

पत्नी पैन कार्ड में नाम परिवर्तित करने का आवेदन कर सकती है। इसके लिए गजट नोटिफिकेशन व विवाह प्रमाण–पत्र की प्रतिलिपि की आवश्यकता होगी।

पते का सबूत (एड्रेस प्रूफ)

बैंक खाते में अपने पते को अद्यतन (अपडेट) कराने के लिए पत्नी अपने पति के एड्रेस प्रूफ का इस्तेमाल कर सकती है। इसके लिए सपोर्टिंग डॉक्यूमेंट के तौर पर विवाह प्रमाण–पत्र की प्रतिलिपि के साथ नए नाम का पैन कार्ड जोड़ा जा सकता है। अगर वे किसी नए घर में शिफ्ट कर रहे हैं तो रेंटेड/परचेज्ड अपार्टमेंट के रजिस्ट्रेशन पेपर्स बैंक द्वारा पते में बदलाव करने के लिए स्वीकार किए जा सकते हैं। इसके बाद बैंक स्टेटमेंट की सत्यापित प्रति भविष्य के कागजाती सबूत के रूप में इस्तेमाल की जा सकती है।

बैंक अकाउंट व अन्य निवेशों में नाम में परिवर्तन

सबसे बेहतर तो यह रहेगा कि आप पहले अपने बैंक/डीमैट खाते में

नाम परिवर्तन को अद्यतन करवाइए, फिर इसके बाद जल्दी से म्यूचुअल फंड निवेश, इंश्योरेंस पॉलिसी सरीखे अन्य निवेशों में नाम में परिवर्तन करवाइए। इससे आप कई प्रकार की परेशानियों से बचे रहेंगे। इन सभी परिवर्तनों के लिए पैन कार्ड के साथ पते का सबूत व अन्य सपोर्टिंग दस्तावेज (डॉक्यूमेंट) गजट नोटिफिकेशन व विवाह प्रमाण–पत्र की प्रतिलिपि की जरूरत होगी। सभी निवेशों में नामांकन भी सुनिश्चित कीजिए। नामांकन में बदलाव की जरूरत पड़ने पर उसे तत्काल कर डालना चाहिए। यह तो हुई कागजी काररवाई। अब आप अपनी घरेलू आर्थिक नीति को आकार दीजिए। वेतन के लिए आप दोनों के पास अलग–अलग बैंक खाते होंगे। आप खर्चों के लिए एक नया संयुक्त खाता खोल सकते हैं। इसका उपयोग नियमित घरेलू खर्चों व छुट्टियाँ मनाने जैसे खर्चों के लिए प्रत्येक महीने पहले से निर्धारित रकम जमा करने में किया जा सकता है। अगर आप ऐसे संयुक्त परिवार में रहते हैं, जहाँ आप समस्त व्यय के लिए जिम्मेदार नहीं हैं तो आप खर्चों का अपना हिस्सा अपने बैंक खाते में सीधे दे सकते हैं। इससे आपको अपने खर्चे व अपने निजी निवेश पर नजर रखने में मदद मिलेगी। इसके साथ ही आपको पति व पत्नी के मामले में आयकर के इनकम क्लबिंग संबंधी नियमों के बारे में भी पता होना चाहिए। इस नियम के अनुसार, यदि पति अपनी पत्नी के खाते में पैसा स्थानांतरित (ट्रांसफर) करता है या पत्नी अपने पति के खाते में पैसा स्थानांतरित करती है, उस पैसे से जो निवेश हुआ है, उससे होनेवाली आय उस व्यक्ति की आय में जोड़ दी जाएगी, जिसने धन स्थानांतरित किया है। लिहाजा पैसे के लेन–देन में सावधानी बरतें, खासकर तब तो और ज्यादा जब दोनों में से एक ही नौकरी करता हो।

जीवन और स्वास्थ्य बीमा को समझें जरूरी

टर्म प्लान व स्वास्थ्य बीमा बहुत जरूरी हैं। टर्म प्लान लीजिए, जो कि बहुत सस्ता भी होता है। कम उम्र में लेंगे तो प्रीमियम कम भरना पड़ेगा, क्योंकि उम्र बढ़ने के साथ प्रीमियम भी बढ़ता जाता है।

अन्य जिम्मेदारियों के लिए व्यवस्था करते चलें

आमतौर पर नव विवाहितों को शादी के खर्च से जूझना पड़ता है। हो सकता है, शिक्षा ऋण भी बाकी हो या फिर कोई और मासिक किस्त चल रही हो, उसको भी ध्यान में रखिए। इसके अलावा हो सकता है, आपको

छोटे भाई या बहन की पढ़ाई या शादी की जिम्मेदारियों का निर्वाह भी करना हो। आश्रित अभिभावकों खासकर उनकी सेहत की देखरेख भी जरूरी है। आप अपने व्यक्तिगत हालातों पर विचार कर प्राथमिकताएँ तय कीजिए तथा उनकी ओर फंड का आवंटन कीजिए। आपके लक्ष्यों व संयुक्त संसाधनों में मैचिंग करने का प्रयास कीजिए। लक्ष्य निर्धारित कीजिए और ज्यादा जरूरी लक्ष्यों की ओर प्राथमिकतापूर्वक फंड लगाइए। फिर जैसे–जैसे आपकी आय में इजाफा होता जाएगा, आप अन्य लक्ष्यों की ओर ध्यान दीजिए। हर छह महीने में अपनी योजना की समीक्षा भी करते रहिए।

हालाँकि शुरुआत में आपको बचत व निवेश काफी उबाऊ काम लगेगा, पर यह बाद में आपके सुखी वैवाहिक जीवन में धनरूपी सुगंध भी बिखेरेगा, यह गारंटी है।

वित्तीय सेहत में सुधार के महत्त्वपूर्ण सूत्र

किसी भी इनसान का जीवन उसके सपनों, जिम्मेदारियों व आकांक्षाओं के बीच घूमता है। इन सबके लिए चाहिए पैसा और यही वजह है कि प्रत्येक व्यक्ति के जीवन में कुछ वित्तीय लक्ष्य होते हैं। उदाहरण के तौर पर घर खरीदना, आरामदेह सेवानिवृत्ति, बच्चों के भविष्य की योजना, उनकी पढ़ाई–लिखाई व शादी आदि। जरूरतें तो ढेर सारी होती हैं, पर संसाधन कम। लिहाजा आपको अपनी वित्तीय योजना बेहतर ढंग से बनानी होती है ताकि आप अपने सभी वित्तीय लक्ष्यों को प्राप्त कर सकें।

सुदृढ़ वित्तीय योजना से ही आपकी वित्तीय सेहत बेहतर रह सकती है। इस पर भी ध्यान दिया जाना चाहिए। इससे आप आवश्यक फंड व संसाधनों के बीच में अच्छा तालमेल रख सकते हैं।

वित्तीय योजना की पूरी प्रक्रिया में आपको पहले अपने लक्ष्यों की पहचान करने के साथ–साथ उनकी प्राथमिकता तय करनी होती है। फिर मौजूदा वित्तीय स्थिति का विश्लेषण करते हुए अपने सीमित संसाधनों का उपयोग वित्तीय लक्ष्यों को हासिल करने में कीजिए। वित्तीय लक्ष्यों में बदलाव आप अपने नकदी प्रवाह के हिसाब से आवश्यकता पड़ने पर कर सकते हैं। इसकी समय–समय पर समीक्षा करना भी जरूरी है।

हालाँकि योजना बनाना तो आसान होता है, पर उन पर अमल करना काफी कठिन होता है, क्योंकि जीवनशैली के साथ आवश्यकताएँ भी बदलती रहती हैं। यह ध्यान रखिए कि किसी वित्तीय योजना का फायदा भी तभी है,

जब उसका क्रियान्वयन अच्छी तरह से हो, अन्यथा वित्तीय योजना का लक्ष्य धरा–का–धरा रह जाएगा।

ज्यादातर वित्तीय सलाहकार द्वारा सिफारिश की गई वित्तीय योजना और रणनीतियाँ व्यक्ति विशेष की जरूरतों के अनुसार तैयार की जाती हैं। आइए, हम उन मूलभूत रणनीतियों की बात करें, जिन पर किसी वित्तीय योजना की कामयाबी निर्भर रहती है।

जीवन बीमा व स्वास्थ्य बीमा भी लें, आपातकालीन फंड बनाएँ, नियमित निवेश व बचत को न भूलें, लक्ष्य हासिल करने तक धैर्य रखें, कर्ज व आयकर में बचत की योजना बनाएँ एवं लालच में जरूरत से ज्यादा जोखिम न उठाएँ। आपकी वित्तीय योजना की कामयाबी का सबसे अच्छा रास्ता यह है कि आप खुद सीख लें कि मुद्रा बाजार (मनी मार्केट) आखिर कैसे काम करता है। अगर आप इसे सीख लेंगे तो आप स्वयं तत्काल फैसला लेने में सक्षम रहेंगे ताकि आप कोई भी ऐसी गलती करने से बचे रहें, जिनसे बचने के लिए प्रत्येक वित्तीय योजनाकार कहता है। ध्यान रहे कि किसी वित्तीय योजना का बनाया जाना तो एक शुरुआत भर है, सबसे महत्त्वपूर्ण बात तो यह है कि उस योजना पर पूरे अनुशासित तरीके से अमल करें।

यूनियन बैंक ऑफ इंडिया इस पुस्तक में दिए गए वित्तीय नियोजन के सभी समाधान जैसे बचत, बीमा, म्यूचुअल फंड निवेश, शेयर बाजार में निवेश तथा ऋण इत्यादि का समाधान अपने ग्राहकों को उपलब्ध कराता है। ये सभी वित्तीय उत्पाद बैंक की किसी भी शाखा से प्राप्त किए जा सकते हैं एवं कुशल बैंक अधिकारियों द्वारा वित्तीय नियोजन में मदद की जाती है।

□

जीवन बीमा

वित्तीय सुरक्षा के लिए जीवन बीमा कराना सबसे आवश्यक है। जीवन बीमा दूसरे किसी भी बीमा से ज्यादा जरूरी होता है। इससे आपके बाद आपके परिवार को वित्तीय सुरक्षा प्राप्त होती है।

जीवन बीमा ज्यादा जरूरी है या स्वास्थ्य बीमा? किसी भी व्यक्ति के लिए ये दोनों बीमा जरूरी हैं। परंतु इनमें से पहले कौन सा बीमा कराया जाए? इस सवाल का जवाब खोजना बेहद जरूरी होता है। कौन सा बीमा पहले लें, यह इस बात पर निर्भर करता है कि आपकी जरूरत क्या है? सरल शब्दों में कहें तो सामाजिक और आर्थिक जिम्मेदारियाँ जीवन बीमा या स्वास्थ्य बीमा लेने का कारण होती हैं। दोनों बीमा संपत्ति संरक्षण (वेल्थ–प्रोटेक्शन) के लिए जरूरी हैं। जीवन बीमा संपत्ति संरक्षण का प्रथम चरण है।

जिम्मेदारी है, तो जीवन बीमा पहले

किसी व्यक्ति की उम्र भले ही कम हो, लेकिन अगर उस पर माँ–बाप, भाई–बहन या अन्य सामाजिक या आर्थिक जिम्मेदारी है तो उसे सर्वप्रथम जीवन बीमा लेना चाहिए। इससे उसके न रहने की दशा में परिवार को आर्थिक परेशानियों का सामना नहीं करना पड़ेगा। जीवन बीमा पहले लेना सही रहता है। अगर स्वास्थ्य बीमा लेने में थोड़ी देर भी हो जाए तो ज्यादा फर्क नहीं पड़ता। किंतु अगर जीवन बीमा नहीं है और परिवार के कमाने वाले शख्स के साथ कुछ हो जाता है, तो परिवार आर्थिक मुश्किल में फँस सकता है। इसे लेने में कोई कोताही न करें। उस दशा में तो बिल्कुल नहीं, जब कोई व्यक्ति परिवार में अकेला ही कमाने वाला हो। साथ ही उस पर परिवार की पूरी आर्थिक जिम्मेदारी हो। कोई भी बीमा खरीदना इस बात की पड़ताल है कि हम कौन हैं? साथ ही हमें सबसे ज्यादा चिंता किसकी है?

अविवाहित युवा व्यक्ति जिस पर कोई भी आर्थिक रूप से निर्भर नहीं है,

बच्चे, गृहिणी और सेवानिवृत्त को जीवन बीमा की जरूरत नहीं होती।

बहुत से लोगों ने अपने वित्तीय जीवन को बहुत सारी जीवन बीमा पॉलिसियों में उलझा रखा है। अगर आप किसी आम आदमी का पोर्टफोलियो देखें तो पाएँगे कि उसमें कुछ एंडोमेंट पॉलिसियाँ, कुछ मनी बैक पॉलिसियाँ एवं कभी–कभी एक या दो यूलिप भी मिलेंगी।

इनमें से कुछ आपके पिताजी ने आपके नाम से लीं एवं कुछ आपने स्वयं अपने नाम से खरीदी हैं। आज से 25 साल पहले टर्म प्लान का चलन कम था और सभी लोगों को इसकी इतनी समझ भी नहीं थी। उनकी इस परंपरा को आगे बढ़ाते हुए कुछ लोगों ने नौकरी लगते ही आयकर बचाने के लिए ट्रेडिशनल बीमा पॉलिसियाँ खरीद लीं। अगर आपने खरीदने की नहीं सोची तो आपके प्रिय अंकल, पापा के मित्र या दूर के रिश्तेदार ने आपको समझा–बुझाकर कुछ पॉलिसियाँ बेच दीं। समस्या यह नहीं कि आपने ये पॉलिसियाँ खरीद लीं, परंतु गौर करने लायक तथ्य यह है कि इनका आपके वित्तीय जीवन में क्या योगदान है? क्या ये किसी अनहोनी में आपके परिवार को आपकी अनुपस्थिति में उनके जीवनयापन के लिए पर्याप्त धन उपलब्ध करवाएँगी या आपके वित्तीय जीवन में समृद्धि को धीरे–धीरे दीमक की तरह खा जाएँगी एवं आपके धन निर्माण की प्रक्रिया को समूल नष्ट कर देंगी।

कुछ लोग झूठ बोलते हुए और दूसरों को मूर्ख बनाने की कोशिश करते हुए कहते हैं कि उन्होंने इसे अपने परिवार की सुरक्षा के लिए खरीदा है। यह बात सरासर झूठ है, क्योंकि उन्होंने यह पॉलिसी केवल और केवल आयकर बचाने एवं निवेश के लिए खरीदी है। जिस पॉलिसी का बीमाधन (सम एश्योर्ड) केवल 10 लाख रुपए है। क्या वो पॉलिसी परिवार को सुरक्षा दे पाएगी? अगर आपने अपने परिवार के बारे में सोचा ही है तो कम–से–कम एक करोड़ रुपए की बीमा पॉलिसी लेते। ये 10 लाख रुपए तो केवल एक या दो साल में ही समाप्त हो जाएँगे।

इस अध्याय का हम चार भागों में अध्ययन करेंगे।

प्रथम चरण – जीवन बीमा की मूलभूत जानकारी।

द्वितीय चरण – यूलिप के बारे में जानकारी एवं सही निर्णय।

तृतीय चरण – व्यर्थ की जीवन बीमा पॉलिसियों को पोर्टफोलियो से बाहर करना।

चतुर्थ चरण – टर्म प्लान लेना।

प्रथम चरण

जीवन बीमा की मूलभूत जानकारी

जब भी आप किसी जीवन बीमा पॉलिसी का अवलोकन करते हैं, तो आपको कई शब्द सामान्यतया नजर आते हैं। आइए, इनके बारे में विस्तार से जानें।

बीमाधन (सम एश्योर्ड) – जिस राशि का बीमा कवर किया जाता है।

अभ्यर्पण मूल्य (सरेंडर वैल्यू) – यह वह मूल्य है, जब हम किसी बीमा पॉलिसी को अभ्यर्पण (सरेंडर) करते हैं तब बीमा कंपनी हमें यह रकम देती है। इसकी कीमत इस बात पर निर्भर करती है कि कितने समय पश्चात् पॉलिसी को अभ्यर्पण किया गया है।

सामान्यतया परंपरागत (ट्रेडिशनल) जीवन बीमा में यदि पॉलिसी की अवधि 10 वर्ष से कम है, तो आपको अभ्यर्पण मूल्य प्राप्त करने के लिए पॉलिसी को कम–से–कम दो पूर्ण वर्ष चालू रखना आवश्यक है, इसके पश्चात् अभ्यर्पित की जा सकती है। यदि पॉलिसी की अवधि 10 वर्ष या इससे ज्यादा है तो आपको अभ्यर्पण मूल्य प्राप्त करने के लिए पॉलिसी को कम–से–कम तीन पूर्ण वर्ष चालू रखना आवश्यक है। अगर आप इस अवधि से पहले अभ्यर्पण करते हैं, तो कुछ भी नहीं मिलेगा।

गारंटीकृत अभ्यर्पण मूल्य (गारंटीड सरेंडर वैल्यू) – इसमें अभ्यर्पण मूल्य जमा कराए गए प्रीमियमों का एक निश्चित अनुपात में भुगतान किया जाता है।

- ➢ अगर आप तीन वर्ष पूरा होने के पश्चात् अभ्यर्पण करते हैं, तो आपको तीन वर्ष के प्रीमियम का सामान्यतया 30% मिलता है।
- ➢ अगर आप चार वर्ष से सात वर्ष के दौरान अभ्यर्पण करते हैं, तो आपको भुगतान की गई राशि का केवल 50% ही मिलेगा।

उदाहरण – यदि आपने 20 वर्ष की अवधि का बीमा लिया जिसका सालाना प्रीमियम एक लाख रुपए है; अगर आप तीन वर्ष पूरा होने के पश्चात् अभ्यर्पण करते हैं, तो आपको तीन वर्ष के प्रीमियम (तीन लाख रुपए) का 30% यानी नब्बे हजार रुपए मिलेंगे।

बीमा कंपनी के ऑफिस में जाकर या कॉल सेंटर पर फोन करके अभ्यर्पण मूल्य का पता लगाया जा सकता है।

माना कभी अचानक आपको पैसों की जरूरत पड़ी और आपने अभ्यर्पण

मूल्य का पता किया तो आपको महसूस होगा कि किसी ने आपको लूट लिया है।

ध्यान रखें, जैसे ही आप पॉलिसी को अभ्यर्पण करने का प्रयास करेंगे, एजेंट (जिसने आपको पॉलिसी बेची है) तथा कंपनी के अधिकारी आपको समझाने का प्रयास करेंगे कि आपका निर्णय गलत है, परंतु उनकी बातें सुनकर आपको रुकना नहीं है। सरेंडर फॉर्म भरें और आगे बढ़ जाएँ।

पेड अप पॉलिसी – कई बार लोग जोश में या बीमा एजेंट के दबाव में आकर ज्यादा सालाना प्रीमियम वाली पॉलिसी ले लेते हैं, परंतु बाद में गृह ऋण की किस्तों एवं अन्य होनेवाले खर्चों की वजह से उनको प्रीमियम भरने में काफी परेशानी होती है। लेकिन आप पॉलिसी का अभ्यर्पण नहीं चाहते हैं, तो अगला उचित कदम है पॉलिसी को पेड अप कराना।

जब आपने कम–से–कम दो वर्ष पूर्ण अवधि (यदि पॉलिसी की अवधि 10 वर्ष से कम है) या तीन वर्ष पूर्ण अवधि (यदि पॉलिसी की अवधि 10 वर्ष या उससे ज्यादा है) तक प्रीमियमों का भुगतान किए जाने के पश्चात् किसी परिवर्ती प्रीमियम (आगे जारी रहने वाले प्रीमियम) का भुगतान नियमानुसार नहीं किया है, तो पॉलिसी पूर्णतया निष्प्रभावी नहीं होगी, बल्कि घटे हुए बीमाधन (सम एश्योर्ड) के लिए चुकता पॉलिसी (पेड अप पॉलिसी) के रूप में जारी रहेगी। इस अवस्था में पूर्णावधि तिथि (डेट ऑफ मैच्योरिटी) पर आपको प्रीमियम पेड अप एवं साथ एकत्रित हुआ बोनस मिल जाएगा। जीवन बीमा (सुरक्षा राशि) जमा कराए गए प्रीमियमों के अनुपात में जारी रहेगा।

$$\text{पेड अप वैल्यू} = \frac{\text{मूल बीमा राशि} \times \text{जमा कराए गए प्रीमियमों की संख्या}}{\text{कुल देय प्रीमियमों की संख्या}}$$

बोनस – बहुत सी परंपरागत (ट्रेडिशनल) बीमा पॉलिसियाँ सालाना बोनस की घोषणा करती हैं, जो कि पॉलिसी की समाप्ति पर एक साथ मिलता है। यदि कोई पॉलिसी 50 रुपए बोनस प्रति एक हजार सम एश्योर्ड पर प्रतिवर्ष घोषित करती है और यदि आपका बीमाधन 10 लाख रुपए है, तो प्रतिवर्ष आपका बोनस पचास हजार रुपए होगा। माना पॉलिसी की अवधि 20 वर्ष है।

पूर्णावधि तिथि पर आपको 20 लाख रुपए (10 लाख बोनस एवं 10 लाख सम एश्योर्ड) मिलेगा। अगर आप पूर्णावधि तिथि से पहले अभ्यर्पण (सरेंडर) करेंगे तो आपको बोनस कम मिलेगा।

ज्यादातर परंपरागत (ट्रेडिशनल) जीवन बीमा पॉलिसियों से आपको दो नुकसान होंगे–

1. अगर इनकी संख्या ज्यादा है, तो इनको सुरक्षित रखना कष्टदायी रहता है। माना किसी व्यक्ति ने ज्यादा पॉलिसियाँ ले रखी हैं और अगर वह व्यक्ति इस दुनिया में नहीं रहा, तो उसके उत्तराधिकारियों को क्लेम उठाने में बहुत सी परेशानियाँ उठानी होंगी।
2. जब उनको बीमा पॉलिसियों का दावा (क्लेम) लेने के लिए जीवन बीमा दफ्तरों के चक्कर लगाने पड़ेंगे, तो वे परेशानी एवं उलझन महसूस करेंगे।

द्वितीय चरण
यूलिप के बारे में जानकारी एवं सही निर्णय

यूनिट लिंक्ड इंश्योरेंस प्लान – यह जीवन बीमा एवं शेयर बाजार में निवेश को एक साथ प्रस्तुत करनेवाला उत्पाद है। इस उत्पाद को बीमा एजेंट लोगों को इस तरह से समझाते हैं कि यह उत्पाद जीवन बीमा, निवेश (शेयर बाजार) एवं आयकर में बचत एक साथ प्रदान करता है। इसमें लोगों को बड़े–बड़े सपने दिखाए जाते हैं। लेकिन कई बार ऐसा हुआ है कि वृद्धि तो छोड़िए, इसमें तो मूलधन ही आधा रह जाता है।

यूलिप के प्रीमियम का तीन भागों में बँटवारा हो जाता है–

(1) खर्चे (2) मॉर्टेलटी चार्ज (3) निवेश (शेयर बाजार)

यूलिप एक प्रकार का लंबे समय तक किया जानेवाला निवेश है। इसमें पाँच साल तक का लॉक इन पीरियड होता है। अगर आप प्रथम प्रीमियम दे चुके हैं, तो आगे मत दीजिए। यह प्रथम प्रीमियम एक डिकंटीन्यू फंड में चला जाएगा और यह राशि साधारण ब्याज के साथ पाँच साल बाद आपको मिल जाएगी।

अतः आप अगर एक या दो प्रीमियम दे चुके हैं, तो पॉलिसी को बंद कर सकते हैं। लेकिन तीन प्रीमियम दे चुके हैं तो दो और प्रीमियम देकर पाँच साल पूरा होने पर सरेंडर कर दें एवं इसको आगे चलाने के स्थान पर टर्म प्लान खरीदें एवं म्यूचुअल फंड में निवेश करें।

तृतीय चरण
व्यर्थ की जीवन बीमा पॉलिसियों को पोर्टफोलियो से बाहर करना

अगर मैं आपसे एक सवाल करूँ कि आपने पॉलिसी क्यों खरीदी? ईमानदार होने के नाते आपका जवाब होगा–

1. आयकर में बचत के साथ–साथ निवेश के लिए
2. सुरक्षा (जीवन बीमा) के लिए

लेकिन आपने जो पॉलिसी खरीदी है, न तो वह पर्याप्त सुरक्षा देती है और न ही पर्याप्त प्रतिफल (रिटर्न)। अगर आपकी पॉलिसी का बीमाधन (सम एश्योर्ड) दस लाख रुपए है और अवधि बीस साल है तो मित्रो, विचार कीजिए कि 10 लाख रुपए बीमाधन की बीस साल बाद क्या कीमत होगी? क्या यह राशि आपकी जिंदगी के किसी लक्ष्य में मदद करेगी?

मैं आपको प्रमाणित वित्तीय सलाहकार होने के नाते राय देता हूँ कि इन व्यर्थ की पॉलिसियों से छुटकारा पा लें एवं इन्हें बाहर का रास्ता दिखा दें। ये ऊपर वर्णित दोनों उद्‌देश्यों में से किसी में भी खरी नहीं उतरेंगी। अगर आप भी गंभीरतापूर्वक विचार करेंगे तो आपको मेरा सुझाव पसंद आएगा।

उदाहरण – राम ने एक 10 लाख रुपए बीमाधन वाली पॉलिसी खरीदी, जिसकी अवधि 20 वर्ष है तथा सालाना प्रीमियम 50,000 रुपए है। इस पॉलिसी पर कंपनी प्रति हजार बीमाधन पर 50 रुपए बोनस देती है।

राम अभी तक इसके केवल तीन प्रीमियम दे चुका है, यानी राम ने अभी तक कुल 1 लाख 50 हजार रुपए का भुगतान किया है। अगर 20 वर्ष के दौरान कभी भी असमय राम की मृत्यु होने पर उसके परिवार को मात्र 10 लाख रुपए मिलेंगे। क्या यह रकम उसके उत्तराधिकारियों के लिए पर्याप्त है?

अगर राम 20 वर्ष तक जीवित रहता है, जिसकी संभावना ज्यादा है, तब उसको पूर्णावधि तिथि (डेट ऑफ मैच्योरिटी) पर 20 लाख रुपए मिलेंगे। आज से 20 वर्ष पश्चात् 20 लाख रुपए की क्या कीमत होगी? इसी दौरान राम एक प्रमाणित वित्तीय सलाहकार के संपर्क में आता है तथा साथ–साथ वह एक अच्छी वित्तीय परामर्श देने वाली वेबसाइट का भी अध्ययन करता है। तब उसे पता चलता है कि उसका यह पॉलिसी खरीदने का निर्णय ही गलत था। सवाल यह नहीं है कि निर्णय गलत है, अधिकतर लोगों को खर्च किए गए पैसों से विशेष लगाव होता है।

क्या मुझे पॉलिसी बंद करने पर 1,50,000 रुपए का नुकसान हो जाएगा? देखा जाए तो यह एक भावनात्मक सवाल है, जो हमें हर समय डराता है। इस सवाल के दो संभावित उत्तर हैं–

(1) नहीं, मैं यह पॉलिसी बंद नहीं करूँगा।

(2) हाँ, मैं क्षणिक नुकसान उठाकर भी पॉलिसी बंद कर दूँगा।

अगर आपका उत्तर प्रथम है। आप अपने आप को मूर्ख बनाने की कोशिश कर रहे हैं। आइए, जानते हैं, क्यों?

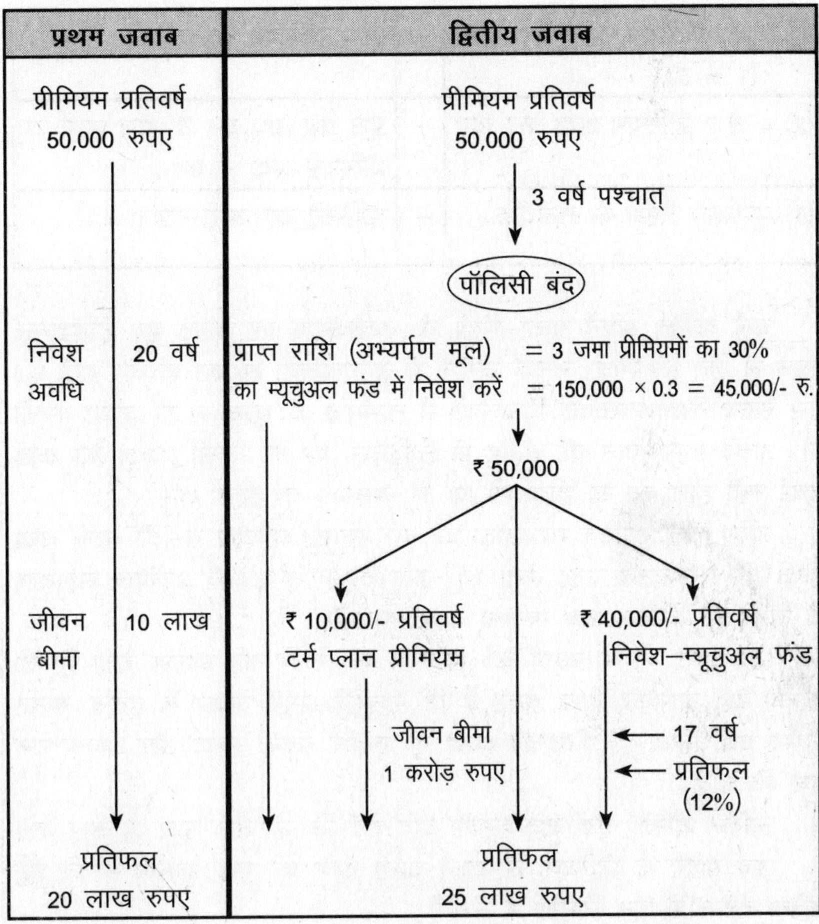

विकल्प दो में, आपने पॉलिसी को बंद करने के पश्चात् प्रीमियम को दो भागों में बाँट दिया है, जिससे आपको एक करोड़ रुपए का टर्म प्लान मिलेगा तथा पूर्णावधि तिथि पर पाँच लाख रुपए ज्यादा मिलेंगे एवं आप कभी भी अपना पैसा प्रतिफल के साथ वापस निकाल सकते हैं।

कोई भी ट्रेडिशनल पॉलिसी अपनी पूर्णावधि तिथि पर पाँच से छह प्रतिशत तक ही प्रतिफल (रिटर्न) देती है, जो कि मुद्रास्फीति को भी मात नहीं दे सकती।

(1) कुछ प्रीमियम अदा कर दिए (1 से 3)	–	आप पॉलिसी बंद कर दें।
(2) 4 से 7 प्रीमियम अदा कर दिए	–	इसे पेड अप कर दें और आगे के प्रीमियम अदा न करें।
(3) पूर्णावधि तिथि के नजदीक	–	पॉलिसी को जारी रखें।

कई व्यक्ति अपने माता–पिता के नक्शेकदम पर चलते हुए ट्रेडिशनल प्लान ले लेते हैं। मित्रो, उनके जमाने में सामान्यतया संयुक्त परिवार होते थे। उस समय शिक्षा सरकारी विद्यालयों में नाममात्र के शुल्क में हो जाया करती थी। अच्छे खान–पान की वजह से चिकित्सा पर भी किसी प्रकार का कोई खर्चा नहीं होता था या होता भी था तो नाममात्र का होता था।

अगर कोई व्यक्ति मर जाता था, तो संयुक्त परिवार उसकी पत्नी तथा बच्चों की जिम्मेदारी उठा लेता था। इस तरीके से उनकी आर्थिक सहायता हो जाती थी, लेकिन अब जमाना बदल गया है।

जब कभी भी मैं लोगों को पॉलिसी बंद करने की सलाह देता हूँ, तो उनको यह जानकर दुःख होता है कि उन्होंने अपने जीवन में इतना गलत निर्णय क्यों लिया है? जिसकी वजह से उन्होंने इतना समय और अपना धन नष्ट किया है।

लेकिन दोस्तो, एक बात हमेशा याद रखें कि जो बीत गया वो कल था।

अब बाकी के प्रीमियम से बचने वाली राशि को एक अवसर मानते हुए उचित तरीके से धन निर्माण में लगाएँ।

चतुर्थ चरण

टर्म प्लान लेना

वास्तव में मूलभूत जीवन बीमा टर्म इंश्योरेंस ही है। बीमे के अन्य रूप मसलन–यूलिप, मनी बैक, ग्रुप इंश्योरेंस, मेडिकल इंश्योरेंस, वाहन बीमा, पेंशन प्लान तो काफी बाद में आए। इन सबका उद्गम टर्म इंश्योरेंस है। एक और बात समझना जरूरी है कि बीमा और निवेश दोनों बिल्कुल अलग–अलग चीजें हैं। इन दोनों को एक चश्मे से नहीं देखा जाना चाहिए, क्योंकि निवेश व बचत के जहाँ कई तरीके हैं, वहीं बीमे का तरीका सिर्फ एक ही है। बीमे का मतलब सिर्फ बीमा है।

टर्म इंश्योरेंस अब एक आदर्श बीमा कवर बन गया है, फिर भी इसके बारे में लोगों में जागरूकता बहुत कम है। ज्यादातर इंश्योरेंस एजेंट भी टर्म इंश्योरेंस के बारे में बताते नहीं, क्योंकि इस पर मिलने वाला कमीशन कम होता है और वे लोगों को गलत उत्पाद दे देते हैं। यही नहीं, जरूरतमंद की सुरक्षा के लिए जरूरी बीमाधन (सम एश्योर्ड) का भी ध्यान नहीं रखते हैं। उनकी दिलचस्पी अधिक कमीशन वाली बीमा योजना बेचने में ज्यादा होती है।

सबसे कम प्रीमियम पर विशुद्ध जीवन बीमा उपलब्ध कराने वाली योजना टर्म इंश्योरेंस ही है। जीवन बीमा कराना हो, तो टर्म इंश्योरेंस ही चुनें। किसी और बीमा योजना को चुनने में आपको सही जोखिम वहन (कवर) हासिल नहीं होगा।

कौन ले सकते हैं टर्म प्लान

अगर आप बीमा को सामान्य निवेश से अलग रखना चाहते हैं, तो टर्म प्लान बेहतर चुनाव होगा। साथ ही ऐसे लोग, जो निवेश–आधारित प्लान नहीं खरीद सकते, वे टर्म प्लान ले सकते हैं। ज्यादा जीवन बीमा चाहने वाले बड़े निवेशक (एच.एन.आई.) भी टर्म प्लान में पैसा लगा सकते हैं, पर कोशिश करें कि लंबी अवधि के लिए प्लान लिया जाए। निवेश की पूर्णावधि तिथि (डेट ऑफ मैच्योरिटी) पर मुनाफा पाने की उम्मीद रखनेवाले लोगों के लिए टर्म प्लान नहीं है।

पॉलिसी लेने वाले की मौत पर आश्रितों को पॉलिसी की पूरी रकम दी जाती है। पर इसकी एक खामी भी है, टर्म इंश्योरेंस में बीमे की रकम केवल पॉलिसीधारक के मरने पर ही दी जाती है। अगर पॉलिसीधारक पॉलिसी की समय अवधि से ज्यादा जीता है, तो कोई भी आर्थिक मदद नहीं मिलती है। प्रीमियम का भी कोई हिस्सा वापस नहीं किया जाता है। मतलब टर्म पूरा होने पर आपको कुछ भी नहीं मिलता है।

अगर आप यह तय कर चुके हैं कि टर्म इंश्योरेंस लेकर ही अपने परिवार को आर्थिक सुरक्षा देनी है, तो आपको यह भी जानना चाहिए कि इसकी खरीददारी कैसे की जाए और कौन सा प्रोडक्ट आपके लिए उपयुक्त होगा।

आप कहाँ से टर्म इंश्योरेंस पॉलिसी खरीदें, इसका निर्णय लेने से पहले आपको यह तय कर लेना चाहिए कि आपको कितनी राशि के जीवन बीमा की जरूरत है?

कितनी राशि का सावधि बीमा (टर्म प्लान) लें?

लोग अकसर बीमे की राशि को लेकर परेशान होते हैं। आखिर कितनी रकम का बीमा लें, जो परिवार को पूरी वित्तीय सुरक्षा दे सके। ऐसे में सबसे सामान्य तरीका है एच.एल.वी. (ह्यूमन लाइफ वैल्यू) का आकलन करना। एच.एल.वी. यानी इसमें किसी व्यक्ति के जीवन की कीमत को आँका जाता है। इसके साथ ही बीमा कराने के लिए एक तरीका और इस्तेमाल करना चाहिए। इसमें महँगाई और दूसरे लंबे समय के खर्चों का ध्यान रखा जाता है। इसके तहत बच्चों की पढ़ाई, शादी, बकाया ऋण राशि के भुगतान और दूसरे सभी खर्चों और मौजूदा बचत को जोड़ें। आपके खर्च और बचत का अंतर ही आपके पॉलिसी कवर की राशि होनी चाहिए।

आपको कितनी राशि के टर्म प्लान की जरूरत है

(1) उम्र	35 वर्ष
(2) आश्रितों की संख्या	3
(3) सालाना आय	12 लाख रुपए
(4) सालाना घरेलू खर्च	6 लाख रुपए
(5) *बीमित व्यक्ति (कमाने वाला) का सालाना खर्च	1.20 लाख रुपए

(6) उन वर्षों की संख्या (जिनमें परिवार के खर्चों की आवश्यकता हो) = 60 − उम्र (वर्ष)	25 वर्ष
(7) राशि जो कि सामान्य जीवनयापन के लिए आवश्यक है = (4−5) × 6	120 लाख रुपए

ली गई ऋण राशियों को जोड़ें

(8) गृह ऋण	25 लाख रुपए
(9) कार ऋण	5 लाख रुपए
(10) ऋण चुकाने के लिए आवश्यक राशि (8+9)	30 लाख रुपए

जोड़ें भविष्य में होनेवाले बड़े खर्च

(11) बच्चों की पढ़ाई	20 लाख रुपए
(12) बच्चों की शादी	15 लाख रुपए
(13) पत्नी का सेवानिवृत्ति कोष (आकस्मिक खर्चे)	10 लाख रुपए
(14) लंबी अवधि के लक्ष्यों के लिए आवश्यक राशि (11+12+13)	45 लाख रुपए

घटाएँ वर्तमान परिसंपत्तियाँ (एसेट्स) एवं जीवन बीमा

(15) **वर्तमान परिसंपत्तियाँ	15 लाख रुपए
(16) वर्तमान जीवन बीमा कवर जो उपलब्ध है	10 लाख रुपए
(17) कुल (15 + 16)	25 लाख रुपए

कुल टर्म प्लान की राशि	**= (7+10+14) −17 =120+30 +45 − 25 =1.70 करोड़ रुपए**

*इसे सामान्यतया कुल खर्च का 20 से 25% तक लेते हैं।

**वर्तमान परिसंपत्तियाँ में घर को छोड़कर (क्योंकि घर रहने के काम आएगा) सोना, घरेलू सामान, कार, म्यूचुअल फंड एवं शेयर्स को गिनें।

बीमा लेने का आम नियम यह है कि आप 60 साल में से अपनी उम्र घटाएँ और इस प्रकार जितने साल बचते हैं, आदर्श तौर पर आपकी पॉलिसी की अवधि भी उतनी ही होनी चाहिए। इसका मतलब हुआ कि अगर आप 35 वर्ष के हैं, तो आपकी पॉलिसी की अवधि 25 वर्ष की होनी चाहिए।

विचार करें – अगर आज रात आपकी मृत्यु हो जाती है!

1. क्या आपका बेटा कनाडा में अपनी पढ़ाई कर पाएगा?
2. आपके मकान और कार की किस्तें कौन चुकाएगा?
3. आपके जाने के बाद परिवार का खर्चा कैसे चलेगा?

समाधान – टर्म प्लान अवश्य लें।

एक बार टर्म इंश्योरेंस की खरीददारी के बाद आपको प्रत्येक पाँच से दस साल में एक बार इसकी समीक्षा करनी चाहिए। इस अवधि के दौरान आपकी व्यक्तिगत परिस्थितियाँ, आय, परिसंपत्तियाँ और देनदारियों में परिवर्तन हो सकता है और इस बदलाव के अनुसार आपको अतिरिक्त बीमा राशि की खरीददारी करनी चाहिए।

ऑनलाइन खरीदें पॉलिसी

टर्म इंश्योरेंस पॉलिसियाँ अब ऑनलाइन बिक रही हैं। ऐसे प्रोडक्ट ब्रोकर या एजेंट के जरिए बेचे जानेवाले प्रोडक्ट से सस्ते भी हैं (कुछ मामलों में 40% तक)। इंटरनेट के जरिए इन उत्पादों की बिक्री में कोई एजेंट या ब्रोकर शामिल नहीं होता है, इसलिए उनको दिया जानेवाला कमीशन बचता है, जिसके परिणामस्वरूप पॉलिसी की लागत कम हो जाती है। टर्म प्लान लेने के लिए पॉलिसी बाजार डॉट कॉम, जागो इन्वेस्टर डॉट कॉम एवं कवर फॉक्स डॉट कॉम जैसी वेबसाइटों पर संपर्क किया जा सकता है।

स्वास्थ्य जाँच (मेडिकल चैकअप) जरूर कराएँ

कई बार ऑनलाइन टर्म प्लान लेते वक्त इंश्योरेंस कंपनी आपका मेडिकल नहीं कराती है। आप कंपनी से कहें कि वो आपकी स्वास्थ्य जाँच

कराए अन्यथा कई बार कंपनियाँ तीन साल के अंदर दावा (क्लेम) आने पर कुछ–न–कुछ कारण या बहाना बनाकर क्लेम नहीं देती हैं।

सस्ता विकल्प चुनें

अब आप विभिन्न जीवन बीमा कंपनियों के टर्म इंश्योरेंस प्लान के प्रीमियम की तुलना करते हैं, तो इनमें भारी भिन्नता देखने को मिलती है। आदर्श तौर पर उपलब्ध सबसे सस्ते विकल्प की खरीददारी आपको करनी चाहिए। सभी पॉलिसियों के अंतर्गत मृत्यु के बाद मिलने वाले लाभ एक जैसे होते हैं और परिपक्वता पर कोई लाभ नहीं मिलता। जिन कंपनियों के दावा भुगतान अनुपात (क्लेम सेटलमेंट रेशियो) अच्छे होते हैं, मतलब, कितने प्रतिशत क्लेम का निपटान जीवन बीमा कंपनी करती है, उन्हें प्राथमिकता दी जानी चाहिए ताकि पॉलिसीधारक की मृत्यु होने के बाद क्लेम में परेशानी न आए।

सिंगल प्रीमियम प्लान

टर्म इंश्योरेंस में कई तरह के प्लान होते हैं। सिंगल प्रीमियम प्लान के नाम से ही जाहिर है कि इसमें पॉलिसी के लिए एक ही बार प्रीमियम भरना होता है। एक निश्चित समय अवधि के कवर के लिए एक साथ प्रीमियम लिया जाता है।

मॉर्गेज कवर टर्म इंश्योरेंस

लाइफ कवर के अलावा टर्म प्लान लोन के लिए भी लिया जा सकता है। यह आपके बकाया ऋण के लिए इंश्योरेंस होता है। ऋण के लिए दी जानेवाली ई.एम.आई. (मासिक किस्त) के साथ ऋण की बकाया राशि घटती जाती है और इंश्योरेंस कवर की राशि भी घटती है। इस पॉलिसी के लिए दिए जानेवाले प्रीमियम के लिए भी समय अवधि निश्चित की जाती है। ऋण लेने वाले के मरने पर ऋण की बकाया राशि के लिए कवर मिलता है। ऐसे में ऋण लेने वाले के मरने पर परिवार पर ऋण चुकाने का बोझ नहीं पड़ता है।

रेगुलर प्रीमियम प्लान

इसमें टर्म की अवधि पूरी होने तक हर साल प्रीमियम (एक निश्चित राशि) चुकाना होता है।

टर्म प्लान में प्रीमियम की वापसी

आमतौर पर टर्म प्लान में अगर पॉलिसीधारक टर्म से ज्यादा जीता है, तो कोई भी राशि नहीं मिलती। प्रीमियम की भी वापसी नहीं होती यानी मैच्योरिटी वैल्यू शून्य होती है। कई कंपनियों के प्लान में प्रीमियम वापसी का भी प्रावधान होता है। टर्म पूरा होने पर ब्याज के साथ या बिना ब्याज के प्रीमियम वापस किया जाता है। ऐसे टर्म प्लान में आम टर्म प्लान की तुलना में ज्यादा प्रीमियम लिया जाता है। ऐसी पॉलिसी का चयन न करें, क्योंकि बीमे को निवेश से अलग रखना चाहिए।

अतिरिक्त राइडर्स

टर्म पॉलिसी एक शुद्ध जीवन बीमा पॉलिसी होती है। इसमें पॉलिसीधारक के मरने पर ही परिवार को बीमाधन दिया जाता है। क्रिटिकल इलनेस और दुर्घटना जैसी स्थितियों के लिए कोई कवर नहीं मिलता। ऐसे में पॉलिसी पर मिलने वाले क्रिटिकल इलनेस बेनेफिट राइडर की सुविधा अवश्य लेनी चाहिए।

दावे (क्लेम) में आसानी के लिए प्रपोजल फॉर्म में दें सही जानकारियाँ

परिवार की सुरक्षा के लिए कमाऊ व्यक्ति के लिए जीवन बीमा लेना जितना जरूरी है, उससे ज्यादा जरूरी है क्लेम की प्रक्रिया को समझना। एक छोटी सी चूक जीवन बीमा पॉलिसी के पूरे उद्‌देश्य को समाप्त कर सकती है। जिन आश्रितों को आर्थिक सुरक्षा देने के लिए जीवन बीमा पॉलिसी ली गई, अगर उन्हें ही इसका लाभ न मिले, तो पॉलिसी लेने का कोई मतलब ही नहीं रह जाता। मृत्यु के समय दावे की प्रासंगिकता पर विचार किए बगैर जीवन बीमा कराना एकदम निरर्थक प्रयास है। अपने जीवन का बीमा कराने का प्रमुख मकसद यही होता है कि हम अपने आश्रितों का भविष्य उस स्थिति में सुरक्षित बनाना चाहते हैं, जबकि असामयिक मौत के चलते वे आर्थिक संकट में पड़ने वाले होते हैं।

सही जानकारियाँ आगे चलकर दावे के अस्वीकृत होने की आशंका को समाप्त करती हैं। अपनी समस्या को जाहिर करना बेहतर है, क्योंकि इससे कम समय में दावे की प्रक्रिया को पूरा किया जा सकता है।

प्रपोजल फॉर्म स्वयं ही भरें

किसी भी व्यक्ति को प्रपोजल फॉर्म स्वयं ही भरना चाहिए। अगर यह संभव न हो तो एजेंट द्वारा भरे गए फॉर्म को एक बार स्वयं जाँच लें कि नाम, जन्म तिथि और संपर्क की जानकारी सही है। कंपनियाँ ऐसा मानती हैं कि प्रपोजल फॉर्म में दी गई जानकारी आपके द्वारा दी गई है और सही है।

वास्तव में प्रकटीकरण (डिस्क्लोजर) में कंपनी जो जानकारी माँग रही है, वह तो सीधे तौर पर दी जानी चाहिए। इसके अलावा अगर ग्राहक को ऐसा लगता है कि कुछ ऐसी बातें भी हैं, जिससे बीमा पॉलिसी प्रभावित हो सकती है, तो उसका जिक्र भी अपनी तरफ से करना चाहिए। इससे क्लेम के दौरान कोई परेशानी नहीं होगी।

पॉलिसी दस्तावेज को पूरा पढ़ें

इंश्योरेंस क्लेम का जल्द भुगतान पाने का पहला सूत्र यह है कि आप अपनी बीमा पॉलिसी के दस्तावेज को पूरा पढ़ें, ध्यान से पढ़ें, कई बार पढ़ें, ताकि सारे नियम व शर्तें आपको समझ में आ जाएँ। यदि कोई बात या तथ्य समझ में नहीं आ रहा है, तो उसे कंपनी या एजेंट से पूछें। उसके बाद ही दस्तावेज पर हस्ताक्षर करें।

न छुपाएँ वास्तविक जानकारियाँ / किसी भी तथ्य को छुपाएँ नहीं / पारदर्शिता है जरूरी

ऑफलाइन या ऑनलाइन प्रपोजल फॉर्म भरते समय बीमा कंपनियों को अपने स्वास्थ्य, आदतें, कमाई और वंशानुगत बीमारियों की सही जानकारी देकर दावा (क्लेम) खारिज होने की संभावनाओं को समाप्त कर सकते हैं। हो सकता है कि ऐसे सच्चे डिस्क्लोजर की वजह से ग्राहक को स्वास्थ्य जाँच करवानी पड़े या कुछ अधिक प्रीमियम देना पड़े, पर क्लेम के समय इसकी वजह से कोई दिक्कत नहीं होगी। कई मामलों में लोग प्रपोजल फॉर्म में यह नहीं बताते कि वह शराब पीते हैं या तंबाकू का सेवन करते हैं या उन्हें पहले से कोई बीमारी जैसे ब्लड प्रेशर या डायबिटीज है। मौजूदा इंश्योरेंस पॉलिसी के बारे में जानकारी दें और उसकी पुष्टि करें। बीमा परस्पर भरोसे पर किया गया अनुबंध होता है। ऐसी वास्तविकताओं को छिपाने की वजह से क्लेम के समय परेशानी होती है। अस्वीकृत दावों के मामले में, प्रपोजल फॉर्म में गलत जानकारी दिया जाना ही मुख्य कारण होता है। अपने कर्तव्य को सही ढंग से पूरा करने के

लिए पॉलिसीधारक को अपने और जीवन बीमा प्रदाता कंपनी के बीच के करार को बेहद पवित्र रिश्ते की तरह लेना चाहिए, क्योंकि यही करार उसके न रहने पर उसके परिवार की सुरक्षा और भरण–पोषण की जिम्मेदारी पूरी करता है।

आवेदन पत्र में माँगी गई सूचनाएँ भरते समय पूरा समय दें, किसी प्रकार की गलतियों की गुंजाइश न छोड़ें। जारी की जा रही पॉलिसी से संबंधित नियमों एवं शर्तों को बखूबी समझ लें। यदि कोई बात या पक्ष समझ में नहीं आए तो उस बारे में बीमाकर्ता से स्पष्टीकरण अवश्य लें।

नॉमिनी को पॉलिसी की जानकारी होना जरूरी है

बीमा पॉलिसियों में नॉमिनी की भूमिका अहम होती है। पहले से ही पॉलिसीधारक को यह सुनिश्चित कर लेना चाहिए कि नॉमिनी को पॉलिसी सम एश्योर्ड, पॉलिसी की अवधि और बीमा कंपनी के बारे में पूरी जानकारी है। बीमा पॉलिसी सुरक्षित स्थान पर रखें और इसकी जानकारी नॉमिनी को जरूर दें। क्लेम करते समय वास्तविक (ओरिजनल) पॉलिसी बॉण्ड की जरूरत होती है।

बहिष्करण (एक्सक्लूजंस) को समझें

एक निश्चित अवधि तक जीवन बीमा पॉलिसियों के अंतर्गत कुछ एक्सक्लूजंस होते हैं। उदाहरण के तौर पर अधिकतर जीवन बीमा पॉलिसी के तहत एक साल के अंदर आत्महत्या की वजह से होनेवाली मृत्यु को कवर नहीं किया जाता। क्लेम पाने के लिए जरूरी है कि समय पर प्रीमियम का भुगतान करते हुए पॉलिसी को अस्तित्व में रखा जाए।

दस्तावेजों की कर लें जाँच

अंत में एक बार इस बात की जाँच कर लें कि प्रपोजल फॉर्म के साथ दिए गए दस्तावेज जैसे उम्र का सबूत, आय का सबूत आदि गलत नहीं हैं। पॉलिसी मिलने के बाद अगर इन सब चीजों में कोई गलती पाई जाती है, तो इसकी सूचना बीमा कंपनी को अवश्य दें और इसे सही करवाएँ ताकि क्लेम के समय़ कोई परेशानी न हो।

इंश्योरेंस प्रीमियम के भुगतान की रियायती अवधि (ग्रेस पीरियड)

आमतौर पर इंश्योरेंस प्रीमियम के भुगतान के लिए ग्रेस पीरियड दिया जाता है। रियायती अवधि एक महीने की होती है। इस अवधि में आपकी

पॉलिसी वैध ही रहती है, हालाँकि एक महीने बाद आपकी पॉलिसी समाप्त (लैप्स) हो जाती है।

पॉलिसी की निरंतरता बनाए रखने के उपाय

पॉलिसीधारकों को अपने पत्र व्यवहार के पते में परिवर्तन की सूचना बीमा कंपनी को देनी चाहिए, साथ ही अपना मोबाइल नंबर और इ–मेल भी कंपनी को उपलब्ध कराना चाहिए, ताकि बीमा कंपनी पॉलिसीधारक को समय–समय पर प्रीमियम की देय तिथि के बारे में जानकारी एस.एम.एस. अलर्ट की सुविधा के जरिए एवं इ–मेल पर भी देती रहे।

प्रीमियम की निरंतरता बनाए रखने के लिए इलेक्ट्रॉनिक क्लियरिंग सर्विस (ई.सी.एस.) सुविधा का लाभ उठाना चाहिए और इस बात का ध्यान भी रखना चाहिए कि प्रीमियम की देय तिथि के दौरान खाते में इसके लिए पैसे मौजूद हों।

इन गुरु मंत्रों पर दें ध्यान, पाएँ बीमा दावे का जल्द भुगतान

आमतौर पर बीमा कंपनियों से लोगों की शिकायत यही होती है कि वे क्लेम के समय पैसे देने में आनाकानी व लेट–लतीफी करती हैं। बीमा दावे भी बहुतायत से खारिज कर दिए जाते हैं। इसलिए हम आपको बता रहे हैं कि आपकी बीमा पॉलिसी का क्लेम जल्द–से–जल्द कैसे मिल सकता है?

पॉलिसीधारक की मृत्यु की दशा में आप सारे–के–सारे दस्तावेज क्लेम फॉर्म के साथ संलग्न करें। मैच्योरिटी की दशा में पॉलिसी दस्तावेज, पॉलिसी धारक की मृत्यु की दशा में मृत्यु प्रमाण–पत्र, रिलेशनशिप सर्टिफिकेट, नॉमिनी के बारे में विवरण, स्वास्थ्य बीमा व मेडिक्लेम में चिकित्सा से संबंधित सारे कागज–पत्र, यदि पॉलिसी में नॉमिनी नहीं है, तो पॉलिसीधारक के कानूनी वारिसों के पक्ष में उत्तराधिकार प्रमाण–पत्र (सक्सेशन सर्टिफिकेट), यदि एक से ज्यादा कानूनी वारिस हैं, तो हक त्याग प्रमाण–पत्र (रिलिंक्विशमेंट सर्टिफिकेट) की जरूरत भी पड़ती है।

दावे (क्लेम) की सूचना मिलते ही बीमा कंपनी कोई अतिरिक्त जानकारी या कागजातों की माँग 15 दिन के भीतर ही कर सकती है और वह ऐसा, जहाँ तक संभव हो, एक ही बार में करेगी, न कि टुकड़ों में। इनकी प्राप्ति के 30 दिनों के अंदर कंपनी को बीमा दावे का भुगतान करना होगा

बीमा दावे का जल्द भुगतान पाने के लिए पॉलिसीधारक को यह जानकारी होनी चाहिए कि यदि क्लेम से संबंधित परिस्थितियों के अधीन कंपनी को क्लेम की छानबीन जरूरी लगे, तो दावा दायर होने के छह माह के भीतर ही ऐसी छानबीन को पूरा करना होगा। यदि इंश्योरेंस कंपनी क्लेम के भुगतान में देरी करे तो उसे दावा राशि पर वित्तीय वर्ष के आरंभ में लागू बैंक की ब्याज दर से 2% ज्यादा दर से ब्याज देना होगा। हाँ, यदि भुगतान में देरी दावेदार की पहचान करने के कारण हो, तो दावा राशि पर बैंक के बचत खाते पर लागू ब्याज दर के बराबर का ब्याज देना होगा।

इंश्योरेंस क्लेम के लिए आपने दावा तो किया, पर बीमा कंपनी ने आपकी इंश्योरेंस पॉलिसी पर किया गया दावा खारिज कर दिया। तो भी आप निराश न हों। आप अपने आसपास बीमा लोकपाल का कार्यालय पता करें और वहाँ शिकायत करें। कई मामलों में बीमा कंपनी द्वारा खारिज किए गए दावे का भुगतान बीमा लोकपाल की पहल पर किया गया है।

बीमे के आयकर प्रावधानों को समझें

एक आम आदमी का सरोकार आयकर से भी रहता है। लिहाजा जीवन बीमा लेते समय आप थोड़ा आयकर प्रावधानों का भी ध्यान रखेंगे, तो बेहतर ही होगा। जीवन बीमा के प्रीमियम और मैच्योरिटी पेमेंट पर आयकर कटौती का लाभ आयकर कानून 1961 की धारा 80सी के विभिन्न प्रावधानों के तहत दिया जाता है। लिहाजा इसे प्राप्त करने के लिए आपको आयकर के विविध पहलुओं, नियमों और उप–नियमों से भी परिचित होना चाहिए। आप धारा 80सी के तहत एक लाख पचास हजार रुपए तक बतौर प्रीमियम जीवन बीमा पॉलिसी में निवेश कर सकते हैं। लेकिन आयकर का लाभ तभी मिलेगा, जब जीवन बीमा पॉलिसी का सम एश्योर्ड भुगतान किए गए प्रीमियम की राशि का न्यूनतम 10 गुना हो। 1 अप्रैल, 2012 के बाद जारी पॉलिसियों पर यह नियम लागू होगा।

दृश्य (1) प्रीमियम एक लाख रुपए सालाना (पूरी अवधि तक स्थिर), सम एश्योर्ड 10 लाख रुपए। संपूर्ण प्रीमियम राशि (रुपए एक लाख पचास हजार तक) धारा 80सी के तहत कर बचत के लिए दावेदार होगी। परिपक्वता अवधि पर प्राप्त राशि भी आयकर की धारा 10(10) डी के तहत कर–रहित होगी।

दृश्य (2) प्रीमियम एक लाख सालाना (पूरी अवधि तक स्थिर), सम एश्योर्ड 5 लाख रुपए। राशि केवल पचास हजार रुपए (सम एश्योर्ड 5 लाख रुपए का 10%) धारा 80सी के तहत कर बचत के लिए दावेदार होगी।

परिपक्वता अवधि पर प्राप्त राशि नियमित आय मानी जाएगी एवं उस पर आपके टैक्स स्लैब के अनुसार आयकर लगेगा। अगर बीमित व्यक्ति मर जाता है, तो प्राप्त संपूर्ण राशि कर–रहित होगी।

जीवन बीमा पॉलिसी में 80डी का लाभ

जीवन बीमा पॉलिसी में 80डी के तहत लाभ उन्हीं पॉलिसियों में मिलता है, जिनमें क्रिटिकल इलनेस राइडर हो या फिर जो क्रिटिकल इलनेस प्लान हों। ऐसे मामलों में कटौती (डिडक्शन) का लाभ उसी रकम के लिए मिलेगा, जिसका भुगतान हैल्थ इंश्योरेंस राइडर प्रीमियम के तौर पर किया गया हो।

जीवन बीमा इतना आवश्यक है कि भारत सरकार ने 1 जून, 2015 से सभी आमजन को शामिल करने के लिए दो सुरक्षा योजनाओं का शुभारंभ किया है।

प्रधानमंत्री जीवन ज्योति बीमा योजना

18 से 50 वर्ष तक की उम्र के सभी भारतीय इसमें प्रवेश कर सकते हैं एवं 55 वर्ष की आयु तक नवीनीकरण कर सकते हैं। यह बचत खाते से लिंक समूह सावधि बीमा योजना है। बीमित राशि 2 लाख रुपए और प्रीमियम प्रतिवर्ष 330 रुपए है। किसी भी कारण से मृत्यु होने पर 2 लाख रुपए मिलेंगे।

प्रधानमंत्री सुरक्षा बीमा योजना

18 से 70 वर्ष तक की उम्र के सभी भारतीय इसमें प्रवेश कर सकते हैं। यह बचत खाते से लिंक समूह व्यक्तिगत दुर्घटना बीमा योजना है। बीमित राशि 2 लाख रुपए है। इसका प्रीमियम प्रतिवर्ष 12 रुपए है।

ये योजनाएँ बीमा कंपनियों की पी.एफ.आर.डी.ए. के सहयोग से सार्वजनिक क्षेत्र के बैंकों द्वारा कार्यान्वित की जाती हैं।

□

स्वास्थ्य बीमा

संपत्ति संरक्षण (वेल्थ प्रोटेक्शन) का यह द्वितीय चरण है। कोई भी निवेश करें, उससे पहले यह जरूरी है। सोचिए, कोई आदमी कभी भी अस्पताल नहीं गया है, मान लो, एक दिन उसके साथ कोई दुर्घटना हो जाती है और वो अस्पताल में भरती हो जाता है। जहाँ पर उसको एक साथ बड़ी धनराशि की आवश्यकता होती है। इससे पहले उसे कभी भी बीमारी पर खर्च करने की आवश्यकता नहीं पड़ी, क्योंकि उसके साथ पहले ऐसा कुछ भी नहीं हुआ। उसके द्वारा इकट्ठा की गई संपूर्ण धनराशि, जो उसने अपने बच्चों की शिक्षा, मकान और कार के शुरुआती भुगतान (डाउन पेमेंट) के लिए बचाकर रखी थी, सबकुछ स्वाहा हो जाती है।

क्या आप चाहते हैं कि आपके साथ ऐसा हो?

अतः स्वास्थ्य बीमा (हैल्थ इंश्योरेंस) छोटी–छोटी किस्तों में किया गया एक ऐसा अग्रिम भुगतान (एडवांस पेमेंट) है, जो कि भविष्य में आनेवाले चिकित्सकीय खर्च को वहन कर सकता है।

कई स्वास्थ्य बीमा कंपनियाँ (जैसे रेलिगेयर हैल्थ इंश्योरेंस) प्रत्येक वर्ष परिवार के दो सदस्यों (पति एवं पत्नी) को निःशुल्क स्वास्थ्य जाँच (मेडिकल चैकअप) की सुविधा उपलब्ध कराती हैं। इससे फायदा यह होता है कि अगर कोई बीमारी प्रारंभिक अवस्था में है, तो उसका पता चल जाता है, जिससे समय पर इलाज हो जाता है।

दो प्रकार के स्वास्थ्य बीमे होते हैं

एकमुश्त लाभ योजना (लम्पसम बेनिफिट प्लान) – इस प्रकार की योजना में गंभीर बीमारी (क्रिटिकल इलनेस) उजागर होने पर एक साथ पैसा मिल जाता है। इस धनराशि का अस्पताल खर्च से कोई लेना–देना नहीं होता है।

क्षतिपूर्ति आधारित योजना (इंडेम्निटी बेस्ड प्लान) – इस प्रकार की योजना में ग्राहक का जो भी पैसा बीमारी में खर्च होता है, उसका भुगतान बीमा कंपनी द्वारा किया जाता है।

(1) इंडिविजुअल हैल्थ इंश्योरेंस पॉलिसी

(2) फैमिली फ्लोटर पॉलिसी

सबसे पुराना स्वास्थ्य बीमा मेडिक्लेम है। यह भी कई प्रकार का होता है– ग्रुप मेडिकल इंश्योरेंस, इंडिविजुअल हैल्थ इंश्योरेंस और फैमिली फ्लोटर प्लान (इसके अंतर्गत परिवार के सभी सदस्यों को एक ही बीमा पॉलिसी के तहत कवर किया जाता है)। साधारण मेडिक्लेम पॉलिसी में बीमारियों, आघात और विभिन्न रोगों के इलाज के लिए कमरे का किराया, ऑपरेशन थिएटर प्रभार, डायग्नोस्टिक टेस्ट, दवाओं का खर्च समेत हॉस्पिटलाइजेशन में हुए व्यय की भरपाई की जाती है।

क्र.सं.	विशेषता	इंडिविजुअल पॉलिसी	फैमिली फ्लोटर पॉलिसी
1.	योग्यता (अर्हता)	पाँच वर्ष से ऊपर उम्र	प्रथम सदस्य 18 वर्ष से ऊपर की उम्र का होना चाहिए, बाकी सदस्य कम और ज्यादा उम्र के हो सकते हैं।
2.	सुरक्षा	केवल इंश्योर्ड की	बीमित, उसके बच्चे, पत्नी एवं कभी–कभी माता–पिता।
3.	कीमत	फैमिली फ्लोटर से ज्यादा	कम क्योंकि सम एश्योर्ड दो से चार सदस्यों के बीच मौजूद रहता है।

अगर आपने उक्त स्वास्थ्य बीमा योजना नहीं ली है, तो आज ही ले लें, क्योंकि 45 वर्ष और 60 वर्ष की उम्र के इन दोनों पड़ावों के पश्चात् प्रीमियम बहुत ज्यादा बढ़ जाता है।

शहरों और महानगरों के कामकाजी लोगों की जीवनशैली में पिछले एक दशक के दौरान भारी बदलाव आया है। इनसान की जिंदगी मशीन जैसी हो गई है, दूसरी ओर तनाव बढ़ गया है और खान–पान की आदतें बिगड़ गई हैं, ऐसे में जीवनशैली से जुड़ी बीमारियाँ जैसे डायबिटीज, ब्लड

प्रेशर, मोटापा, दिल की बीमारी और पेट–आँत, लीवर से जुड़ी बीमारियाँ आम हो गई हैं। स्वस्थ इनसान भी अचानक किसी बीमारी की चपेट में आ सकता है और उसे अस्पताल में भरती कराने की नौबत आ सकती है। इसलिए स्वास्थ्य बीमा और उसके माध्यम से अपना भविष्य सुरक्षित कर लेना जरूरी है। स्वास्थ्य बीमा लेने से एक बात तो सुनिश्चित होती है कि विपत्ति के दिनों में आपकी घरेलू अर्थव्यवस्था प्रभावित नहीं होगी और न ही आपकी बचत में सेंध लगेगी।

क्यों लें युवावस्था में स्वास्थ्य बीमा?

युवावस्था में बीमा लेने के बहुत से फायदे हैं। स्वास्थ्य बीमा कंपनियों में बहुत–सी बीमारियों के बीमे के लिए 'वेटिंग पीरियड' तय होता है। लेकिन कम उम्र में बीमा ले लेने पर बीमे का लाभ लेने से पहले 'वेटिंग पीरियड' समाप्त हो जाता है। इस तरह बीमित व्यक्ति को सभी शारीरिक समस्याओं और बीमारियों के लिए बीमा सुरक्षा उपलब्ध रहती है।

वेटिंग पीरियड – यह वह वास्तविक अवधि है, जिसके पूर्ण होने के पश्चात् आप स्वास्थ्य बीमा का लाभ ले सकते हैं। यह एक माह से लेकर कुछ वर्षों तक हो सकता है। यह वह विचार है, जिसकी वजह से हमें स्वास्थ्य बीमा जितना जल्दी हो सके, ले लेना चाहिए।

किसी बीमारी के प्रकट होने पर (सामान्य दुर्घटना को छोड़कर) आप स्वास्थ्य बीमा का लाभ एक माह तक नहीं ले सकते। इसका अर्थ है कि हर बीमारी का कम–से–कम एक माह वेटिंग पीरियड होता है।

इसके अलावा वेटिंग पीरियड के आधार पर बीमारियों को दो भागों में बाँटा जाता है–

(1) **निर्दिष्ट/नामित बीमारियाँ (नेम्ड एलिमेंट्स/स्पेशिफाइड एलिमेंट्स)** – वे पहले से निर्धारित बीमारियाँ, जिनका उल्लेख पॉलिसी दस्तावेज में होता है, उनका जोखिम वहन (कवर) एक विशेष समय (सामान्यतया दो वर्ष) के पश्चात् होता है। जैसे आर्थराइटिस, किडनी स्टोन, हर्निया, पाइल्स व अन्य बीमारियाँ।

(2) **पहले से मौजूद बीमारियाँ (प्री एक्जिस्टिंग एलिमेंट्स)** – कोई भी स्वास्थ्य बीमा पॉलिसी पहले से मौजूद बीमारियों को शामिल नहीं करती। ये वे बीमारियाँ हैं, जो पॉलिसी प्रारंभ होने के पहले से मौजूद थीं, भले ही आपको उनकी जानकारी न रही हो। आमतौर पर ऐसी

बीमारियों के कारण उत्पन्न होनेवाली समस्याओं को 2–4 साल बाद कवर किया जाता है।

कम उम्र के वयस्क के लिए 'नो क्लेम' बोनस भी अधिक लाभदायक होता है। इन्हें हर वर्ष इलाज की जरूरत नहीं पड़ती। ऐसे में इन्हें 'नो क्लेम' बोनस का अधिक लाभ मिलता है।

किन तथ्यों पर विचार करें?

अगर आप यह तय कर चुके हैं कि स्वास्थ्य बीमा लेकर ही अपने परिवार को आर्थिक सुरक्षा देनी है, तो आपको यह भी जानना चाहिए कि इसकी खरीददारी कैसे की जाए और कौन सा उत्पाद (प्रोडक्ट) आपके लिए उपयुक्त होगा।

नौकरीपेशा जुटाएँ जानकारी

अगर आप कहीं नौकरी करते हैं, तो पता करें कि मेडिक्लेम कितने सम एश्योर्ड का है और उसकी लिमिट क्या है? यही जानकारी आप ग्रुप पर्सनल एक्सीडेंट के बारे में भी करें।

जरूरी है जोखिम वहन (कवर) का दायरा

किसी स्वास्थ्य बीमा को लेने का निर्णय लेते समय उसमें जोखिम वहन (कवर) का दायरा जरूर देखें कि किन बीमारियों को जोखिम वहन (कवर) के दायरे में रखा गया है और किन बीमारियों को नहीं। दरअसल कंपनियाँ कुछ बीमा योजनाएँ महज अपना मार्केट शेयर बढ़ाने के लिए पेश करती हैं। इन योजनाओं में कुछ जोखिम वहन नहीं होते और जब आवश्यकता पड़ने पर यह बीमा काम न आए तो आप परेशानी में पड़ जाते हैं।

क्या हो सही विकल्प या कितने सम एश्योर्ड का बीमा लें?

बेहतरीन विकल्प के तौर पर आप अपने परिवार के लिए 10 लाख रुपए तक की फैमिली फ्लोटर पॉलिसी ले सकते हैं।

केवल प्रीमियम ही न देखें पॉलिसी का

जब भी आप अपने लिए स्वास्थ्य बीमा पॉलिसी खरीदें, तब अपना फैसला महज बीमा प्रीमियम की राशि के आधार पर न लें। अलग–अलग बीमा योजनाएँ आपको भिन्न–भिन्न लाभ देंगी और इन सबकी खूबियाँ भिन्न होंगी और इन्हीं कारणों से इनकी कीमतों में भी अंतर होगा।

दस्तावेज (डॉक्यूमेंट) पढ़ने में थोड़ा समय दें

आप पैसे खर्च कर रहे हैं, तो आपको उत्पाद से संबंधित सभी शर्तें और उसमें शामिल सुविधाओं को जानने के लिए पर्याप्त समय देना चाहिए। मेडिक्लेम पर तो खास ध्यान देने की जरूरत है, क्योंकि यदि जरूरत पड़ने पर कंपनी इलाज का पैसा देने से इनकार कर दे, तो आपके लिए वह पॉलिसी बेकार है और आप आर्थिक परेशानी में फँस सकते हैं। ऐसे में मेडिक्लेम पॉलिसी लेते समय यह जानने की जरूर कोशिश करें कि उसमें किन बीमारियों को शामिल किया गया है और किनका खर्च कंपनी नहीं देगी।

बीमाधन/बीमित राशि (सम एश्योर्ड) पर ध्यान दें

स्वास्थ्य बीमा के प्रीमियम के साथ सम एश्योर्ड को देखें और जैसे–जैसे आपकी उम्र बढ़ती जाए, उसे बढ़ाते जाएँ, क्योंकि उम्र बढ़ने के साथ विभिन्न प्रकार की बीमारियों का जोखिम बढ़ जाता है और उनके उपचार का खर्च भी समय के साथ–साथ ही बढ़ता जाता है। इसलिए पॉलिसी लेने से पहले यह देखें कि इस पॉलिसी की क्लेम लिमिट क्या है? इसे जरूर जान लें। पहले बेसिक प्रोडक्ट लें और उसके बाद ही टॉप अप प्रोडक्ट लें।

उच्चतम सीमा (कैपिंग)

कई बीमा कंपनियाँ किसी खास बीमारी/रोग की स्थिति में अस्पताल के कमरे का किराया, डॉक्टर की फीस व अधिकांश भुगतान पर कैपिंग देती हैं। तय सीमा से अधिक खर्च होने पर, ये कैपिंग कैशलेस सुविधाएँ देने से इनकार कर देती हैं। बेहतर होगा कि आप इन सभी कैपिंग के बारे में जाँच–पड़ताल कर यह सुनिश्चित कर लें कि किसी प्रकार की इमरजेंसी की स्थिति में ये कैपिंग अस्पताल की आपकी प्राथमिकताओं से मिलती हैं या नहीं। सीमितताओं (लिमिटेशन) के आधार पर ही कमरे का किराया, आई.सी.यू. आदि का खर्च तय होता है। जैसे यदि 3 लाख रुपए के मेडिक्लेम पर 3,000 रुपए (1%) का कमरे का किराया ही मिलता है, इससे ज्यादा होने पर कंपनी बाकी बिल स्वीकृत नहीं करेगी।

रियायती अवधि (ग्रेस पीरियड)

कई ग्राहक रियायती अवधि (ग्रेस पीरियड) के रूप में मिलने वाले फायदे से अनजान होते हैं। प्रत्येक इंश्योरेंस पॉलिसी में 14–30 दिनों तक का रियायती समय होता है। जिसका मतलब है कि आप बिना किसी झंझट के

अपनी पॉलिसी को रिन्यूअल की तारीख के 14–30 दिनों के अंदर रिन्यू करा सकते हैं। इस अवधि के दौरान किसी भी तरह के दावे (क्लेम) का निपटान नहीं किया जाता है। लेकिन समय पर प्रीमियम न भरने का कारण आपको लिखित में देना पड़ेगा, इससे पिछली पॉलिसी का पूरा लाभ मिलेगा।

हॉस्पिटल नेटवर्क

कंपनी का एक विशेष हॉस्पिटल नेटवर्क होता है, जिसमें कैशलेस सुविधाएँ मौजूद होती हैं। कंपनी तय करने से पहले यह देख लें कि आपके समीप के अच्छे अस्पताल कंपनी के नेटवर्क हॉस्पिटल की सूची में शामिल हैं या नहीं।

फ्री लुक पीरियड

फ्री लुक पीरियड सभी सालाना पॉलिसियों पर मौजूद नहीं है। कुछ स्वास्थ्य और साधारण बीमा कंपनियाँ 15 दिनों का फ्री लुक पीरियड पॉलिसीधारकों को देती हैं। अगर किसी कारणवश पॉलिसीधारक पॉलिसी से संतुष्ट नहीं है, तो वह 15 दिनों के भीतर उसे वापस कर सकता है।

सह भुगतान (को–पेमेंट)

को–पेमेंट वह शर्त है, जिसमें आपको किसी खास इलाज के लिए हॉस्पिटलाइजेशन में आनेवाले कुल खर्च के एक निश्चित प्रतिशत का भुगतान करना होता है। यह शर्त महज वरिष्ठ नागरिकों की पॉलिसियों पर ही लागू होती है। विभिन्न पॉलिसियों में सह भुगतान 10–30% होता है।

बहिष्करण (एक्सक्लूजंस) को जानें

यह जानना बहुत जरूरी हो जाता है कि जो स्वास्थ्य बीमा पॉलिसी आपने ली है, वह किन–किन बीमारियों को कवर करती है और किन परिस्थितियों में वह खर्च उठाने से कंपनी इनकार कर सकती है। पॉलिसी में क्या शामिल नहीं किया जाता है, उसे बीमा बाजार में 'एक्सक्लूजन' कहा जाता है। कोई भी पॉलिसी पहले से मौजूद बीमारियों (प्री एक्जिस्टिंग एलिमेंट्स) को शामिल नहीं करती। ये वह बीमारियाँ हैं, जो पॉलिसी प्रारंभ होने के पहले से मौजूद थीं, भले ही आपको उनकी जानकारी न रही हो। आमतौर पर ऐसी बीमारियों के कारण उत्पन्न होनेवाली समस्याओं को कवर नहीं किया जाता।

इसके अलावा प्रेग्नेंसी और बच्चे के जन्म पर होनेवाले खर्च को भी ज्यादातर कंपनियाँ सूची (लिस्ट) में शामिल नहीं रखती हैं, हालाँकि कुछ

बीमा कंपनियाँ कॉरपोरेट मेडिक्लेम पॉलिसी में मैटरनिटी पर होनेवाले खर्च का भुगतान भी करती हैं। इसके अलावा एच.आई.वी.–एड्स, शराब, ड्रग्स आदि के कारण होनेवाला खर्च भी कंपनियाँ नहीं उठाती हैं। आँख और कान के इलाज पर उपकरणों का खर्च और दाँतों से संबंधित बीमारियाँ भी आमतौर पर सूची से बाहर रहती हैं। किसी भी खतरनाक खेल के दौरान घायल होने पर, आनुवंशिक बीमारी, मानसिक बीमारी का इलाज, जन्मजात बीमारी के इलाज आदि का खर्च भी कंपनियाँ नहीं उठाती हैं। हालाँकि प्रीमियम के हिसाब से भी इनक्लूजन और एक्सक्लूजन कंपनियाँ तय करती हैं। पूरा मेडिक्लेम नहीं मिलने का कारण पॉलिसीधारकों में जानकारी का अभाव भी होता है।

लोडिंग – जीवनशैली से जुड़ी दो बीमारियाँ– डायबिटीज और ब्लड प्रेशर, वर्तमान समय में आम बात हो गई है। वैसे देखा जाए तो डायबिटीज और ब्लड प्रेशर से पीड़ित व्यक्तियों के लिए हैल्थ इंश्योरेंस पॉलिसी लेना आसान नहीं है। तब तो और जब कोई डायबिटीज को नियंत्रित रखने के लिए इंसुलिन के इंजेक्शन लेता है और जिन व्यक्तियों का ब्लड प्रेशर दवा लेने के बावजूद अनियंत्रित रहता है।

साधारण जीवन बीमा और स्वास्थ्य बीमा कंपनियाँ अब विशेष रूप से इन बीमारियों से पीड़ित व्यक्तियों के लिए बीमा पॉलिसी लेकर आई हैं, ताकि इन्हें भी इलाज के मामले में पॉलिसी के लाभ मिल सकें। डायबिटीज और ब्लड प्रेशर अगर अनियंत्रित किस्म का नहीं है, तो आम व्यक्तियों की तरह ही उन्हें भी हैल्थ इंश्योरेंस पॉलिसी दी जाती है, लेकिन प्रीमियम पर लोडिंग की जाती है। लोडिंग प्रीमियम के अतिरिक्त ली जानेवाली वह राशि है, जो मेडिकल जाँच में किसी खास बीमारी के सामने आने के बाद पॉलिसीधारक से ली जाती है। आमतौर पर 10 से 40% तक की लोडिंग ऐसे मामलों में ली जाती है। डायबिटीज और ब्लड प्रेशर को प्री–एग्जिस्टिंग डिजीज की श्रेणी में रखा जाता है और इससे जुड़ी बीमारियाँ चार साल की प्रतीक्षा अवधि के बाद जोखिम वहन (कवर) की जाती हैं।

दावा (क्लेम) प्रक्रिया

कंपनी के ब्रोशर में यह साफ लिखा होता है कि कैशलेस सुविधा पाने के लिए आपको अस्पताल में भरती होने के 24 घंटों के अंदर कंपनी को सूचित करना होता है। किसी भी किस्म की देरी होने पर आप इसका फायदा लेने से चूक जाएँगे। क्लेम प्रक्रिया को समझना आपके लिए जितना जरूरी है, उतना

ही आपके परिवार के लिए भी जरूरी है। अपने सभी कागजातों को किसी ऐसी जगह रखें, जहाँ आपके परिवार की आसानी से पहुँच हो।

पोर्टेबिलिटी सुविधा का उठाएँ लाभ

पोर्टेबिलिटी के नए नियमों से ग्राहकों को बीमा कंपनी ही बदल लेने का विकल्प मिल जाने से ग्राहक अब पहले के खराब अनुभव से छुटकारा पा सकते हैं और किसी बेहतर बीमा कंपनी को चुन सकते हैं।

ग्राहकों के लिए पोर्टेबिलिटी 'चित भी मेरी पट भी मेरी' वाली बात है। वे अपने हिसाब से बेहतरीन उत्पाद चुन सकते हैं, जिनकी विशेषताएँ और लाभ उनके अनुकूल होंगे। ग्राहक विभिन्न उत्पाद और उनके लाभ, वेटिंग पीरियड, 'एक्सक्लूजन' और 'इनक्लूजन' आदि की तुलना करने के बाद अपने हिसाब से सही उत्पाद ले सकते हैं। ग्राहकों के पास उच्च स्तर की बीमित राशि, अलग किस्म की पॉलिसी जैसे निजी या फैमिली फ्लोटर के लिए अन्य बीमा कंपनी के पास जाने का विकल्प है या फिर ऐसी कंपनी चुनने का विकल्प है, जो देश में बेहतर और बड़ा नेटवर्क देती है। पोर्टेबिलिटी का मुख्य उद्देश्य बीमा कंपनियों की सेवाओं को उच्च स्तर पर ले जाना है।

क्या होगा अच्छा विकल्प

जनरल इंश्योरेंस कंपनियों की हैल्थ इंश्योरेंस पॉलिसी के बजाय स्वास्थ्य बीमा कंपनियों के हैल्थ प्लान लेना अच्छा रहता है।

सिर्फ ग्रुप हैल्थ इंश्योरेंस पर ही न रहें निर्भर

आमतौर पर कई बड़े कॉरपोरेट ग्रुप अपने कर्मचारियों को ग्रुप हैल्थ इंश्योरेंस कवर उपलब्ध कराते हैं। ग्रुप हैल्थ कवर के तहत बीमा की राशि कर्मचारी के ग्रेड के हिसाब से तय होती है। ग्रुप हैल्थ इंश्योरेंस माता–पिता को शामिल नहीं करता है। हो सकता है, यह परिवार की जरूरतों और जिस शहर में कर्मचारी रहता है, वहाँ के अस्पताल के बड़े खर्चों को देखते हुए पर्याप्त न हो। दूसरी महत्त्वपूर्ण बात यह है कि ग्रुप हैल्थ इंश्योरेंस, तभी तक प्रभावी होता है, जब तक कि आप उस कंपनी या संस्थान में काम कर रहे हैं। अगर किसी कारणवश 40–45 की उम्र में नौकरी छोड़नी पड़ी और आप तब तक ग्रुप हैल्थ इंश्योरेंस के भरोसे ही रहे हैं, तो इंडिविजुअल पॉलिसी आपके लिए उस उम्र में महँगा सौदा साबित हो सकता है। इस उम्र में अगर

इंडिविजुअल पॉलिसी ली जाए, तो न केवल प्रीमियम अधिक होता है, बल्कि अगर पहले से कोई बीमारी है, तो उसके लिए लोडिंग भी देनी पड़ती है। इसलिए शुरू से ही एक इंडिविजुअल हैल्थ इंश्योरेंस पॉलिसी लेकर चलना ठीक रहता है।

ग्रुप और इंडिविजुअल हैल्थ इंश्योरेंस से लें पूरा लाभ

अगर आपके पास ग्रुप और इंडिविजुअल, दोनों ही पॉलिसी हैं, तो यह कई मामलों में आपके लिए अच्छा है। सबसे बड़ी बात तो यह है कि नौकरी जाने की दशा में कम–से–कम आपको इस बात की चिंता तो नहीं रहेगी कि किसी खास बीमारी के इलाज को जोखिम वहन (कवर) करने के लिए आपको नई पॉलिसी की तरह कुछ वर्षों तक का इंतजार करना होगा। दूसरा फायदा यह है कि इलाज कराने की दशा में आप ग्रुप हैल्थ इंश्योरेंस का लाभ ले सकते हैं और इंडिविजुअल पॉलिसी के तहत क्लेम न करते हुए बोनस का लाभ ले सकते हैं। बोनस के अतंर्गत या तो बीमाधन (सम एश्योर्ड) की बढ़ोतरी होती है या प्रीमियम कम हो जाता है।

ऐसे में शुरू से ही एक फैमिली फ्लोटर पॉलिसी लेकर चलना या माता–पिता के लिए अलग से पॉलिसी लेकर चलना न केवल अप्रत्याशित परिस्थितियों में महत्त्वपूर्ण भूमिका निभाता है, बल्कि इसका प्रीमियम देकर आप आयकर में भी बचत करते हैं। समूह स्वास्थ्य बीमा (ग्रुप हैल्थ इंश्योरेंस) प्रीमियम कम होने की वजह से लोगों को आकर्षित करता है।

पर्याप्त लें स्वास्थ्य बीमा कवर

कुछ लोग सोचते हैं कि ग्रुप मेडिक्लेम जब है ही और अगर स्वास्थ्य बीमा लेना ही है, तो कम राशि का ही स्वास्थ्य बीमा लिया जाए, ताकि प्रीमियम में बचत हो सके। लोगों का ऐसा सोचना भविष्य के लिए घातक है। अगर वही व्यक्ति नौकरी में नहीं रहने की दशा में पर्याप्त इंश्योरेंस कवर के लिए मौजूदा कंपनी से बात करता है, तो पॉलिसीधारक की मौजूदा स्वास्थ्य परिस्थितियों को देखते हुए कंपनियाँ कवर में अधिकतम 100 फीसदी का इजाफा करती हैं। हो सकता है, किसी व्यक्ति ने एक लाख रुपए की पॉलिसी ली हो और बाद में उसे बढ़ाना चाहता हो, ऐसे में उसके कवर की राशि अधिकतम दो लाख रुपए हो सकती है।

नौकरी छोड़ने के साथ ही पॉलिसी कराएँ पोर्ट

नौकरी छोड़ने के साथ ही ग्रुप हैल्थ इंश्योरेंस पॉलिसी को इंडिविजुअल पॉलिसी में पोर्ट कराने का विकल्प आपके पास रहता है। लेकिन यहाँ कंपनी अपनी शर्तों पर आपको हैल्थ इंश्योरेंस देती है। पहले से मौजूद बीमारी को कवर किया जाएगा या नहीं, यह पूरी तरह बीमा कंपनी पर निर्भर करता है। दूसरी बात है कि ग्रुप हैल्थ इंश्योरेंस पॉलिसी को अगर आप इंडिविजुअल पॉलिसी में पोर्ट कराते हैं, तो कंपनी के साथ कम–से–कम एक साल तक बने रहना होगा।

सुपर टॉप अप पॉलिसी

इससे आप कम खर्च में भी हैल्थ इंश्योरेंस कवर बढ़ा सकते हैं। आपकी मूल पॉलिसी चाहे ग्रुप हैल्थ इंश्योरेंस की हो या इंडिविजुअल या फैमिली फ्लोटर, आप सुपर टॉप अप हैल्थ इंश्योरेंस पॉलिसी लेकर मूल पॉलिसी से कम–से–कम 30–40% सस्ती लागत में अपनी पॉलिसी के बीमाधन (सम एश्योर्ड) में इजाफा कर सकते हैं। मूल पॉलिसी की सीमा समाप्त होने के साथ ही सुपर टॉप अप इंश्योरेंस पॉलिसी काम करने लगती है।

सुपर टॉप अप पॉलिसी की जरूरत

नियोक्ता की तरफ से उपलब्ध कराई जानेवाली ग्रुप हैल्थ इंश्योरेंस पॉलिसी में आमतौर पर परिवार के सदस्य भी शामिल होते हैं। कर्मचारी के पद और ग्रेड के अनुसार नियोक्ता की तरफ से कराए गए स्वास्थ्य बीमा की राशि आमतौर पर तीन लाख रुपए से लेकर चार लाख रुपए तक की होती है। किस व्यक्ति को कब कौन सी बीमारी हो जाए, यह कहना मुश्किल है, और सुपर स्पेशियलिटी हॉस्पिटल में इलाज कराने की लागत तो भुक्तभोगी बेहतर समझ सकते हैं।

सुपर टॉप अप पॉलिसी वैसे लोगों के लिए है, जिनके पास पहले से स्वास्थ्य बीमा पॉलिसी मौजूद है। यहाँ यह मायने नहीं रखता कि हैल्थ इंश्योरेंस पॉलिसी इंडिविजुअल है या नियोक्ता की तरफ से उपलब्ध कराई गई है। सुपर टॉप अप हैल्थ इंश्योरेंस पॉलिसी दोनों ही परिस्थितियों में ली जा सकती है।

अगर नियोक्ता द्वारा चार लाख रुपए की स्वास्थ्य बीमा पॉलिसी उपलब्ध कराई गई है या किसी व्यक्ति ने स्वयं ही इतने की पॉलिसी ली है, तो वह

सुपर टॉप अप पॉलिसी लेकर बीमे की राशि में बढ़ोतरी कर सकता है। चार लाख रुपए की मौजूदा पॉलिसी उस व्यक्ति की बेस पॉलिसी होगी, इलाज के दौरान अगर इससे अधिक पैसे खर्च होते हैं, तो इसकी भरपाई सुपर टॉप अप पॉलिसी के जरिए होगी। सबसे बड़ी बात यह है कि सुपर टॉप अप पॉलिसी का प्रीमियम बेस पॉलिसी के मुकाबले कम–से–कम 30–40% कम होता है।

किसी भी स्वास्थ्य बीमा पॉलिसी के लिए है सुपर टॉप अप कवर

अगर कोई व्यक्ति नौ लाख रुपए की स्वास्थ्य बीमा पॉलिसी लेता है, तो उसे अधिक प्रीमियम देना पड़ता है। इसकी तुलना में वह चार लाख रुपए की स्वास्थ्य बीमा पॉलिसी लेकर पाँच लाख रुपए का सुपर टॉप अप कवर ले सकता है।

अगर कोई व्यक्ति अपने स्वास्थ्य बीमे का कवर बढ़ाना चाहता है, तो नई पॉलिसी लेने के बजाय सुपर टॉप अप हैल्थ इंश्योरेंस पॉलिसी लेना ज्यादा सस्ता विकल्प है, जबकि फायदे में कोई कमी नहीं होती।

क्रिटिकल इलनेस पॉलिसी

जीवनशैली में आते बदलाव के साथ ही गंभीर बीमारियों यानी क्रिटिकल इलनेस जैसे हार्ट अटैक, किडनी फेल्योर एवं कैंसर आदि से पीड़ित होनेवाले व्यक्तियों की संख्या में इजाफा हुआ है। हैल्थ इंश्योरेंस पॉलिसी जहाँ आपको इन बीमारियों के इलाज में मदद करती है, वहीं क्रिटिकल इलनेस पॉलिसी इन बीमारियों की पहचान (डायग्नोसिस) होने की एक निश्चित अवधि के बाद सम एश्योर्ड का भुगतान करती है। इलाज के साथ–साथ आश्रितों को इससे आर्थिक सहारा मिलता है।

जनरल इंश्योरेंस कंपनियाँ क्रिटिकल इलनेस कवर के लिए अलग से पॉलिसी मुहैया कराती हैं। जबकि लाइफ इंश्योरेंस कंपनियाँ इससे निपटने के लिए बतौर राइडर पॉलिसी उपलब्ध कराती हैं। अब आपके दिमाग में सवाल उठ सकता है कि ऐसी पॉलिसी को बतौर राइडर लिया जाए या अलग से क्रिटिकल इलनेस पॉलिसी खरीदी जाए? नॉन लाइफ क्रिटिकल पॉलिसी को हर साल रिन्यू कराना होता है। ऐसे में आपकी बढ़ती उम्र के साथ हो सकता है कि बीमा कंपनी आपकी पॉलिसी को रिन्यू करने से इनकार कर दे। लाइफ इंश्योरेंस पॉलिसी के साथ मिलने वाला क्रिटिकल इलनेस राइडर लाइफ इंश्योरेंस की अवधि तक चालू रहता है।

क्रिटिकल इलनेस पॉलिसी में वेटिंग पीरियड तीन महीने का होता है। तीन माह पश्चात् ऐसी जटिल बीमारी का पता लगने पर बीमित को एकमुश्त भुगतान कर दिया जाता है। इस भुगतान पर किसी तरह का टैक्स नहीं देना होता। अगर व्यक्ति गंभीर बीमारी से उबर जाता है और काम कर सकता है, फिर भी उसे यह भुगतान किया जाएगा।

जोखिम वहन (कवर) को देख लें

किसी भी लाइफ और नॉन लाइफ इंश्योरेंस कंपनी से क्रिटिकल इलनेस इंश्योरेंस लेने से पहले देख लें कि कंपनी की सूची में आपकी बीमारी का जोखिम वहन (कवर) मौजूद है या नहीं। ऐसी कंपनी से पॉलिसी खरीदें जो लगातार सामने आनेवाली बीमारियों और आपके परिवार में चली आ रही बीमारी से सुरक्षा देती हो। **अगर आपने अभी तक कोई जीवन बीमा योजना नहीं खरीदी है, तो तुरंत एक ऐसी टर्म पॉलिसी खरीदें जिसमें क्रिटिकल इलनेस सुरक्षा भी उपलब्ध हो।** अगर आपने कोई योजना खरीद रखी हो, तो नॉन लाइफ क्रिटिकल इलनेस पॉलिसी चुन सकते हैं। क्रिटिकल इलनेस पॉलिसी आपकी उम्र, अब तक के स्वास्थ्य और परिवार में चली आ रही किसी बीमारी के आधार पर होती है। अगर आप युवा और स्वस्थ हैं, तो आपको जल्दी क्रिटिकल इलनेस पॉलिसी खरीदने में फायदा है।

मेडिक्लेम और क्रिटिकल केयर प्लान – साधारण मेडिक्लेम पॉलिसी में बीमारियों, आघात और विभिन्न रोगों के इलाज के लिए कमरे का किराया, ऑपरेशन थिएटर प्रभार, डायग्नोस्टिक टेस्ट, दवाओं का खर्च समेत हॉस्पिटलाइजेशन में हुए व्यय की भरपाई की जाती है। जबकि क्रिटिकल केयर पॉलिसी हार्ट अटैक, कैंसर सरीखी निश्चित पहले से तय प्रमुख बीमारियों के खिलाफ सुरक्षा देती है, यह अन्य बीमारियों या रोगों को कवर नहीं करती।

प्रमुख बीमारियाँ – क्रिटिकल इलनेस हैल्थ प्लान के तहत कैंसर, कोरोनरी आर्टरी बाईपास ग्राफ्ट सर्जरी, मायोकार्डियल इनफेक्शन–हार्ट अटैक, किडनी फेल्योर, बड़े अंगों का प्रत्यारोपण, स्ट्रोक, पक्षाघात, हार्ट वाल्व रिप्लेसमेंट सर्जरी व मल्टीपल स्कलेरोसिस आदि को कवर किया जाता है।

पूरे बीमाधन (सम एश्योर्ड) का भुगतान – क्रिटिकल इलनेस पॉलिसी आमतौर पर हैल्थ प्लान से अलग काम करती है। मेडिक्लेम/फैमिली फ्लोटर में जहाँ दावे की वास्तविक राशि की भरपाई की जाती है, वहीं क्रिटिकल इलनेस हैल्थ प्लान में पूरे सम एश्योर्ड का भुगतान किया जाता है। चाहे वह

एक बीमारी के लिए हो या एक से ज्यादा गंभीर बीमारियों के लिए।

क्यों खरीदें क्रिटिकल इलनेस कवर – जहाँ प्रत्येक व्यक्ति के लिए हैल्थ इंश्योरेंस प्लान जरूरी है, चाहे यह फैमिली फ्लोटर योजना के रूप में ही क्यों न हो, पर इसके साथ ही परिपूरक (सप्लीमेंट) के रूप में क्रिटिकल इलनेस पॉलिसी भी होनी चाहिए, क्योंकि किसी भी गंभीर बीमारी का क्या भरोसा कि यह कब जीवन में आए और आपको परेशान कर डाले। लिहाजा आपके पास क्रिटिकल इलनेस हैल्थ प्लान का होना बहुत जरूरी है।

कब खरीदें – बेहतर कदम तो यह होगा कि आप 40 साल की उम्र से पहले इसे जरूर ले लें, क्योंकि उसी उम्र के आसपास बीमारियों के उभरने की संभावना अधिक होती है।

क्लेम नामंजूर होने से न हों निराश

अगर आपके क्लेम का आधार मजबूत है और कंपनी क्लेम नामंजूर कर रही है, तो आप बीमा लोकपाल या फिर उपभोक्ता न्यायालय का सहारा ले सकते हैं। यहाँ आपको न्याय जरूर मिलेगा।

स्वास्थ्य बीमा पॉलिसी में 80डी का लाभ

स्वास्थ्य बीमा पॉलिसी में 25000 रुपए तक के प्रीमियम भुगतान पर आयकर कटौती का लाभ आयकर कानून 1961 की धारा 80डी के तहत दिया जाता है। अगर दंपती अपने माता–पिता को भी स्वास्थ्य बीमा में शामिल करता है, तो उसे 30000 रुपए ज्यादा का लाभ मिलेगा, यानी 80डी का लाभ रुपए 55000 होगा।

आयुष्मान भारत योजना

माननीय प्रधानमंत्री श्री नरेंद्र मोदी द्वारा 15 अगस्त, 2018 को प्रधानमंत्री जन आरोग्य अभियान के तहत इस योजना की शुरुआत की गई है। इसके तहत गरीब लोग पाँच लाख रुपए तक का कैशलेस उपचार किसी भी सरकारी एवं चुने गए निजी अस्पताल में करा सकते हैं। 10 करोड़ परिवारों के 50 करोड़ लोगों को यह सुविधा निःशुल्क मिलेगी।

□

वर्तमान निवेश को व्यवस्थित करें

हममें से बहुत से लोगों ने व्यर्थ के वित्तीय उत्पादों में निवेश कर रखा है, वह भी अव्यवस्थित तरीके से। इस अध्याय को पढ़ने के पश्चात् एवं इसका अनुकरण करने पर आपका वित्तीय जीवन व्यवस्थित एवं सरल हो जाएगा।

अगर आपको ऐसी दीवार पर चित्रकारी करने के लिए बोला जाए, जिसकी सतह साफ नहीं है। उस पर विभिन्न प्रकार की रेखाएँ (लाइनें) खिंची हैं तथा बच्चों ने उस दीवार का कई जगह से प्लास्टर उखाड़ रखा है। क्या आप उस दीवार पर एक अच्छा चित्र बना सकते हो?

आपका जवाब होगा—नहीं।

अतः एक अच्छी चित्रकारी के लिए दीवार साफ और समतल होनी चाहिए तथा उस पर सफेदी होना भी बहुत जरूरी है।

हमने अपने वित्तीय जीवन में बहुत सारे वित्तीय उत्पाद ले रखे हैं, जैसे जीवन बीमा पॉलिसियाँ, म्यूचुअल फंड्स, बचत खाते, क्रेडिट कार्ड, शेयर्स और बॉण्ड्स। द्वितीय अध्याय में हम जीवन बीमा पॉलिसियों के उपयोगी एवं अनुपयोगी पहलुओं पर विचार कर चुके हैं।

आपको इनमें से जीवन बीमा पॉलिसियों के अलावा किस उत्पाद को किस मात्रा में अपने पोर्टफोलियो में रखना चाहिए, इस पर विस्तृत रूप से चर्चा करते हैं।

(1) बचत खाता

जिस व्यवस्था पर भारतीय सबसे ज्यादा भरोसा करते हैं, वह है बैंकिंग व्यवस्था। भारतीयों का सबसे पसंदीदा उत्पाद हैं फिक्सड डिपॉजिट एवं बचत खाता। किसी भी व्यक्ति के पास देखा जाए तो दो से तीन बचत खाते एवं दो से पाँच फिक्सड डिपॉजिट्स होंगे। इसके पीछे मूल कारण

यह है कि या तो लोगों को वित्तीय समझ नहीं है या अन्य निवेश को जटिल समझते हैं।

देखा जाए तो ज्यादा बचत खाते दो समस्याएँ पैदा करते हैं।

(1) सभी बचत खातों की चैक बुक, डेबिट कार्ड एवं पास बुक आदि को सँभालकर रखना पड़ता है। सभी खातों में हमें कम–से–कम न्यूनतम राशि रखनी पड़ती है तथा न्यूनतम राशि से कम राशि होने पर जुरमाना भरना पड़ता है।

(2) अगर खाताधारक की मृत्यु हो जाती है तो उसके परिवार को बैंक में जमा राशि को प्राप्त करने में अनेक समस्याओं का सामना करना पड़ता है।

अतः बचत खाता भी एक स्वयं के नाम से तथा दूसरा बचत खाता संयुक्त नाम से (पति तथा पत्नी के नाम) से खोलना चाहिए, ताकि आगे चलकर इसको पेंशन खाते में रूपांतरित किया जा सके। अगर किसी बैंक में कोई खाता सुप्त (डोरमेंट) है, तो उसको के.वाई.सी. पूरा करने के बाद बंद कर देना चाहिए।

(2) म्यूचुअल फंड

अब अगर आपके पास 5, 10 या 15 म्यूचुअल फंड हैं, तो सबसे पहले इन सबको भुना लीजिए एवं वर्तमान एस.आई.पी. बंद कर दें।

अब किसी प्रमाणित वित्तीय सलाहकार से मिलें, वह आपको केवल तीन से पाँच म्यूचुअल फंड रखने की सलाह देगा एवं ये फंड आपके लक्ष्य एवं जोखिम उठाने की क्षमता के आधार पर सुझाए जाएँगे। अपने निवेश का एक हद से ज्यादा विविधीकरण (डाइवर्सिफिकेशन) भी आपके लिए नुकसानदायक साबित हो सकता है।

अगर आप किसी प्रमाणित वित्तीय सलाहकार से नहीं मिल पाते हैं, तो कई वेबसाइटों की सहायता ले सकते हैं, जो कि निवेश शिक्षा (इन्वेस्टर एजुकेशन) के लिए प्रसिद्ध हैं; जैसे–जागो इन्वेस्टर डॉट कॉम।

इनको अपने निवेश के लक्ष्य एवं जोखिम क्षमता बताएँ, तो ये आपके लिए उपयुक्त फंड का सुझाव दे सकते हैं।

मैं जब कभी भी ऐसे लोगों से मिलता हूँ जिनके पास 10 से 15 म्यूचुअल फंड होते हैं, तो मेरे द्वारा सारे म्यूचुअल फंड्स बंद करने की सलाह दिए जाने पर उनको बहुत बुरा लगता है, क्योंकि वे जिंदगी को

सरल बनाने से बचते हैं, उन्हें जीवन में जटिलता पसंद है।

कई बार आपका मोबाइल अचानक बाधित (हैंग) हो जाता है तथा बार–बार बंद हो जाता है या उसकी रफ्तार कम हो जाती है, तब पहले आप उसको ठीक करने का प्रयास करेंगे, अगर आपसे ठीक न हो, तब आप उसको सर्विस सेंटर ले जाएँगे। मैकेनिक उसको कुछ समय तक तो ठीक करने का प्रयास करेगा और संभवतया अंत में आपसे एक वाक्य कहेगा कि सर, यह मोबाइल अब फॉर्मेट करना पड़ेगा।

म्यूचुअल फंड, जो आपने किसी प्रमाणित वित्तीय सलाहकार से बिना सुझाव लिये ले रखे हैं या इकट्ठे कर रखे हैं, उनको बंद कर दीजिए, क्योंकि अब आपको एक नई शुरुआत करनी पड़ेगी एवं अब आपकी दीवार पूरी तरह से चित्रकारी के लिए उपयुक्त हो गई है।

(3) शेयर

यह उत्पाद आपको लगभग हर व्यक्ति के पोर्टफोलियो में मिल जाएगा। यह वित्त बाजार का वह उत्पाद है, जो सबसे ज्यादा मुनाफा देता है।

शेयर बाजार में दो प्रकार के निवेशक पाए जाते हैं–

1. गंभीर (विचारवान) निवेशक, जो शेयर बाजार से कमाना जानते हैं

इस प्रकार के निवेशक शेयर बाजार में सीधे निवेश करनेवाले लोगों का 1% होते हैं, जो कि बाजार का गंभीरता से अध्ययन करते हैं। इन्होंने शेयर बाजार का टेक्निकल और फंडामेंटल अनेलिसिस (विश्लेषण) का गहनता से अध्ययन कर रखा होता है। इनको शेयर बाजार के नियमों का पता होता है तथा ये धैर्यपूर्वक उन नियमों का पालन भी करते हैं। ये लोग अपनी भावनाओं पर काबू भी रखते हैं और अगर कोई शेयर स्टॉप लॉस हिट करता है, तो ये नुकसान उठाकर मुसकराते हुए हानि वहन करते हैं। इनको शेयर बाजार के मैक्रो तथा माइक्रो वातावरण की भी गहनता से समझ होती है और ये धैर्य रखते हुए लंबे समय तक शेयर बाजार में बने रहते हैं। अनाड़ी एवं लालची निवेशक जो नुकसान उठाते हैं, उसका सीधा फायदा इन्हीं निवेशकों को होता है।

2. अनुभवहीन निवेशक, जो तुरंत लाभ प्राप्त करने के चक्कर में भारी नुकसान उठाते हैं

इस प्रकार के निवेशक शेयर बाजार में सीधे निवेश करनेवाले लोगों में से 99% होते हैं। इनको वित्तीय समझ तो होती नहीं है और शेयर बाजार को सट्टा बाजार मानकर जमकर खरीददारी करते हैं तथा बाजार के थोड़ा ऊपर–नीचे होने पर तुरंत ही बाहर हो जाते हैं। नुकसान उठाने पर भी ये दोबारा शेयर बाजार में प्रवेश कर जाते हैं। इस तरह की सोच वाले व्यक्ति शेयर बाजार में तुरंत मुनाफा कमाने के उद्देश्य से शेयर खरीदते हैं।

ये निवेशक ज्यादातर उच्च बीटा शेयर्स में निवेश करते हैं, जो कि उस समय पर बहुत ज्यादा बढ़ चुके होते हैं। इनकी निवेश अवधि कम समय की होती है। निवेशक ऐसे स्टॉक को बेच देता है, जिसमें खरीदने के बाद कीमत बढ़ जाती है। इस स्टॉक की कीमत आगे बढ़ने की पूरी गुंजाइश रहती है, परंतु निवेशक जल्दी लाभ (प्रॉफिट) कमा लेता है। खरीदने की कीमत को रेफरेंस प्राइस मानकर चलता है और घटने वाले शेयर को पोर्टफोलियो में बनाए रखता है। हानि वहन नहीं करता है। उसे शेयर का स्टॉप लॉस प्राइस मालूम नहीं होता है। शेयर को बेचने पर लाभ होने से उसे गर्व महसूस होता है। आम निवेशक अति आत्मविश्वास (ओवर कॉन्फिडेंस) की वजह से सोचता है कि वो स्टॉक का चयन करने में श्रेष्ठ है। आम निवेशक भेड़चाल का

अनुपालन करता है। इस व्यवहार के कारण वो ज्यादा बढ़े हुए शेयर (ओवर वैल्यूड सिक्युरिटी) को खरीदता है।

ये लोग ज्यादातर निवेश ब्रोकरों, मित्रों और रिश्तेदारों की सलाह पर करते हैं, जिनको शेयर बाजार के आधारभूत नियमों की किसी भी प्रकार की कोई जानकारी नहीं होती और कभी–कभी तो एस.एम.एस. तथा मुफ्त के टी. वी. चैनलों पर आनेवाले विज्ञापनों को देखकर भी ये लोग निवेश कर देते हैं।

मैं ऐसे बहुत से लोगों को जानता हूँ, जो ब्रोकरों के चक्कर में आकर अपनी नौकरी की शुरुआत के साथ ही शेयर बाजार में सीधे प्रवेश कर जाते हैं।

कई बार शेयर बाजार ब्रोकर युवा लोगों के डीमैट खाते खुलवा देते हैं। देखा जाए तो आई.पी.ओ. के लिए तो यह ठीक है, परंतु उनको धीरे–धीरे शेयर खरीदना और बेचना सिखा देते हैं। शुरुआत में कुछ अच्छे सौदे करवाते हैं और बाद में खाताधारकों को चस्का लग जाता है।

कई बार तो धूर्त ब्रोकर यह जानते हुए कि आम निवेशक अपनी गाढ़ी कमाई गँवा सकता है, उसको भी फ्यूचर एवं ऑप्शन में उतार देते हैं और कुछ समय पश्चात् भोला निवेशक अपनी गाढ़ी कमाई शेयर बाजार में गँवाकर, खून के आँसू बहाकर घर बैठ जाता है।

मित्रो, मैं यह नहीं कहता कि शेयर बाजार में निवेश करने से नुकसान होता है, बल्कि मेरा तो यह कहना है कि आप यदि प्रथम श्रेणी के निवेशकों में नहीं आते हैं, तो आपको शेयर बाजार में सीधे निवेश करने के बजाय म्यूचुअल फंड के माध्यम से निवेश करना चाहिए, अन्यथा आप भाग्य के चक्कर में रोज खरीददारी और बिकवाली करते रहेंगे तथा लगातार नुकसान उठाते रहेंगे।

मित्रो, शेयर बाजार में कभी भी सीधा निवेश करने से पहले अपने आप से एक सवाल अवश्य पूछें।

क्या आप ऊपर वर्णित की गई प्रथम श्रेणी से संबंध रखते हैं? और अगर आपका उत्तर है – हाँ, तब आगे बढ़ जाइए।

अन्यथा

इस अध्याय को पुनः एक बार पढ़ें एवं शेयर बाजार में सीधे निवेश करने के बजाय म्यूचुअल फंड के माध्यम से निवेश करें।

शेयर पोर्टफोलियो से दो नुकसान होते हैं–

(1) आपकी बचत इसमें उलझकर रह जाती है। आप उसको कहीं और निवेश नहीं कर पाते हैं। कई बार तो मूलधन भी आधा रह जाता है।

(2) आपका कीमती समय उन शेयरों के बारे में सोचने में नष्ट हो जाता है।

(4) क्रेडिट कार्ड

यह वित्तीय बाजार का ऐसा महत्त्वपूर्ण उत्पाद है, जो आपके जीवन में अहम हिस्सा रख सकता है। अगर आप इसका विवेकानुसार उपयोग करें तो यह आपका एक अच्छा सिबिल स्कोर बना सकता है।

अन्यथा यह आपको इस कदर भी परेशान कर सकता है कि आप जिस बैंक में भी ऋण का आवेदन करें, वहीं पर ऋण अस्वीकृत हो जाता है।

कुछ लोग अपनी ज्यादा क्रेडिट लिमिट बनवाने के चक्कर में चार या पाँच क्रेडिट कार्ड रख लेते हैं, जो उनके लिए परेशानी उत्पन्न कर देते हैं।

दोस्तो! 25–25 हजार रुपए लिमिट के चार क्रेडिट कार्ड रखने के बजाय एक लाख रुपए लिमिट वाला एक कार्ड लें, क्योंकि इतने सारे क्रेडिट कार्ड को सँभालना, उनके पासवर्ड याद रखना एवं समय पर भुगतान करना एक उलझन भरा कार्य है। अतः केवल एक या अधिकतम दो कार्ड रखें। अगर आपके पास ज्यादा कार्ड हैं, तो एक को रखकर बाकी सारे बंद करा दें। याद रखें, हमें जीवन को सरल बनाना है। क्रेडिट कार्ड का विस्तार से अध्ययन हम आगे आनेवाले अध्याय में करेंगे।

(5) अन्य निवेश

बैंक के उत्पाद, म्यूचुअल फंड एवं शेयरों के अलावा भी निवेश की सरकारी बचत योजनाएँ (पी.पी.एफ., पोस्ट ऑफिस डिपॉजिट्स, एन.एस.सी. एवं किसान विकास पत्र) हैं, जो आपके पोर्टफोलियो में शामिल हैं। इन पर विचार करें एवं निर्णय लें कि इनका आपके वित्तीय जीवन में कितना उपयोग है।

छोटे निवेशक (स्मॉल इन्वेस्टर)

निवेशक, जो सामान्यतया एक लाख रुपए तक के शेयर खरीदते हैं, इन्हें 'खुदरा निवेशक' (रिटेल इन्वेस्टर) भी कहते हैं। खुदरा निवेशक को कंपनी के जटिल पहलुओं एवं वेल्युएशन के बारे में ज्यादा पता नहीं होता है।

□

आपातकालीन कोष की व्यवस्था (इमरजेंसी फंड प्लानिंग)

वित्तीय स्वतंत्रता के लिए आवश्यक कदम उठाने के बाद आपको आकस्मिक कोष के बारे में विचार करना चाहिए। जैसे ही किसी व्यक्ति के कानों में 'इमरजेंसी' शब्द गूँजता है, तो उसके दिमाग में कई विचार आने लगते हैं, जैसे कि दुर्घटना। लेकिन वित्तीय जीवन में इसके कई रूप होते हैं। जब आपका कोई मित्र कहता है कि उसे एक लाख रुपयों की सख्त आवश्यकता है, जो उसे तुरंत चाहिए (कारण चाहे जो भी हो, जैसे दुर्घटना, किसी अच्छे सौदे का हाथ में आना या नौकरी खो देना)। सीधे–सीधे शब्दों में एक ऐसी अनपेक्षित स्थिति, जिसमें पैसों की सख्त आवश्यकता हो। जिंदगी उतार–चढ़ाव का नाम है, क्या पता कब कौन सी जरूरत आ जाए? कोई नहीं जानता।

17 अप्रैल, 2019 को जेट एयरवेज द्वारा अपनी उड़ानों को अस्थायी रूप से बंद करने की घोषणा करते ही हजारों जेट एयरवेज कर्मचारियों को झटका लगा और उन्हें एक अनिश्चित भविष्य (वातावरण) का सामना करना पड़ा।

मित्रो, कब किसका बुरा वक्त आ जाए, कह नहीं सकते। ऐसे वक्त में ही आपातकालीन कोष की आवश्यकता महसूस होती है।

भविष्य में होनेवाले किसी अप्रत्याशित व्यय को पूरा करने के लिए आपातकालीन कोष (इमरजेंसी फंड) का प्रावधान किया गया है। पर्सनल फाइनेंस का यह सबसे उपेक्षित पक्ष रहता है। लोग आपातकाल के लिए कोष अलग न रखकर लगातार निवेश करते जाते हैं और जब कोई ऐसी स्थिति आती है, तो उनका कुछ निवेश कम हो जाता है। भविष्य में होनेवाले किसी आकस्मिक/अप्रत्याशित खर्च के लिए पर्याप्त कोष (संग्रह) अलग से रखें।

कितनी रकम, इस बारे में जो आम नियम है, वह यह कि आपके औसत मासिक वेतन की चार से छह गुना राशि नकदी या तरल उपकरणों (लिक्विड इंस्ट्रूमेंट) जैसे बचत खाता या लिक्विड म्यूचुअल फंडों में होनी चाहिए, जिसे आप तत्काल भुनाकर उपयोग में ला सकें।

इन तीन सवालों पर विचार करें–

(1) मैं पैसा कहाँ से लाऊँगा, अगर मुझे दुर्घटना के कारण 6 माह तक बेड रेस्ट करना पड़ा? किस तरह परिवार का खर्चा चलाऊँगा?

(2) किसी कारणवश अचानक मेरी नौकरी चली जाए?

(3) कुछ अन्य आकस्मिक खर्चों का कहाँ से इंतजाम करूँगा?

ये तीनों सवाल किसी भी अच्छे–भले कमाने वाले व्यक्ति को परेशानी में डाल सकते हैं।

कई बार बैंक के ऐसे ग्राहक, जिनकी सालाना आय 15 से 20 लाख रुपए है, जिन्होंने गृह ऋण लिया है, वे मुझे फोन करके कहते हैं कि उनके बचत खाते में वेतन (सैलरी) विलंब की वजह से पर्याप्त राशि नहीं है, क्या उनका इस माह का ई.सी.एस. रुक सकता है? नौकरी में स्थानांतरण की वजह से उन्हें एक माह का वेतन नहीं मिला। इनमें से अधिकतर वे लोग हैं, जिन्होंने बिना विचार किए ऋण के एक हिस्से का पूर्व भुगतान कर दिया और बचत खाते में आकस्मिक व्यवस्था के लिए पैसे तक नहीं छोड़े।

कई बार मैं लोगों से इस बारे में बात करता हूँ, तो कहते हैं कि उनके बचत खाते में एक बड़ी रकम जमा है, परंतु कई बार वाहन (कार) ऋण या शिक्षा ऋण के लिए इसे मार्जिन के रूप में उपयोग में ले लेते हैं और आखिरकार ई.सी.एस. रुकवाने (जो कि असंभव है) की नौबत आ जाती है।

आपातकालीन कोष को कहाँ रखें?

सामान्यतया आपातकालीन कोष का 20% हिस्सा बचत खाते में एवं शेष 80% हिस्से को आप अपनी सुविधानुसार रिकरिंग बैंक डिपॉजिट/ऑनलाइन फिक्स डिपॉजिट या लिक्विड म्यूचुअल फंडों में रख सकते हैं।

(1) बचत खाता – ए.टी.एम. के माध्यम से इसमें से तुरंत राशि निकाली जा सकती है। आपातकालीन कोष का कम–से–कम 20% हिस्सा इसमें रखें, ताकि सैलरी में कभी एक माह का विलंब हो जाए, तो आपके मासिक खर्चे में

बाधा उत्पन्न न हो। ध्यान रखें, यह बचत खाता वेतन (सैलरी) खाते से अलग होना चाहिए। आप अपने जीवनसाथी के साथ वाले संयुक्त खाते में इस राशि को रख सकते हैं, ताकि इसका उचित प्रबंधन किया जा सके।

(2) आवर्ती जमा (रिकरिंग बैंक डिपॉजिट) – इस योजना में आप निश्चित समय के लिए हर महीने तय की हुई रकम जमा कर सकते हैं; इसमें स्थिर ब्याज के साथ मूल रकम वापस मिलती है। इस योजना में थोड़ी–थोड़ी रकम हर माह जमा करके निश्चित समय बाद मोटी रकम मिलती है, इसलिए यह योजना मध्यमवर्गीय परिवारों के लिए लाभदायक है। इसमें आप आपातकालीन कोष की 40 से 80% तक राशि रख सकते हैं।

(3) ऑनलाइन फिक्स डिपॉजिट – सभी बैंकों में यह सुविधा उपलब्ध है। आप नेट बैंकिंग का उपयोग करते हुए अलग–अलग अवधि के फिक्स डिपॉजिट्स बना सकते हैं। जरूरत पड़ने पर बिना बैंक जाए इनको तुड़वा भी सकते हैं। इसमें आप आपातकालीन कोष की 40 से 80% तक राशि रख सकते हैं।

(4) लिक्विड फंड – यह डेट म्यूचुअल फंड का एक प्रकार है, जो शॉर्ट टर्म डेट इंस्ट्रूमेंट में निवेश करते हैं। इसमें बचत खाते से सामान्यतया 2 से 3% ज्यादा प्रतिफल मिलता है। इसका फायदा यह भी है कि यह आपको निवेश का भी अनुभव कराता है। इसमें आप आपातकालीन कोष की 40 से 80% तक राशि का निवेश कर सकते हैं।

(5) क्रेडिट कार्ड – यह आपको उधार लेने की एक सीमा (लिमिट) प्रदान करता है। इसमें से पैसे निकालने या पूरी सीमा का उपयोग केवल व केवल अंतिम विकल्प के रूप में करें।

आपातकालीन कोष को बनाए रखने के फायदे

(1) यह आपके मन की शांति को बनाए रखता है, क्योंकि इसकी सहायता से आपको आपातकाल में धन को लेकर किसी तरह की समस्या नहीं रहती है।

(2) इसमें अनुशासन बना रहता है, क्योंकि बुरे वक्त के लिए अलग से पैसा सुरक्षित रहता है। आपको अन्य दीर्घकालिक निवेश को तुड़वाने की आवश्यकता नहीं पड़ती है। इस तरह आपके दीर्घकालीन लक्ष्यों पर असर नहीं पड़ता है।

ध्यान दें– (1) अगर आप नौकरी करते हैं और व्यवसाय में अपना हाथ आजमाना चाहते हैं, तो आपके पास कम–से–कम तीन साल का आपातकालीन कोष होना चाहिए।

(2) कभी भी आपातकालीन कोष को प्रतिफल (रिटर्न) के नजरिए से न देखें, अन्यथा इसका महत्त्व समाप्त हो जाएगा।

बजटिंग (बचत और खर्चों का हिसाब) जरूरी है

वित्तीय योजना में सबसे महत्त्वपूर्ण यह होता है कि क्या आ रहा है? और क्या जा रहा है? कमाई शुरू करने के साथ ही जल्दी से बजट बना लीजिए। इसमें आपके सभी खर्चे लिखे जाने चाहिए और यह भी प्रावधान हो कि किसी अप्रत्याशित खर्च के दौरान उसकी पूर्ति अपने नकदी प्रवाह में से कैसे करेंगे?

भविष्य की जरूरतों के लिए तो तमाम लोग बचत करते हैं, पर अकसर लोग अपने खर्चों का सही से हिसाब नहीं लगा पाते हैं। बाद में उन्हें पैसे कम पड़ते हैं। इस वजह से कई बार उधार लेने की नौबत आ जाती है। कई लोग बचत के नाम पर अपने वर्तमान खर्चों में जरूरत से ज्यादा कटौती करने लगते हैं और कल के लिए अपना आज बरबाद कर लेते हैं। पेट काटकर पैसे जमा करना कोई बहुत समझदारी की बात नहीं है। वित्तीय नियोजन में थोड़ा सा पेपरवर्क आपका काम बेहद आसान और व्यवस्थित कर देता है। आदर्श रूप से आपके आवश्यक खर्च (मकान किराया, ई.एम.आई., बिजली–पानी के खर्च, यात्रा खर्च एवं मूलभूत आवश्यकताएँ) आपकी आय के 60% से ज्यादा नहीं होने चाहिए। यह जितना कम होगा, उतना ही आपके लिए बचत एवं घर खर्च के लिए राशि बचेगी। पहले बचत को ऑटो मोड (डिफाल्ट ऑप्शन) में डाल दो ताकि वेतन आते ही बचत का पैसा पहले कट जाए।

ध्यान दें–

1. अपनी आय को बढ़ाने का प्रयास करें, क्योंकि यह प्रतिफल (रिटर्न) से ज्यादा महत्त्वपूर्ण है।
2. शिक्षा में पैसा खर्च करें बजाय शादी के।
3. तुरंत डेप्रिशिएट होनेवाले गैजेट्स पर फिजूल खर्च न करें।
4. दूसरा घर खरीदने के बजाय अच्छा रिटर्न देने वाले वित्तीय उत्पाद खरीदें।

□

मुद्रास्फीति का प्रभाव एवं चक्रवृद्धि ब्याज की ताकत

महँगाई को ऐसे समझें कि अगर कोई आपको 100 रुपए देने के दो विकल्प दे कि आज 100 रुपए ले लो या एक साल बाद 100 रुपए ले लेना। आप आज लेना पसंद करोगे, क्योंकि जो वस्तु आज हम 100 रुपए में खरीद सकते हैं, उसको अगले एक साल बाद खरीदने के लिए 100 रुपए से ज्यादा देने पड़ेंगे। बोलचाल की भाषा में इसे 'महँगाई' कहते हैं।

मुद्रास्फीति को तब तो गंभीरता से लेना मुश्किल है, जब आप इसका असर आज, कल या फिर अगले साल महसूस न करें। आपने मुझसे 100 रुपए माँगे और मैंने सिर्फ 95 रुपए ही दिए। एक साल के लिए 5 फीसदी महँगाई कोई ज्यादा नहीं है। आप इसकी बदौलत अपनी जरूरत पूरी कर सकते हैं। पर यह भी देखें कि पाँच फीसदी महँगाई ही 25 सालों में 100 रुपए का मूल्य घटाकर 30 रुपए कर देती है।

100 रुपए पर मुद्रास्फीति का असर

मुद्रास्फीति की दर	एक साल बाद	25 साल बाद
5%	95 रुपए	30 रुपए
8%	92 रुपए	15 रुपए

मुद्रास्फीति कम नहीं होती। चीजों के दाम हमेशा बढ़ते रहते हैं। आप इससे बच नहीं सकते। आपकी आय से ज्यादा इजाफा तो इसमें होता रहता है। एक साल में आपको पाँच फीसदी बढ़ोतरी (इंक्रीमेंट) मिली, पर मुद्रास्फीति की दर छह फीसदी रही, यानी आपके रहन–सहन का स्तर वास्तविक रूप से

एक फीसदी घट गया। सेवानिवृत्त व तयशुदा आयवालों पर इसका ज्यादा असर पड़ता है।

इसलिए जरूरी है कि आप किसी निवेश पर प्रतिफल (रिटर्न) को महँगाई के बाद ही मानें। इससे आप यह जान पाएँगे कि आपके पास खर्च करने के लिए वास्तव में कितनी रकम है। शेयर्स, बॉण्ड्स व नकदी जैसे निवेशों के दीर्घावधि प्रतिफल पर नजर डालने पर यह पता चलता है कि शेयरों का प्रतिफल मुद्रास्फीति के प्रभाव के बावजूद सबसे बेहतर रहता है।

लाइफस्टाइल इन्फ्लेशन

यह एक ऐसी अदृश्य महँगाई (मुद्रास्फीति) है, जिसके बारे में आम लोगों को पता नहीं है। हालाँकि 25 से 40 वर्ष की उम्र के सारे लोग इससे त्रस्त हैं। यह मुद्रास्फीति का एक प्रकार है, जो पिछले दस वर्षों से जोर पकड़ने लगा है। इसका मूल्यांकन आप महँगाई नापने के अन्य उपकरणों (तरीकों) से नहीं कर सकते हैं, जैसे कि कन्ज्यूमर प्राइस इंडेक्स। लोगों ने अपनी लाइफस्टाइल में कई चीजों को शामिल कर लिया है या उनकी आवृत्ति बढ़ा दी है, जैसे कई लोग कुछ साल पहले तक महीने में एक बार बाहर खाना खाने जाते थे, अब हर सप्ताह जाते हैं। भारत में घूमने के बजाय विदेशों की सैर करना, पब्लिक ट्रांसपोर्ट के बजाय उबर या ओला से घूमना, छोटी कार (अल्टो) के स्थान पर अपने बजट से बाहर की बड़ी कार खरीदना, महँगे आईफोन खरीदना, एल.सी.डी. टी.वी. खरीदना इत्यादि।

इस प्रकार का खर्चा 25 से 40 साल के युवाओं में ज्यादा पाया जाता है। चूँकि इस उम्र में सालाना वेतन में बढ़ोतरी ज्यादा होती है। तब इस प्रकार का अदृश्य सालाना खर्चा 20 से 25% तक बढ़ जाता है। अतः व्यक्ति कुछ भी बचा नहीं पाता और उसके जीवन के 5 से 10 शुरुआती साल लाइफस्टाइल इन्फ्लेशन का शिकार हो जाते हैं। लाइफस्टाइल खर्चे को कम करना मुश्किल है। लाइफस्टाइल इन्फ्लेशन का शिकार होने से बचें।

महँगाई से कैसे बचें?

महँगाई से बचने के लिए सबसे पहले जितनी जल्दी संभव हो, निवेश की शुरुआत कर दें और ऐसे विकल्प का चयन करें, जिससे आप महँगाई को मात दे सकें। इसके लिए आपको अपने वित्तीय सलाहकार से सलाह लेनी चाहिए।

नोमिनल रिटर्न (प्रतिलाभ) – आपकी संपत्ति के द्वारा प्राप्त सामान्य प्रतिलाभ (रिटर्न), जो कि आयकर, निवेश शुल्क एवं मुद्रास्फीति को घटाने से पहले प्राप्त होता है।

रियल रिटर्न – आपकी संपत्ति के द्वारा प्राप्त प्रतिलाभ (रिटर्न) का वह हिस्सा, जो कि मुद्रास्फीति घटाने के बाद हासिल हो, उसे 'रियल रिटर्न' कहते हैं।

उदाहरण के लिए, आपके पास जमीन का टुकड़ा है, जिसकी कीमत 50 लाख रुपए है। साल भर बाद मान लीजिए कि उसकी कीमत 60 लाख रुपए हो जाती है।

संपूर्ण प्रतिफल 10 लाख रुपए माना जाएगा, लेकिन इस दौरान मुद्रास्फीति अगर 10 फीसदी पर रहती है, तो 50 लाख रुपए की संपत्ति अगले साल खुद–ब–खुद 55 लाख रुपए की हो जाएगी। यानी अगले साल आपको पाँच लाख रुपए का रियल रिटर्न मिलता दिखेगा।

व्यवहार में रियल रिटर्न को भी प्रतिशत आँकड़ों में दरशाया जाता है, जो कि मुद्रास्फीति के आँकड़ों में से संपूर्ण प्रतिफल (एब्सोल्यूट रिटर्न) के आँकड़े को घटाकर हासिल किया जाता है।

अतः हमारे उदाहरण में संपत्ति का दाम 50 से 60 लाख रुपए हुआ, तो संपूर्ण प्रतिफल 20 फीसदी रहा। उस वर्ष मुद्रास्फीति अगर 10 फीसदी थी, तो आपका रियल रिटर्न 10 फीसदी हुआ। साल भर के बाद जब आप अपनी संपत्ति पर रिटर्न का हिसाब–किताब करें तो यह सुनिश्चित करें कि आप रियल रिटर्न का हिसाब करें, न कि संपूर्ण प्रतिफल का।

हम यह मानकर चलते हैं कि प्रतिलाभ (रिटर्न) की दर मुद्रास्फीति की दर से ज्यादा होगी। हमें रियल रिटर्न (इन्फ्लेशन एडजस्टेड सी.ए.जी.आर.) पर अपना ध्यान केंद्रित करना चाहिए।

ध्यान दें – 1 अप्रैल, 2019 को आधार मानते हुए–

1. रियल एस्टेट के प्रतिलाभ हमेशा मुद्रास्फीति की दर से कम रहे हैं, यानी लंबे समय में रियल रिटर्न नकारात्मक रहा है।
2. सोने का रियल रिटर्न लगातार सकारात्मक नहीं रहा है। पिछले पाँच वर्षों में नकारात्मक रहा है।
3. डेट के रिटर्न ने भी मुद्रास्फीति को बहुत कम अंतर से हराया है।
4. केवल इक्विटी के प्रतिलाभ ने महँगाई को अच्छे अंतर से मात दी है।

संयोजन की शक्ति (पावर ऑफ कंपाउंडिंग)
चक्रवृद्धि ब्याज की ताकत को पहचानें

निवेश में चक्रवृद्धि का अपना अलग महत्त्व है। सुविख्यात वैज्ञानिक अल्बर्ट आइंस्टाइन ने कहा था कि चक्रवृद्धि दुनिया का आठवाँ अजूबा है। दरअसल अगर निवेश का समय लंबा हो तो चक्रवृद्धि का प्रभाव देखते ही बनता है।

निवेश की शुरुआत जितनी जल्दी की जाए, चक्रवृद्धि का लाभ उतना ही अधिक मिलेगा। चक्रवृद्धि के लाभ के लिए निवेशित धन और समय–सीमा अहम होती है। कम उम्र में निवेश की गई छोटी राशि चक्रवृद्धि की बदौलत बड़ी राशि बन जाती है।

आपको मिला समय एक जादुई चिराग जैसा है

कई लोग अच्छा कमाते हैं, लेकिन उनका आर्थिक जीवन गड़बड़ाया रहता है। इसका कारण है कि उन्होंने अपने वित्तीय जीवन का प्रारंभिक हिस्सा (शुरुआती साल) बिना निवेश किए बिताया है। शुरुआती सालों में लाइफस्टाइल इन्फ्लेशन का शिकार हो गए।

कमाई के शुरुआती दिनों में हमारी जिम्मेदारियाँ कम होती हैं। शादी के कुछ साल पहले एवं शादी के बाद अगले पाँच वर्षों में हमारे पास सीमित खर्चे होते हैं। इस दौरान हम ज्यादा पैसा निवेश कर सकते हैं, लेकिन हम में से ज्यादातर लोग इस समय का फायदा नहीं उठा पाते हैं। हम लोग ज्यादातर समय इसी चिंता में बिता देते हैं कि कहाँ निवेश करूँ? शेयर बाजार में कौन सा शेयर लूँ? म्यूचुअल फंड खरीदूँ या यूलिप में निवेश करूँ? इसी उलझन या शौक–मौज (लाइफस्टाइल इन्फ्लेशन) में हम इन 5 से 10 कीमती वर्षों को खो देते हैं। समय एक बहुत बड़ा घटक है और वह सबके पास ठीक–ठाक मात्रा में है। अगर शुरू में आप समय खो देते हैं, तो आप पैसा खो देते हैं। याद रखें कि शुरुआत में 5 से 10 साल का नुकसान एक अपराध की तरह है, जो आपको अगले 30–40 सालों तक कचोटता रहेगा, ऐसा अपराध करने से बचें। शायद इसीलिए कहा जाता है– समय धन है (टाइम इज मनी)।

कुछ लोग जब बड़ी रकम जोड़ने के बारे में सोचते हैं, तो उन्हें लगता है कि हर महीने कुछ हजार बचाने से उनके लाखों और करोड़ों रुपए जोड़ने के अरमान कैसे पूरे होंगे। लेकिन मैं आपको एक कहानी का उदाहरण देना

चाहूँगा, जो शायद एक आम निवेशक को अविश्वसनीय लगे। यह कहानी शायद आपको और अधिक पढ़ने तथा यह पता लगाने के लिए प्रेरित करे कि आप अब तक क्या नहीं जानते थे?

एक बार एक बुद्धिमान कवि था। उसकी आर्थिक स्थिति इतनी खराब हुई कि उसे खाने के लाले पड़ गए। राजा के पास वह मदद के लिए पहुँचा। राजा के कहने पर उसने अपनी कविताएँ पढ़नी शुरू कर दीं। उसकी कविताएँ सुनकर राजा अत्यंत प्रसन्न हुआ और उसने कवि से अपना इनाम माँगने के लिए कहा। कवि ने शतरंज की तरफ इशारा करते हुए कहा कि अगर आप पहले खाने में चावल का एक दाना रखें और अगले हर खाने में दानों की संख्या दोगुनी करते जाएँ एवं जब सारे खाने भर जाएँ, तब वो चावल मुझे इनाम में दे देना। राजा हैरान एवं आश्चर्यचकित हुआ और सोना, चाँदी एवं अन्य वस्तुएँ माँगने को कहा, लेकिन कवि अपनी बात पर अड़ा रहा।

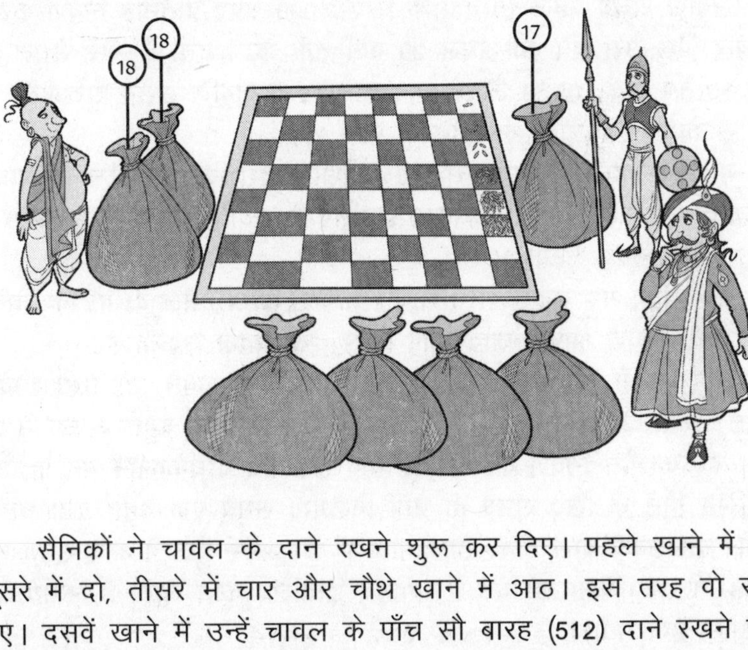

सैनिकों ने चावल के दाने रखने शुरू कर दिए। पहले खाने में एक, दूसरे में दो, तीसरे में चार और चौथे खाने में आठ। इस तरह वो रखते गए। दसवें खाने में उन्हें चावल के पाँच सौ बारह (512) दाने रखने पड़े। बीसवें खाने तक संख्या बढ़कर पाँच लाख चौबीस हजार दो सौ अट्ठासी (5,24,288) हो गई। चक्रवृद्धि का जादू प्रारंभ हो गया। राजा एवं दरबारियों

के चेहरों पर तनाव झलकने लगा।

आधे हिस्से तक आते–आते (बत्तीसवें खाने में) चावल के दानों की संख्या बढ़कर दो सौ चौदह करोड़, चौहत्तर लाख, तिरासी हजार, छह सौ अड़तालीस हो गई। गिनती अरबों–खरबों में बढ़ती गई। राजा ने अपना राज पाट कवि को सौंप दिया। मित्रो, चक्रवृद्धि की ताकत को पहचानें, यह एक ब्रह्मास्त्र है। इसकी शुरुआत चावल के एक दाने से हुई।

अब हम वास्तविक जीवन में कम उम्र में निवेश तथा संयोजन की शक्ति के सागर में थोड़ा गहराई में जाएँगे।

वास्तविक जीवन का उदाहरण देखें

मान लीजिए कि दो दोस्त हैं, वाहिद और राघव। वाहिद 15% वार्षिक प्रतिफल (रिटर्न) की दर से 30 साल के लिए 1,000 रुपए हर महीने निवेश करता है, वाहिद ने 30 साल की अवधि में कुल 3.60 लाख रुपए निवेश किए और उसके पास इकट्ठे होंगे 69.20 लाख रुपए।

जबकि राघव पहले 10 वर्षों के लिए 2,000 रुपए प्रतिमाह निवेश करता है, और फिर उस धन को अगले 20 वर्षों तक बढ़ने देता है और राघव का पैसा 30 वर्ष बाद 108.50 लाख रुपए हो जाएगा जबकि उसने शुरुआती 10 वर्षों में केवल 2.4 लाख रुपए निवेश किए थे।

वाहिद ने हालाँकि राघव से ज्यादा पैसा निवेश किया, लेकिन वह राघव से ज्यादा धन नहीं बना पाया। ऐसा इसलिए है, क्योंकि राघव ने शुरुआत में ज्यादा पैसा निवेश किया था।

ऊपर दिए गए उदाहरण ने शायद आपकी आँखें खोल दी हों कि जल्दी किया गया निवेश आपके जीवन को किस तरह बदल सकता है।

आप मानेंगे कि जीवन के शुरुआती वर्षों में आपने जो पैसा निवेश किया, उससे आनेवाले वर्षों में आपके धन संग्रह पर बहुत अच्छा असर पड़ा। दीर्घकालीन निवेश की सच्चाई यही है। यदि दीर्घकालीन नहीं है, तब संयोजित होने के लिए समय ही नहीं मिलेगा। समय एक बहुत बड़ा घटक है और वह सबके पास ठीक–ठाक मात्रा में है। अगर शुरू में आप समय खो देते हैं, तो आप पैसा खो देते हैं। शायद इसीलिए कहा जाता है, समय धन है (टाइम इज मनी)।

कम उम्र में निवेश करेंगे तो बाद में बड़ा सहारा मिलेगा

मैं आपको यह विश्वास दिलाना चाहता हूँ कि अगर आप बाद में अपने जीवन को झंझट से मुक्त रखना चाहते हैं, तो कम उम्र में निवेश शुरू करना सबसे अच्छा उपाय है।

उदाहरण – सुनील एक 25 वर्षीय बैंकर है, जो जयपुर से है। उसने अपना कॅरियर अभी शुरू किया है। 55 साल का होने तक वह 1.76 करोड़ रुपए जोड़ना चाहता है, ताकि उसकी जरूरतें और सपने पूरे हो सकें। उसके पास 30 साल का समय है।

इस उदाहरण में जब भी हम निवेश और संयोजन की चर्चा करेंगे, हम 12% संयोजन (कंपाउंड) को वार्षिक वृद्धि दर मानकर चलेंगे, क्योंकि दीर्घ अवधि में इक्विटी पर प्रतिफल (रिटर्न) की यह एक मानक दर मानी जाती है।

सुनील के पास इस लक्ष्य को प्राप्त करने के लिए चार विकल्प हैं। आइए, इन पर विचार करते हैं–

विकल्प–1

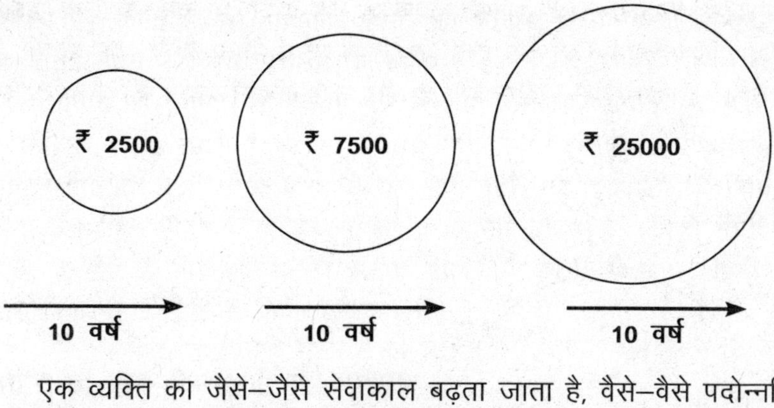

एक व्यक्ति का जैसे–जैसे सेवाकाल बढ़ता जाता है, वैसे–वैसे पदोन्नति एवं सालाना वेतन में बढ़ोतरी जारी रहती है। आमदनी बढ़ती है एवं व्यक्ति उसी अनुपात में अपना अंशदान (कॉन्ट्रिब्यूशन) बढ़ाता जाता है। यह प्रवृत्ति सामान्यतया सभी वेतनभोगियों में पाई जाती है।

सुनील पहले 10 वर्षों में 2500 रुपए प्रतिमाह के निवेश से शुरू करने का फैसला लेता है। फिर वह अगले 10 वर्षों में हर महीने 7,500 रुपए निवेश करेगा और आखिरकार, अंतिम 10 वर्षों में वह 25,000 हजार रुपए हर महीने निवेश करेगा। इस प्रकार वह 30 वर्षों में 1.76 करोड़ रुपए बना लेगा। यह

योजना बनाने का सबसे सहज तरीका है। अब उसी लक्ष्य तक पहुँचने के लिए हम दूसरे विकल्पों की तलाश करते हैं।

विकल्प–2

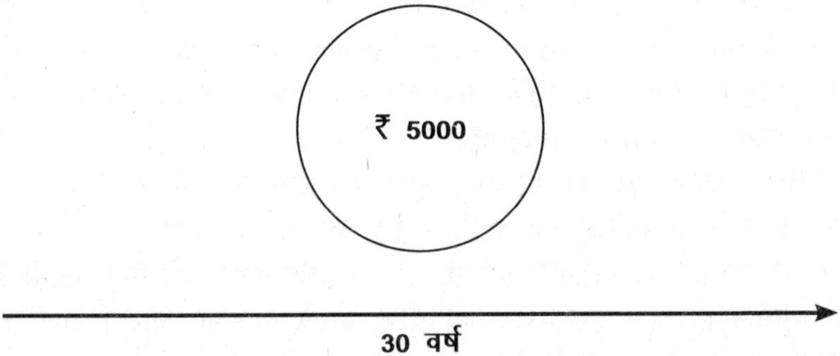

वह 30 वर्षों के लिए हर महीने 5,000 रुपए निवेश कर सकता है। इस मामले में, विकल्प–1 के शुरुआती निवेश को पहले 10 वर्षों के लिए 2,500 रुपए प्रतिमाह बढ़ाने से वह ऐसी स्थिति में पहुँच जाता है कि वह उतनी ही राशि का निवेश जारी रख सकता है और उसे बाद में बढ़ाने की जरूरत नहीं है।

विकल्प–3

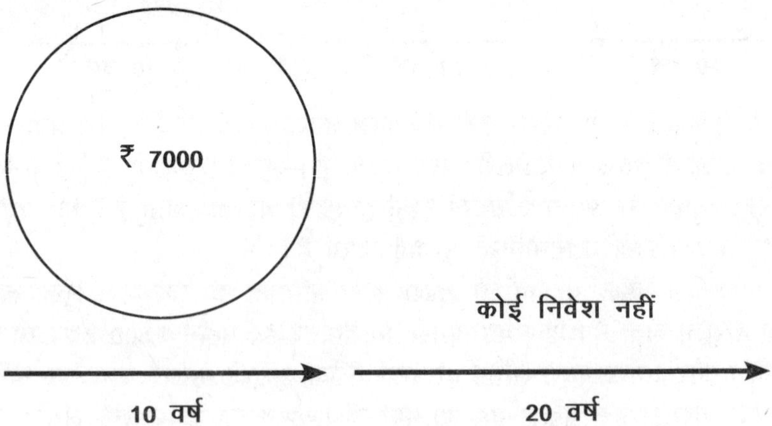

अगर वह पहले 10 वर्षों के लिए 7,000 रुपए प्रतिमाह निवेश करे तो उसे बाद में निवेश करने की जरूरत ही नहीं है। इस स्थिति में वह विकल्प–1 की तुलना में 4,500 रुपए प्रतिमाह (केवल प्रथम 10 वर्षों में) ज्यादा निवेश करेगा। आप देख सकते हैं कि शुरुआती दिनों में किया गया 4,500 रुपए का यह अतिरिक्त निवेश इतना शक्तिशाली है कि उसे अगले 20 वर्षों तक कुछ भी निवेश करने की जरूरत ही नहीं है। इसलिए पहले 10 वर्षों में 4,500 रुपए का अतिरिक्त निवेश बीच वाले 10 वर्षों के 7,500 रुपए प्रतिमाह के निवेश तथा अंतिम 10 वर्षों के 25,000 रुपए प्रतिमाह के निवेश के बराबर होगा (विकल्प–1 के अनुसार)।

इस उदाहरण में आपको यह बात अच्छी लगेगी क़ि शुरुआती वर्षों में यदि ज्यादा अंशदान किया जाए तो बाद में बगैर अंशदान किए भी वांछित धन बनाया जा सकता है।

कम उम्र में शुरू किया गया निवेश आपको इस बात की आजादी देता है कि आप भविष्य के निवेश घटा दें या बंद कर दें, और इससे आपको अंत में मिलने वाली राशि पर भी बहुत अधिक फर्क नहीं पड़ेगा।

विकल्प–4

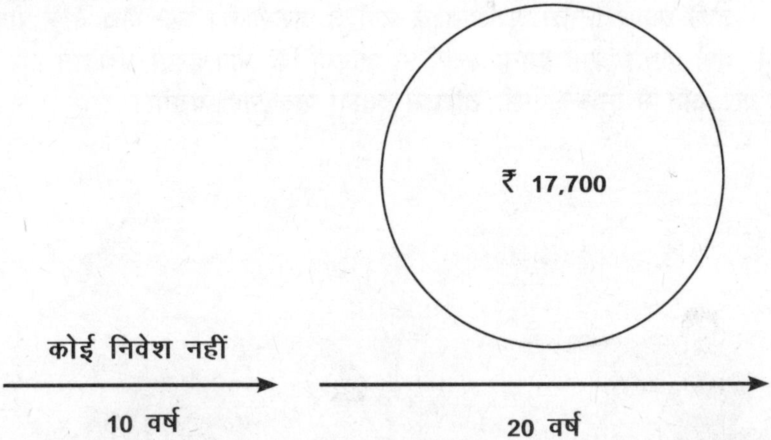

सामान्यतया यह विकल्प लाइफस्टाइल इन्फ्लेशन के शिकार युवाओं द्वारा अपनाया जाता है। इस मामले में, सुनील विकल्प–3 के विपरीत शुरुआती 10 वर्षों में निवेश न करे तो उतना ही धन (कॉर्पस) प्राप्त करने के लिए उसे अंतिम 20 वर्षों के लिए 17,700 रुपए प्रतिमाह निवेश करने होंगे। इस स्थिति में वह

विकल्प–2 की तुलना में 12,700 रुपए प्रतिमाह ज्यादा निवेश करेगा। याद रखें कि शुरुआत में 5 से 10 साल का नुकसान एक अपराध की तरह है, जो आपको अगले 30–40 वर्षों तक कचोटता रहेगा, ऐसा अपराध करने से बचें।

शुरुआती निवेश के बारे में तीन प्रमुख निष्कर्ष

पीछे दिए गए उदाहरण में आपने देखा कि कम उम्र में निवेश करना एवं अगर निवेश शुरू में ज्यादा किया जाए तो कितना लाभकारी है।

निष्कर्ष (1) – अगर आप अवधि के अंतिम हिस्से (वर्षों) में पहुँचकर अपना अंशदान (कॉन्ट्रिब्यूशन) कम कर देते हैं, तब भी आपको अंत में मिलने वाले धन पर ज्यादा असर नहीं पड़ता।

कोई पुराना विशाल पेड़ देखें एवं सोचें कि इसको देखभाल और खुराक (पानी एवं खाद) की सबसे ज्यादा जरूरत कब पड़ी? तो निःसंदेह आपका जवाब होगा– इसके आरंभिक (शुरुआती) वर्षों में, क्योंकि उस वक्त इसे खाद, पानी एवं सुरक्षा तीनों की जरूरत थी। लेकिन कुछ वर्षों पश्चात् यह बड़ा पेड़ बन गया और अब इसे किसी सहारे की जरूरत नहीं है। इसे पानी मिले या न मिले, कोई फर्क नहीं पड़ता, क्योंकि इसकी जड़ें गहराई तक पहुँच गई हैं। यह जल एवं पोषक तत्त्व ग्रहण करने में स्वयं सक्षम है।

इसी प्रकार निवेश शुरुआत के वर्षों में जरूरी है। उसे बीच में न रोकें। कुछ वर्षों पश्चात् यह इतना सक्षम हो जाएगा कि आप इसमें अंशदान करें या न करें, अंत में मिलने वाली राशि में ज्यादा फर्क नहीं पड़ेगा।

0 वर्ष–बगैर अंशदान के
(संपूर्ण अवधि तक निवेश)

अंतिम 5 वर्ष–बगैर अंशदान के
(यानी निवेश 25 वर्षों तक किया है)

अंतिम 10 वर्ष–बगैर अंशदान के
(यानी निवेश शुरू के 20 वर्षों तक किया है)

15 वर्ष–बगैर अंशदान के

अंतिम 20 वर्ष–बगैर अंशदान के

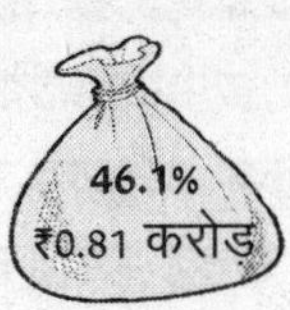

अंतिम 25 वर्ष–बगैर अंशदान के
(यानी निवेश शुरू के 5 वर्षों तक किया है)

पिछले उदाहरण में हमने विकल्प क्रमांक–2 का अध्ययन किया, जिसमें 5000 रुपए 12% (मासिक आधार पर चक्रवृद्धि) प्रतिफल पर 30 वर्षों के लिए निवेशित किया। इस उदाहरण के अनुसार 30 वर्षों में आप 1.76 करोड़ रुपए बना लेंगे। अगर आप अंतिम 10 वर्षों में कुछ भी अंशदान नहीं करेंगे, तब भी आप 30 वर्ष की अवधि के बाद 1.65 करोड़ रुपए बना लेंगे, जो कि 1.76 करोड़ रुपए (शुरुआती योजना का अधिकतम कोष) का 93.7% होगा।

इसी प्रकार अगर आप अंतिम 15 वर्षों में योगदान नहीं करना चाहते हैं, तब भी आपको अंत में 1.51 करोड़ रुपए मिलेंगे, जो कि अधिकतम कोष (1.76 करोड़ रुपए) का लगभग 85% होगा। शुरुआती 15 वर्षों में किया गया निवेश आपके कुल संग्रह (कॉर्पस) में बहुत ज्यादा योगदान करेगा, सामान्य धारणाओं के विपरीत, वह निवेश नहीं, जो आपने अंतिम 15 वर्षों में किया है। इसे आप दिए गए चार्ट से भी समझ सकते हैं। इस टेबल से आप जान सकते हैं कि कितना कोष बनेगा और अगर आप बाद के वर्षों में अंशदान नहीं करते हैं, तब मूल कॉर्पस का कितना हिस्सा फिर भी आपको हासिल होगा।

30 वर्ष की अवधि में बाद के उन वर्षों की संख्या जब आप अंशदान नहीं करते हैं	संग्रह (कॉर्पस) का मिलने वाला %	कुल संग्रह (कॉर्पस)
0	100.00%	1.76 करोड़
5	97.7%	1.72 करोड़
10	93.7%	1.65 करोड़
15	85.7%	1.51 करोड़
20	71.6%	1.26 करोड़
25	46.1%	0.81 करोड़

निष्कर्ष (2) – आरंभिक वर्षों में किए गए निवेश से ही आपके अंतिम संग्रह (कॉर्पस) का बड़ा हिस्सा बनता है।

आपके द्वारा शुरू के वर्षों में किया गया निवेश चक्रवृद्धि ब्याज एवं पर्याप्त समय के कारण साल–दर–साल बढ़ता रहता है। चार्ट में आप देखेंगे कि शुरुआत के 10 वर्षों में किया गया निवेश आपके द्वारा 30 वर्षों में बनाए गए कोष का 70% हिस्सा बना देता है। यानी अंतिम 20 वर्ष कोष में केवल 30% योगदान करते हैं। तीस वर्षों में आप जो पैसा बनाते हैं, उसका आधा हिस्सा (लगभग 51%) उस पैसे से बनता है, जो आपने शुरुआती छह वर्षों में निवेश किए थे।

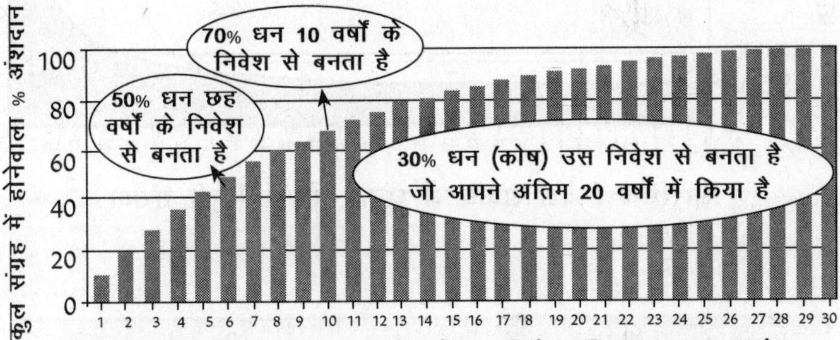

उन वर्षों की संख्या, जिनके दौरान निवेश किया जा रहा है

अंशदान के वर्ष	कुल इकट्ठे हुए धन में उसका प्रतिशत
1	12%
5	46%
6	50%
10	70%
15	86%
20	93%
25	97%
30	100%

ध्यान रखें, यह निष्कर्ष तभी लागू होगा, जब आप अपना निवेश तीस वर्षों तक जारी रखें, बीच में तोड़ें नहीं (पैसा निकालें नहीं)।

निष्कर्ष (3) – अगर आप निवेश के समय को बहुत कम कर देते हैं, तब भी एक निश्चित धन इकट्ठा करने के लिए आपको निवेश में बहुत ज्यादा बढ़ोतरी करने की आवश्यकता नहीं है।

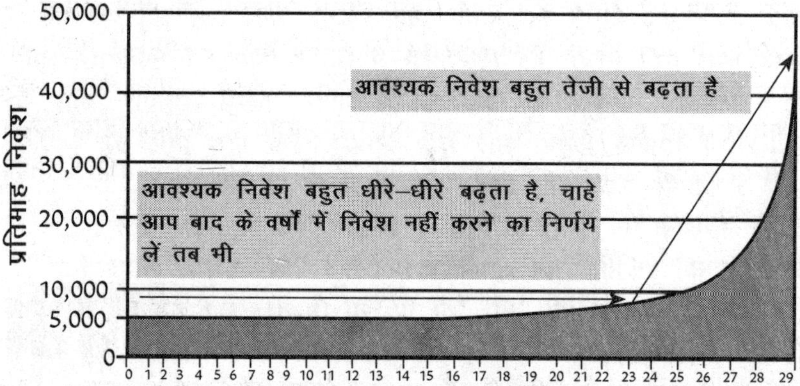

आरंभिक निवेश अवधि से घटाए गए वर्षों की संख्या

अवधि के दौरान बाद वाले उन वर्षों की संख्या जब आप अंशदान नहीं करते हैं	आवश्यक मासिक निवेश (रुपए)	वही संग्रह (कॉर्पस) हासिल करने के लिए निवेश में की गई % बढ़ोतरी
0	5,000	0.00%
5	5,120	2.40%
10	5,350	7.00%
15	5,830	16.6%
20	7,000	40.00%
25	10,830	116.00%

निष्कर्ष (1) में आपने देखा कि आप निवेश की अवधि को 50% तक कम कर देते हैं, तब भी आपको अंत में मिलने वाली राशि पर बहुत कम असर पड़ता है।

अगर आप चाहते हैं कि आपके द्वारा निवेश की अवधि कम करने के पश्चात् भी आपको अंत में उतनी ही राशि मिले, बस इसके लिए आप मासिक निवेश में अपना योगदान थोड़ा सा बढ़ा दें।

उदाहरण में दिए गए विकल्प क्रमांक–2 में आप देखते हैं कि निवेश की राशि 5000 रुपए 30 वर्षों के लिए निवेशित की गई है। अब अगर हम यह मानकर चलें कि आप अंतिम 15 वर्षों में कुछ भी निवेश नहीं करना चाहते हैं, लेकिन आप अंतिम कोष में किसी तरह की कटौती नहीं करना चाहते हैं, परेशान न हों, अपना मासिक निवेश 830 रुपए बढ़ाकर कुल मासिक निवेश 5830 रुपए कर दें। इससे आप अपना लक्षित संग्रह (कॉर्पस) प्राप्त कर लेंगे, बशर्ते आप शेष 15 वर्षों तक वह राशि बढ़ने के लिए छोड़ दें।

इसी प्रकार अंतिम 20 वर्षों में हम यह मानकर चलें कि आप कुछ भी निवेश नहीं करना चाहते हैं, परेशान न हों, अपना मासिक निवेश 2000 रुपए से बढ़ाकर कुल मासिक निवेश 7000 रुपए कर दें।

इस अध्याय को यहाँ तक पढ़ने के पश्चात् आपको महसूस हो चुका होगा कि आपने इस विषय पर पहले गंभीरता से क्यों नहीं सोचा?

लेकिन अब दुःखी होने की आवश्यकता नहीं है। आज ही निवेश शुरू कर दें। जितना ज्यादा हो सके, उतना निवेश करें। फिजूलखर्ची को रोक दें एवं अति आवश्यक वस्तुओं एवं सेवाओं पर खर्च करें, पर साथ में यह भी ध्यान रखें कि अपना कल बेहतर बनाने के लिए आपको आज की जिंदगी से समझौता करने की आवश्यकता नहीं है।

अब आपका सबसे जरूरी काम यह है कि इस अध्याय के सिद्धांतों को अपने व्यक्तिगत जीवन में लागू करें, ताकि आप इनका ज्यादा–से–ज्यादा फायदा उठा सकें।

1000 रुपए का
मासिक निवेश % वार्षिक ब्याज दर पर वर्षों के लिए
निवेश पर प्रतिफल (रिटर्न) % में

वर्ष	6%	8%	10%	12%	15%
3	39500	41000	42000	43500	45600
4	54000	56700	59000	62000	66000

वर्ष	6%	8%	10%	12%	15%
5	70000	74000	78000	82500	89000
6	87000	92000	99000	105000	117000
7	105000	112000	122000	132000	149000
8	123000	135000	147000	161000	186000
9	143000	158000	175500	194000	228000
10	165000	184000	206000	232000	278000
11	187000	212000	240000	274000	336000
12	211000	242000	278000	322000	403000
13	237000	274000	320000	376000	481000
15	264000	348000	417000	504000	676000
16	292000	390000	474000	581000	798000
17	323000	435000	536000	668000	928000
18	389000	483290	605000	765000	1104000
19	426000	535900	681000	875000	1294000
20	464000	593000	765000	999000	1515000
21	505000	654000	858000	1138000	1772000
22	549000	721000	961000	1295000	2070000
23	595000	794000	1074000	1473000	2416000
24	644000	872000	1199000	1672000	2818000
25	696000	957000	1337000	1897000	3284000
26	752000	1042000	1490000	2151000	3825000
27	810000	1149000	1659000	2436000	4452000
28	873000	1256000	1845000	2758000	5181000
29	939000	1370000	2050000	3120000	6027000
30	1010000	1500000	2279000	3530000	7009000

□

जीवन के वित्तीय लक्ष्य

अगर कोई आपसे पूछे कि आप रोज ऑफिस क्यों जाते हो?

निश्चित रूप से आपका जवाब होगा कि पैसे कमाने के लिए।

आप सही हैं, अगर आप इस जवाब पर और ज्यादा गहराई से विचार करेंगे तो देखेंगे कि केवल पैसा कमाना ही आपके जीवन का अंतिम लक्ष्य नहीं है। वो पैसे आपकी जिंदगी के केवल कुछ मकसदों को पूरा करने में ही मदद करेंगे।

सही जवाब यह है कि आप अपने वित्तीय लक्ष्यों को हासिल करने के लिए ही काम कर रहे हैं।

हम सबके अपने–अपने वित्तीय लक्ष्य होते हैं। इनमें से प्रमुख है एक अच्छा मकान खरीदना, कार खरीदना, अपने बच्चों को अच्छी शिक्षा दिलवाना, दुनिया की सैर पर जाना एवं अंतिम लक्ष्य सुखी सेवानिवृत्ति प्राप्त करना।

इन लक्ष्यों को सोचने मात्र से ही हमारे मन व मस्तिष्क में तनाव उत्पन्न हो जाता है और तनाव तब बढ़ जाता है, जब ये लक्ष्य नजदीक होते हैं, परंतु कुछ समय पश्चात् अपने व्यस्त जीवन की उलझनों में हम इन लक्ष्यों के बारे में सोचना भूल जाते हैं, क्योंकि इस समय वे हमारी प्राथमिकता में नहीं होते हैं। लेकिन मित्रो, समय रहते हुए इन लक्ष्यों के बारे में सोचा जाए तो अपने जीवन में आगे आनेवाली समस्याओं से बचा जा सकता है।

देखा जाए तो आज लगभग सभी लोग पैसा कमा रहे हैं। उनको इन वित्तीय लक्ष्यों के बारे में पता भी है, लेकिन इन्हें किस तरह से हासिल किया जाए, इसके बारे में अधिकतर लोग अनजान हैं।

एक सामान्य व्यक्ति, जिसको वित्तीय नियोजन के बारे में पता नहीं है, उसका वित्तीय लक्ष्य प्राप्त करने का तरीका इस प्रकार होगा –

1. कोई निवेश उत्पाद (जैसे म्यूचुअल फंड) चयन करना।
2. निवेश की राशि तय करना।
3. निवेश की अवधि तय करना या अनजान बने रहना।
4. जो भी लक्ष्य सामने आए, उसके लिए निवेश की गई राशि का उपयोग कर लेना।

इस तरह आप जान गए होंगे कि जैसे ही कोई लक्ष्य सामने आए–मिशन समाप्त।

फिर नया निवेश चालू करना–

मित्रो, आपने जो कदम उठाए, वो सही हैं, परंतु उनका क्रम सही नहीं है।

आइए, देखते हैं, सही क्रम क्या है?

1. एक वित्तीय लक्ष्य तय करना।
2. लक्ष्य हासिल करने की संभावित तिथि एवं जरूरी राशि (उस संभावित तिथि पर) की गणना करना।
3. उस लक्ष्य को हासिल करने के लिए प्रतिमाह निवेश निर्धारित करना।
4. आपके जोखिम उठाने की क्षमता के आधार पर निवेश उत्पाद (इन्वेस्टमेंट प्रोडक्ट) का चयन करना।

अब इस अध्याय के माध्यम से मैं आपको वो बेहतरीन तरीका बताने जा रहा हूँ, जो आपकी जिंदगी के सपनों (लक्ष्यों) को पूरा करने में यथा संभव मददगार होगा। बस आपको एक बात याद रखनी है कि लक्ष्य से मत भटकना।

अब हम इन कदमों का विस्तारपूर्वक अध्ययन करेंगे

1. लक्ष्य तय करना – फुटबॉल के खेल में हमारा लक्ष्य क्या होता है– खेलना या गोल करना? अपने निवेश को अपने लक्ष्य से जोड़ें।

मित्रो, अब हम बच्चों की शादी, उच्च शिक्षा तथा मकान आदि लक्ष्यों की चर्चा करेंगे। हर व्यक्ति के लिए प्रत्येक लक्ष्य का समय भी अलग–अलग होता है। लक्ष्य चाहे अल्पावधि का हो या दीर्घावधि का, उसको हासिल करने का तरीका लगभग एक जैसा ही होता है।

सामान्यतया वित्तीय जीवन के लक्ष्य समयावधि के आधार पर तीन प्रकार के होते हैं–

- **अल्पावधि लक्ष्य (शॉर्ट टर्म गोल)** – लक्ष्य, जिन्हें सामान्यतया तीन साल के भीतर हासिल करना होता है, जैसे कार खरीदना एवं विदेशों में घूमना आदि।
- **मध्यावधि लक्ष्य (मीडियम टर्म गोल)** – लक्ष्य, जिन्हें सामान्यतया तीन साल से पाँच साल में हासिल करना होता है, जैसे मकान का शुरुआती भुगतान (डाउन पेमेंट) आदि।
- **दीर्घावधि लक्ष्य (लॉन्ग टर्म गोल)** – लक्ष्य, जिन्हें हासिल करने के लिए पाँच साल से ज्यादा का समय लगता है। उनको इस श्रेणी में रखा जाता है, जैसे उच्च शिक्षा, बच्चों की शादी एवं सेवानिवृत्ति योजना।

2. लक्ष्य को हासिल करने के लिए आपके पास कितना समय (वर्ष) है?

मान लो, आपकी पुत्री की उम्र पाँच साल है, तो उसकी कॉलेज की शिक्षा के लिए आपके पास 12 वर्ष का समय है यानी कि लक्ष्य का समय 12 वर्ष है एवं शादी के लिए 15 से 18 वर्ष तक का समय है।

3. लक्ष्य का वर्तमान मूल्य क्या है? लक्ष्य प्राप्ति की तिथि पर मूल्य क्या होगा?

अपने लक्ष्य की भविष्य की कीमत (फ्यूचर वेल्यू) का पता लगाना। माना कि आपका पुत्र या पुत्री इस साल से उच्च शिक्षा प्रारंभ कर रहे हैं। इस समय इस कोर्स (बी.टेक/एम.बी.ए.) का कुल शुल्क 10 लाख रुपए है। तो यह मानते हुए कि 10% की वार्षिक मुद्रास्फीति की दर के कारण यह कीमत 12 वर्ष पश्चात् रुपए..........होगी।

यदि आज आपको किसी लक्ष्य के लिए एक लाख रुपए की आवश्यकता है, तो सारणी में दिए गए वर्षों के पश्चात् दी गई मुद्रास्फीति के अनुसार आपको......रुपए की आवश्यकता होगी।

इतने वर्षों के पश्चात्	6 प्रतिशत मुद्रास्फीति	7 प्रतिशत मुद्रास्फीति	8 प्रतिशत मुद्रास्फीति	9 प्रतिशत मुद्रास्फीति	10 प्रतिशत मुद्रास्फीति
3	120000	122000	126000	130000	133000
4	126000	131000	136000	141000	147000
5	134000	140000	147000	154000	161000
6	142000	150000	159000	168000	177000
7	150000	160000	171000	183000	195000
8	160000	172000	185000	200000	215000
9	170000	184000	200000	217000	236000
10	180000	197000	216000	237000	260000
11	190000	210000	233000	258000	285000
12	200000	225000	255000	281000	**314000**
13	214000	241000	272000	307000	345000
14	226000	258000	294000	335000	380000
15	240000	276000	317000	364000	418000
16	254000	295000	343000	397000	460000
17	270000	316000	370000	433000	500000
18	285000	338000	400000	472000	556000
19	300000	362000	432000	514000	612000
20	320000	387000	466000	560000	673000
21	340000	414000	500000	611000	740000
22	360000	443000	544000	666000	814000
23	382000	474000	587000	726000	896000
24	400000	510000	634000	791000	985000
25	430000	543000	685000	862000	1084000
28	512000	665000	863000	1117000	1440000
30	575000	761000	1000000	1327000	1745000

अगर हम मानकर चलते हैं कि वार्षिक मुद्रास्फीति की दर 10% रहेगी, तो 12 वर्ष पश्चात् उच्च शिक्षा के लिए आपको एक लाख रुपए के स्थान पर लगभग 3,14,000 रुपयों की आवश्यकता होगी। उदाहरण में उच्च शिक्षा का वर्तमान शुल्क 10 लाख रुपए है। अतः 12 वर्ष के पश्चात् लगभग 31,40,000 (3,14,000×10) रुपए की आवश्यकता होगी।

आपको प्रतिमाह कितना निवेश करना है?

इस लक्ष्य को हासिल करने के लिए आपको प्रतिमाह कितना निवेश करना पड़ेगा, यह जानने से पहले अपने आपसे यह जरूर पूछें।

- आप कम जोखिम लेंगे या ज्यादा?
- क्या आप पूरे लक्ष्य की प्राप्ति के समय (टेन्योर) में एक समान रूप से (जैसे 10 हजार रुपए प्रतिमाह) निवेश करोगे या हर वर्ष 5% राशि की बढ़ोतरी करना पसंद करोगे (सामान्यतया हर व्यक्ति की सालाना आय 5 से 10% तक बढ़ जाती है)
- हम यहाँ पर यह मानकर चल रहे हैं कि आप हर माह एक समान रूप से निवेश करेंगे (अधिकतर लोग यही करते हैं)।

एक लाख रुपए हासिल करने के लिए प्रतिमाह निवेश करना होगा–

लक्ष्य प्राप्ति में समय (वर्ष)	नियमित निवेश पर प्रतिफल			आप प्रतिवर्ष निवेश की राशि में 5% बढ़ाते हैं		
	8%	**12%**	**15%**	**8%**	**12%**	**15%**
5	1370	1230	1130	1300	1200	1140
6	1090	960	870	1020	930	860
7	900	780	680	820	730	670
8	750	630	550	670	590	530
9	640	520	450	560	480	430
10	550	440	370	470	400	350

12	420	**320**	250	340	280	230
15	290	200	150	230	172	140
20	175	102	67	125	84	61
25	110	54	31	73	43	29
30	70	29	15	44	23	14

अगर हम यह मानकर चलते हैं कि नियमित निवेश पर प्रतिफल की दर 12% रहेगी, तो 12 वर्ष पश्चात् आपको एक लाख रुपए हासिल करने के लिए प्रतिमाह निवेश 320 रुपए की आवश्यकता होगी। अतः 12 वर्ष पश्चात् लगभग 31.40 लाख रुपए हासिल करने के लिए प्रतिमाह नियमित निवेश लगभग 10,100 (31.40 × 320) रुपए की आवश्यकता होगी।

ध्यान दें –

लक्ष्य निर्धारित करने से पहले–

आपके लक्ष्य आपकी आमदनी से जुड़े होने चाहिए। अर्थ स्पष्ट है, अगर आपकी सालाना आय छह लाख रुपए है, तब आपको तीन लाख से ज्यादा की कार के बारे में नहीं सोचना चाहिए।

अगर आपकी सालाना आय पाँच लाख रुपए है और आप यह योजना बना रहे हैं कि आपके बच्चे की उच्च शिक्षा की वर्तमान कीमत 40 लाख रुपए है, तो 10 साल बाद कितनी रकम की आवश्यकता होगी। उसके लिए अर्थ स्पष्ट है। अवास्तविक लक्ष्य न बनाएँ, अपनी हैसियत को ध्यान में रखें।

अगर आपके लक्ष्य सीमा में नहीं हैं, तो दुनिया का कोई भी वित्तीय सलाहकार आपकी मदद नहीं कर सकता।

लक्ष्य निर्धारित करने के पश्चात्–

1. वित्तीय नियोजन के मूलभूत सिद्धांत (नियमित निवेश) को न भूलें

आपके वित्तीय लक्ष्यों की प्राप्ति में नियमित निवेश की भूमिका सबसे महत्त्वपूर्ण रहती है। लंबे समय के निवेश से बड़े लक्ष्यों को प्राप्त करने में मदद मिलती है। साथ ही आपके बाद की पीढ़ी को भी वित्तीय सुरक्षा मिलती है। हालाँकि कई लोग मूलभूत सिद्धांतों का पालन नहीं करते हैं

और लंबी अवधि के दौरान कोई जरूरत पड़ने पर राशि का उपयोग कर डालते हैं। आप इस तरह की गलती न करें। जब तक लक्ष्य प्राप्त नहीं हो जाता, तब तक किसी भी दीर्घावधि निवेश को हाथ न लगाएँ।

हम लोगों की एक गलत आदत यह होती है कि बाजार के बढ़ने पर पैसा लगाते हैं और जब बाजार में गिरावट की शुरुआत होती है, तो पैसा निकालने लगते हैं। इसी प्रवृत्ति के चलते अधिकतर भारतीय उतना मुनाफा नहीं कमा पाते जितना कि बाजार कमाता है।

ऐसा नहीं करना चाहिए। बाजार चाहे ऊपर जाए, चाहे नीचे आए, आपको तो नियमित निवेश करना चाहिए, क्योंकि आपके निवेश का एक लक्ष्य तय होता है।

लक्ष्य हासिल करने तक धैर्य रखें, कहते हैं कि सब्र का फल हमेशा मीठा होता है। जब तक निवेश का लक्ष्य हासिल न हो जाए, तब तक आपको डटे रहना है। इसके साथ ही आपको अपने वित्तीय सलाहकार की सहायता से अच्छे म्यूचुअल फंड एवं शेयर चुनने हैं और उनकी ही सहायता से समय–समय पर पोर्टफोलियो को पुनर्संतुलित भी करते रहना है।

2. अगर ज्यादा पैसा बचता है तो उसे भी निवेश कर दें। बचत को न भूलें

☞ वित्तीय योजना में सबसे जरूरी है बचत। हर शख्स को बचत का लक्ष्य निर्धारित कर लेना चाहिए। इसके बाद इस नियम पर सख्ती से पालन करना चाहिए। तय कर लें कि आपको महीने में 10000 रुपए ही बचाने हैं। फिर इस नीति पर सख्ती से अमल करें।

☞ एस.आई.पी. की तिथि 1 से 5 के बीच रखें, ताकि वेतन आते ही निवेश की राशि सबसे पहले बचत खाते से निकल जाए एवं आप बचे हुए पैसों में जीवनयापन कर सकें।

☞ अगर आप अकेले हैं, तो हर महीने 30 से 40% तक बचत करें। शादीशुदा होने की स्थिति में बचत का लक्ष्य 20 से 25% किया जा सकता है। अगर आपकी आमदनी कुछ ज्यादा है, तो लक्ष्य को बदल सकते हैं। जिन लोगों की इससे ज्यादा मासिक आमदनी है, वे 60% बचत के बारे में सोच सकते हैं। क्योंकि आय बढ़ने पर आधारभूत खर्चे समान रहते हैं।

□

जीवन के वित्तीय लक्ष्य

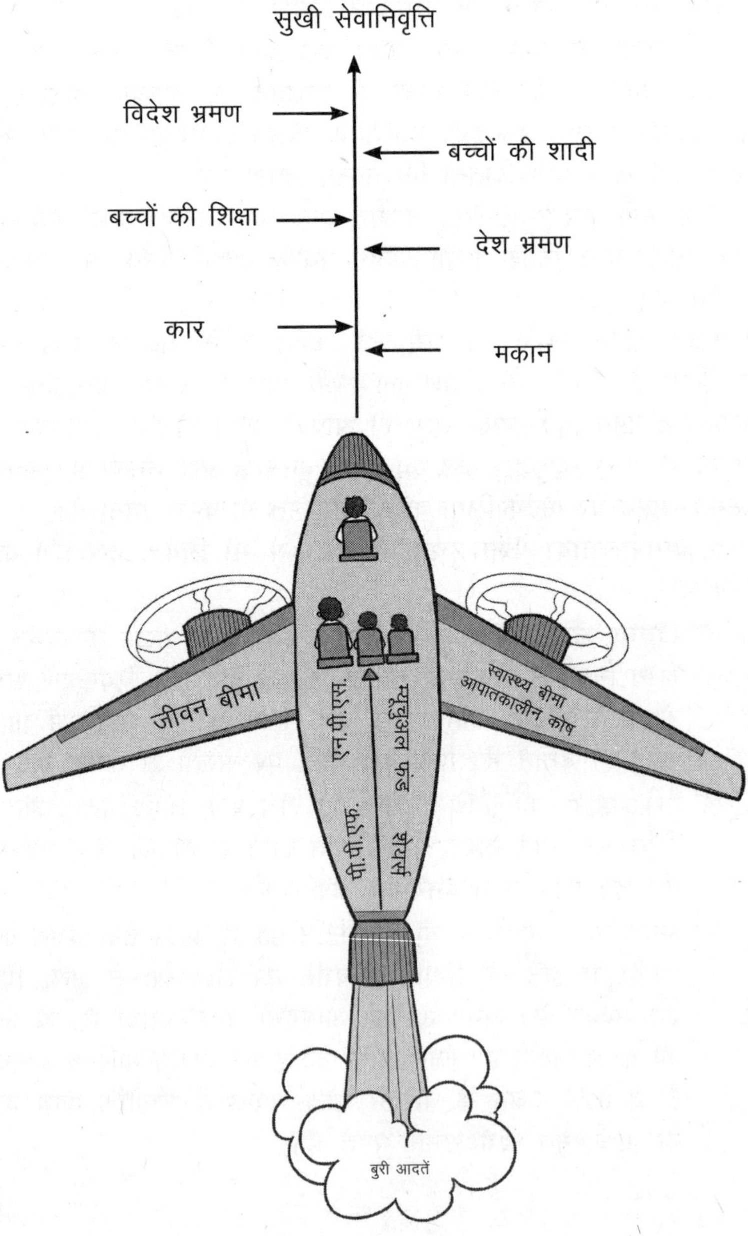

सेवानिवृत्ति योजना (रिटायरमेंट प्लानिंग)

सेवानिवृत्ति योजना एक वित्तीय लक्ष्य है। जीवन की एक ऐसी अवस्था की योजना बनाना जिसमें हम सक्रिय रूप से काम करना बंद कर देते हैं और सारी जिम्मेदारियों जैसे बच्चों की पढ़ाई–लिखाई, विवाह एवं स्वयं का मकान आदि से मुक्त हो जाते हैं। यह जीवन की वह अवस्था है जिसमें एक–न–एक दिन हम सभी को पहुँचना है। इस अवस्था में न तो सुबह जल्दी उठने का झंझट, न ही किसी काम का तनाव और न ही ऑफिस जाने का तनाव। इस अवस्था में हम भजन, पाठ–पूजन, भ्रमण, व्यायाम आदि गतिविधियाँ दिनभर कर सकते हैं।

इस अवस्था में आप पत्नी, बच्चों व समाज को समय दे सकते हैं। भारत में माता–पिता सामान्यतया सेवानिवृत्ति के पश्चात् बच्चों पर निर्भर हो जाते हैं। युवा अपने वृद्ध माता–पिता की देखभाल करते हैं एवं उनका सारा खर्चा उठाते हैं।

लेकिन मित्रो, अब समय बदल चुका है। कई बार वृद्ध माता–पिता को उन कड़वी परिस्थितियों का भी सामना करना पड़ता है, जिनके बारे में उन्होंने पहले कभी सोचा भी नहीं था। कई बार बच्चे विदेशों में जाकर बस जाते हैं या यहाँ रहते हुए भी अपने माता–पिता को भगवान् के भरोसे ही छोड़ देते हैं। मैं यह नहीं कहता कि सभी लोग एक जैसे होते हैं। आधुनिक भारत में एकाकी परिवार (न्यूक्लियर फैमिली) का प्रचलन बढ़ चुका है। जब आप भी सेवानिवृत्त होंगे, तो हो सकता है, आपको भी अपनी देखभाल स्वयं ही करनी पड़े, कारण चाहे जो कुछ भी हो।

मित्रो, आपके पास पुत्र या पुत्रियों के अलावा एक ऐसा बेटा भी होना चाहिए, जो चाहे कैसी भी परिस्थितियाँ हों, आपका साथ न छोड़े – आपका

पैसा, जो कि आपके जीवन भर निवेश के बाद जन्म लेता है अर्थात् आपका सेवानिवृत्ति कोष।

अभी भी बहुत से लोग सेवानिवृत्ति योजना का महत्त्व नहीं समझते हैं। वो इसे वित्तीय लक्ष्य के रूप में नहीं देखते हैं। आप अपने आसपास के उन लोगों से मिलिए, जो अभी–अभी सेवानिवृत्त हुए हैं।

जब भी लोग सेवानिवृत्ति योजना के बारे में सोचते हैं, तो उनका एक ही जवाब या विचार होता है कि अभी तो बहुत समय बाकी है। धीरे–धीरे समय व्यतीत होता जाता है और एक दिन वे यह सोचने पर मजबूर हो जाते हैं कि उन्होंने अपने बच्चों की शिक्षा पर बहुत खर्च किया, अच्छी शादी की और मकान खरीदने में मदद की, परंतु अब उनके पास अपनी बाकी की जिंदगी जीने के लिए पर्याप्त पैसे नहीं हैं। याद रखिए, जो पैसा आप आज कमा रहे हैं, वही पैसा (वफादार बेटा) सेवानिवृत्ति के बाद आपका साथ देगा।

मित्रो, आपको यह कड़वा अनुभव न हो, इसलिए इस अध्याय को इस पुस्तक में शामिल किया गया है। चिकित्सा क्षेत्र में विस्तार से मनुष्य की औसत आयु में वृद्धि हुई है। इसलिए अब आप 85 वर्ष से 90 वर्ष तक जीवन जी सकते हैं। हमें उम्र के उस पड़ाव में रकम (पैसों) की आवश्यकता पड़ेगी। आपका सेवानिवृत्ति कोष (रिटायरमेंट कॉर्पस) वह राशि है, जो आपको सेवानिवृत्ति के पश्चात् आपकी बाकी जिंदगी को वित्तीय सहायता उपलब्ध कराए एवं प्रत्येक माह एक निश्चित राशि प्रदान करे।

यह कोष कई कारकों पर निर्भर करता है–

- आपकी सेवानिवृत्ति में कितना समय (वर्ष) बाकी है?
- आपका वर्तमान खर्च प्रत्येक वर्ष कितना है?
- सेवानिवृत्ति पर आपकी निष्क्रिय आय (जैसे मकान किराया) कितनी होगी?
- क्या आप पहले से सरकारी पेंशन योजना में शामिल हैं?
- आप कितने वर्षों तक अपने कोष (कॉर्पस) को काम में लेना चाहेंगे?
- आपकी सेवानिवृत्ति के वक्त मुद्रास्फीति क्या होगी?
- सेवानिवृत्ति कोष को आप सेवानिवृत्ति के बाद कहाँ निवेश करेंगे?
- आपके जीवनसाथी के अलावा और किसको आपके सहारे की जरूरत होगी?

- आपके निवेश पोर्टफोलियो में आपके जीवनसाथी की क्या भूमिका रहेगी?
- सेवानिवृत्ति के बाद आप कहाँ रहेंगे?

वर्तमान खर्च पता करें एवं इसके आधार पर सेवानिवृत्ति के पश्चात् प्रथम वर्ष के खर्च का आकलन करें।

ध्यान दें – वर्तमान खर्च में से बच्चों की पढ़ाई, उनके कपड़े, खाने–पीने का खर्च, आवास का किराया, मकान एवं कार लोन की किस्तें घटा दें। मकान का किराया घटाने का कारण यह है कि तब आप अपने मकान में रहेंगे, परंतु साथ ही आपका एवं जीवनसाथी का वृद्धावस्था के लिए चिकित्सा का खर्चा अलग से जोड़ दें, क्योंकि उस वक्त यह खर्चा बढ़ जाएगा।

उदाहरण – अशोक की उम्र 35 वर्ष है, यानी कि सेवानिवृत्ति में अभी 25 वर्ष बाकी हैं। यदि वह आज सेवानिवृत्त होता है, तो उसको करीब तीन लाख 50 हजार रुपए वार्षिक खर्च की आवश्यकता होगी। मुद्रास्फीति की दर 8% होगी। इस राशि की 25 वर्ष बाद भविष्य की कीमत (फ्यूचर वैल्यू) क्या होगी? आइए, सारणी में अवलोकन करके जानते हैं।

यदि आज आपको किसी लक्ष्य के लिए एक लाख रुपए की आवश्यकता है, तो सारणी में दिए गए वर्षों के पश्चात् दी गई मुद्रास्फीति के अनुसार आपको आवश्यकता होगी।

इतने वर्षों के पश्चात्	6 प्रतिशत मुद्रास्फीति	7 प्रतिशत मुद्रास्फीति	8 प्रतिशत मुद्रास्फीति	9 प्रतिशत मुद्रास्फीति	10 प्रतिशत मुद्रास्फीति
10	180000	197000	216000	237000	260000
11	190000	210000	233000	258000	285000
12	200000	225000	255000	281000	314000
13	214000	241000	272000	307000	345000
14	226000	258000	294000	335000	380000
15	240000	276000	317000	364000	418000
16	254000	295000	343000	397000	460000

17	270000	316000	370000	433000	500000
18	285000	338000	400000	472000	556000
19	300000	362000	432000	514000	612000
20	320000	387000	466000	560000	673000
21	340000	414000	500000	611000	740000
22	360000	443000	544000	666000	814000
23	382000	474000	587000	726000	896000
24	400000	510000	634000	791000	985000
25	430000	543000	**685000**	862000	1084000
28	512000	665000	863000	1117000	1440000
30	575000	761000	1000000	1327000	1745000

अतः सारणी से देखने पर फ्यूचर वैल्यू, वर्तमान वैल्यू का 6.85 गुणा होगी, अतः कोष की आवश्यकता 6.85 × 3,50,000 = 23,97,500/–रुपए अर्थात् चौबीस लाख रुपए होगी।

सेवानिवृत्ति के पश्चात् आप लगभग कितने वर्ष जीवन की कल्पना करते हैं?

चिकित्सा क्षेत्र में विस्तार से मनुष्य की औसत आयु में वृद्धि हुई है। इसलिए अब आप 85 वर्ष से 90 वर्ष तक जीवन जी सकते हैं। ऊपर वर्णित उदाहरण में सेवानिवृत्ति के पश्चात् जीवन की कल्पना 25 वर्ष है।

सेवानिवृत्ति के वक्त लगभग कितने रुपयों (सेवानिवृत्ति कोष) की आवश्यकता होगी?

चूँकि आपका जो सेवानिवृत्ति कोष (रिटायरमेंट कॉर्पस) होगा, वह सामान्यतया लाभ (रिटर्न) उत्पन्न करेगा, परंतु इसका सामना मुद्रास्फीति (महँगाई) से होगा। हम यह मानकर चल रहे हैं कि मुद्रास्फीति दर एवं प्रतिलाभ (रिटर्न) की दर लगभग बराबर होगी। अशोक की सेवानिवृत्ति होने पर राशि (कॉर्पस) की आवश्यकता प्रथम वर्ष के लिए आवश्यक राशि (24 लाख रुपए) का 25 गुणा होगी। अतः कॉर्पस की आवश्यकता = 24,00,000 × 25 = 600,00,000/– यानी कि सेवानिवृत्ति के वक्त लगभग छह करोड़ रुपए की आवश्यकता होगी।

सेवानिवृत्ति कोष की लक्ष्य प्राप्ति के लिए पैसों का निवेश कहाँ करें?

अशोक 60 साल की उम्र तक काम करना चाहता है। अशोक को सेवानिवृत्ति कोष की लक्ष्य प्राप्ति के लिए अभी से 15 फीसदी सालाना लाभ (रिटर्न) उत्पन्न करनेवाले इक्विटी म्यूचुअल फंडों की एस.आई.पी. में 20000 रुपए प्रतिमाह लगाना पड़ेगा। सेवानिवृत्ति की योजना जितनी जल्दी बनाकर चला जाए, उतना ही बेहतर है। जल्द शुरुआत करने से बचत पर चक्रवृद्धि का लाभ भी मिलता है और आपको अपनी लक्ष्य प्राप्ति के लिए अपेक्षाकृत कम पैसों का निवेश करना होता है। अगर अशोक 25 साल की उम्र में सेवानिवृत्ति लक्ष्य प्राप्ति के लिए शुरुआत करता, तब उसे 12 फीसदी सालाना लाभ (रिटर्न) उत्पन्न करनेवाले इक्विटी म्यूचुअल फंडों की एस.आई.पी. में 10000 रुपए प्रतिमाह लगाने पड़ते।

बुढ़ापे को सुखमय बनाने के लिए योजना अगर जवानी रहते बनाई जाए तो ज्यादा अच्छा है। बाद में समय कम पड़ जाता है। सेवानिवृत्ति काल में महसूस होता है कि अपने कमाने के शुरुआती वर्ष से ही हम सेवानिवृत्ति के लिए इससे बेहतर बचत कर सकते थे। प्राथमिकता की दृष्टि से इसे दूसरे पायदान पर रखा जाना चाहिए। अगर इसमें देर भी हो जाए तो इसके लिए बचत या निवेश करने में संकोच नहीं करना चाहिए।

सेवानिवृत्ति योजना की तैयारी करने की एक प्रमुख वजह महँगाई भी है। महँगाई के कारण सामान के साथ–साथ सेवाएँ भी साल–दर–साल महँगी होती जा रही हैं। आपने गौर किया होगा कि पाँच वर्ष पहले चावल, सब्जी, चीनी, पेट्रोल आदि की कीमत क्या थी और आज क्या है? इसलिए सेवानिवृत्ति के दिनों के लिए बचत की शीघ्र शुरुआत करना जरूरी है, ताकि आपके वे दिन सुख से बीतें।

म्यूचुअल फंडों के जरिए बनाएँ सेवानिवृत्ति कोष

प्रत्येक बचत करनेवाले व्यक्ति के जीवन में एक समय ऐसा भी आता है, जब वह बचत करना छोड़कर खर्च करना शुरू कर देता है। आपको कई ऐसे विशेषज्ञ मिल जाएँगे, जो गणना करने के बाद यह बता देंगे कि काम करना बंद कर देने के बाद नियमित आय के रूप में आपको कितने पैसों की जरूरत पड़ेगी। लेकिन ये पैसे आएँगे कहाँ से? म्यूचुअल फंड योजनाएँ सेवानिवृत्ति कोष बनाने में आपकी मदद कर सकती हैं। सेवानिवृत्ति की योजना जितनी

जल्दी बना ली जाए, उतना ही बेहतर है। सेवानिवृत्ति की योजना बढ़ती जीवन प्रत्याशा को ध्यान में रखकर बनाई जानी चाहिए। इक्विटी म्यूचुअल फंडों में अगर आप सेवानिवृत्ति के लिहाज से निवेश करना चाहते हैं तो अपनी उम्र और जोखिम उठाने की क्षमता का आकलन करते हुए सेवानिवृत्ति कोष का लक्ष्य तय कर लें। निवेश के आम नियम के मुताबिक 100 में से उम्र घटा कर, जो संख्या प्राप्त होती है, उतने प्रतिशत का निवेश इक्विटी में करने की सलाह दी जाती है, लेकिन व्यक्ति विशेष की परिस्थितियों को देखते हुए वित्तीय योजनाकार इस अनुपात को घटाते या बढ़ाते हैं।

उम्र 21 से 30 वर्ष

इस उम्र के दौरान सेवानिवृत्ति की योजना बनाना सबसे बेहतर है। इस उम्र में आप अपेक्षाकृत अधिक जोखिम उठा सकते हैं और कम पैसों पर चक्रवृद्धि का लाभ उठाते हुए नियमित रूप से कम निवेश के जरिए सेवानिवृत्ति कोष बना सकते हैं।

इस उम्र वर्ग के लोगों को सेवानिवृत्ति कोष बनाने के लिए 80% का निवेश डाइवर्सिफाइड इक्विटी म्यूचुअल फंडों में एस.आई.पी. के जरिए और 20 फीसदी का निवेश पी.पी.एफ. या डेट म्यूचुअल फंडों में करना चाहिए।

उम्र 30 से 40 वर्ष

अधिकांश लोग उम्र के इस पड़ाव में सेवानिवृत्ति कोष के बारे में सोचना शुरू ही करते हैं। उनके अनुसार, इस उम्र के लोगों को इक्विटी और डेट में क्रमशः 70 फीसदी और 30 फीसदी के निवेश के साथ शुरुआत करनी चाहिए।

उम्र 40 से 50 वर्ष

इस उम्र के लोग सेवानिवृत्ति के करीब पहुँच रहे होते हैं। कम समय में सेवानिवृत्ति कोष बनाने के लिए निवेश पर बेहतर रिटर्न अर्जित करना जरूरी हो जाता है। इस उम्र वर्ग के लोगों को डाइवर्सिफाइड इक्विटी म्यूचुअल फंडों में अपने निवेश का 65% आवंटित करना चाहिए। शेष 35% का निवेश म्यूचुअल फंडों की डेट योजनाओं या पी.पी.एफ. में आवंटित करना चाहिए। जैसे–जैसे कोई व्यक्ति सेवानिवृत्ति के करीब पहुँचता जाता है, उसे इक्विटी में अपना निवेश घटाना चाहिए। सेवानिवृत्ति से दो साल पहले इक्विटी म्यूचुअल फंडों में किया गया निवेश घटाकर 20% कर देना चाहिए।

उम्र 50 वर्ष से अधिक

इस उम्र के लोगों में आमतौर पर जोखिम उठाने की क्षमता कम होती है। शुरुआती दौर में कम–से–कम पाँच साल तक निवेश पोर्टफोलियो का 50% डाइवर्सिफाइड इक्विटी म्यूचुअल फंडों में आवंटित किया जाना चाहिए। शेष 50 फीसदी का निवेश म्यूचुअल फंडों की हाइब्रिड योजनाओं, डेट फंड या शॉर्ट टर्म फंडों में करना चाहिए। एक सावधानी बरतना महत्त्वपूर्ण है, जैसे–जैसे सेवानिवृत्ति का समय नजदीक आता जाए, अपने निवेश को धीरे–धीरे डेट उपकरणों में लगाना शुरू कर दें।

राष्ट्रीय पेंशन योजना (नेशनल पेंशन स्कीम) के जरिए बनाएँ सेवानिवृत्ति कोष

1 जनवरी, 2004 से लागू एन.पी.एस. एक परिभाषित अंशदान पेंशन योजना (डिफाइंड कॉण्ट्रिब्यूटरी पेंशन स्कीम) है, जो राज्य सरकार, केंद्रीय सरकार (सशस्त्र बलों को छोड़कर) और केंद्रीय स्वायत्त निकायों की सेवाओं में शामिल सभी कर्मचारियों के लिए अनिवार्य है।

1 मई, 2009 को पेंशन निधि विनियामक और विकास प्राधिकरण / पेंशन फंड रेगुलेटरी एंड डेवलपमेंट अथॉरिटी (पी.एफ.आर.डी.ए.) ने एन.पी.एस. को भारत के सभी नागरिकों के लिए लागू कर दिया।

प्रत्येक अभिदाता के एन.पी.एस. खाते को एक अद्वितीय 12 अंकीय स्थायी सेवानिवृत्ति खाता संख्या (प्रान) के माध्यम से पहचाना जाता है।

एन.पी.एस. में कर्मचारी के मूल वेतन और महँगाई भत्ते (डी.ए.) का 10% एवं नियोक्ता 10% का हर माह अंशदान करता है।

यह योजना 18 से 65 साल की आयु के किसी भी भारतीय नागरिक के लिए उपलब्ध है। वह 65 वर्ष की उम्र तक इसमें प्रवेश कर सकता है एवं अपना निवेश 70 वर्ष तक जारी रख सकता है। 70 वर्ष पूर्ण होने पर एकमुश्त निकासी एवं वार्षिकी प्रारंभ हो जाती है।

एक सरकारी कर्मचारी, जो कि एन.पी.एस. में निवेश करता है, तो 60 वर्ष पूर्ण होने पर उसे पेंशन के लिए आवेदन करना पड़ेगा या वह चाहे तो स्वेच्छा से इसे आगे भी जारी रख सकता है, अन्यथा यह स्कीम 70 वर्ष की आयु तक जारी रहती है। कर्मचारी स्वेच्छा से 60 वर्ष पूर्ण होने पर कभी भी बाहर आ सकता है अथवा चाहे तो उस खाते का परिवर्तन ऑल सिटीजन

मॉडल में करा सकता है।

नेशनल पेंशन स्कीम में शामिल होना बहुत आसान है। कई बैंकों की शाखाओं (प्वॉइंट्स ऑफ प्रजेंस) में आप खाता खोल सकते हैं। आपको एक खाता खोलना होगा। आवश्यक फॉर्म जमा करवाने के बाद आपको परमानेंट रिटायरमेंट अकाउंट नंबर/स्थायी सेवानिवृत्ति खाता संख्या (प्रान) दिया जाएगा।

एन.पी.एस. में खाता खोलने के कई तरीके हैं। आप किस प्रकार से खाता खोलते हैं, यह इस बात से तय होता है कि आप कैसे एन.पी.एस. के तहत आते हैं।

एन.पी.एस. में चार सेक्टर होते हैं –

1. केंद्रीय सरकार – केंद्रीय सरकार के कर्मचारियों के लिए
2. राज्य सरकार – राज्य सरकार के कर्मचारियों के लिए
3. कॉरपोरेट मॉडल – निजी क्षेत्र के कर्मचारियों के लिए
4. ऑल सिटीजन मॉडल – अगर आप स्वयं अपने लिए एन.पी.एस. खाता खोलते हैं।

न्यूनतम अंशदान कितना होगा

निवेश की न्यूनतम धनराशि प्रति अंशदान 500 रुपए है। वर्तमान योजना में आपको साल में न्यूनतम 1,000 रुपए की राशि जमा करनी होगी।

एन.पी.एस. के लाभ

अद्वितीय – प्रान (पी.आर.ए.एन.) एक अद्वितीय संख्या है।

कम लागत – पेंशन राशि सेवानिवृत्ति के समय तक जमा होती है और खाता रखरखाव की लागत कम होने के कारण, जमा पेंशन राशि का संभावित लाभ ज्यादा होगा। यह मनी मैनेजमेंट इंडस्ट्री की नैनो है और इसके शुल्क दुनिया में सबसे सस्ते हैं।

अभिदाता के हित की सुरक्षा – पी.एफ.आर.डी.ए. अधिनियम और इसके तहत जारी किए गए नियमों और दिशा–निर्देशों के तहत, पी.एफ.आर.डी.ए. द्वारा सावधानीपूर्वक विनियमित की जाती है।

पारदर्शिता – अपने पेंशन खाते की जाँच ऑनलाइन कर सकते हैं।

हस्तांतरण (पोर्टेबिलिटी) – प्रान (पी.आर.ए.एन.) भारत के सभी भौगोलिक स्थानों और रोजगारों में हस्तांतरणीय है।

उपलब्ध कर लाभ – आयकर अधिनियम 1961 से संबंधित अनुभागों के अनुसार, धारा 80 सी.सी.डी. (1) के तहत कर्मचारी के अपने अंशदान के लिए (1.50 लाख रुपए तक), और धारा 80 सी.सी.डी. (1बी) के तहत 1.5 लाख रुपए सीमा से ऊपर **और** उससे अधिक का विशेष लाभ (50,000 रुपए तक), धारा 80 सी.सी.डी. (2) के तहत नियोक्ता के अशंदान के लिए (बिना किसी मौद्रिक सीमा के वेतन का 10%)

एन.पी.एस. अंशदान और प्रतिलाभ संचय के दौरान करमुक्त है, सेवानिवृत्ति या निकास पर, वार्षिकीकृत राशि (न्यूनतम 40%) और एकमुश्त निकासी (60%) करमुक्त है।

एन.पी.एस.–मध्यस्थों की भूमिकाएँ

- **पेंशन निधि विनियामक एवं विकास प्राधिकरण (पी.एफ.आर. डी.ए.)** – एन.पी.एस. का नियामक/नियंत्रक है।
- **एन.पी.एस. न्यास** – लाभार्थियों के हित में, एन.पी.एस. के तहत संपत्ति और निधि की देखभाल के लिए एन.पी.एस. न्यास की स्थापना की गई है। यह अन्य मध्यस्थों के संचालन/कार्यान्वयन की निगरानी भी करता है।
- **केंद्रीय अभिलेखन एजेंसी/सेंट्रल रिकॉर्ड कीपिंग एजेंसी (सी.आर.ए.)** – नेशनल सिक्योरिटीज डिपॉजिटरी लिमिटेड, इ–गवर्नेंस इन्फ्रास्ट्रक्चर प्राइवेट लिमिटेड एन.पी.एस. के सभी अभिदाताओं के लिए सभी दस्तावेजों को सुरक्षित रखना, प्रशासन और अभिदाता सेवा प्रदान करता है।
- **उपस्थिति केंद्रबिंदु (प्वॉइंट्स ऑफ प्रजेंस) और समूहक (एग्रीगेटर्स)** – वित्तीय संस्थान, जो एन.पी.एस. अभिदाताओं के लिए प्रथम संपर्क बिंदु के रूप में कार्य करते हैं। ये संग्रह और वितरण शाखा के रूप में कार्य करते हैं और अभिदाता सेवा प्रदान करते हैं।
- **संरक्षक (कस्टोडियन)** – स्टॉक होल्डिंग कॉरपोरेशन ऑफ इंडिया एन.पी.एस. के लिए संरक्षक (कस्टोडियन) का कार्य करता है। निधि प्रबंधक द्वारा खरीदी गई संपत्तियों/प्रतिभूतियों और उसके अधिकारों का खयाल रखता है।

- **न्यासी बैंक (ट्रस्टी बैंक)** – एक्सिस बैंक ट्रस्टी बैंक के रूप में कार्य करता है। धनराशि को इकट्ठा करता है। निधि प्रवाह (निधि फ्लो) और बैंकिंग कार्यों का प्रबंधन करता है। यह सभी नोडल कार्यालयों या पी.ओ.पी. से एन.पी.एस. निधि प्राप्त करता है और परिचालन दिशा–निर्देशों के अनुसार उस निधि को पेंशन निधि/वार्षिकी सेवा प्रदाता/अन्य मध्यस्थों को स्थानांतरित करता है।
- **पेंशन निधि प्रबंधक (पेंशन फंड मैनेजर)** – वर्तमान में सात पेंशन निधि प्रबंधक पी.एफ.आर.डी.ए. द्वारा निर्धारित निवेश दिशा निर्देशों के मुताबिक पूँजी का प्रबंधन करते हैं। खाता खोलते समय आपको एक निधि प्रबंधक को चुनना होगा, नहीं तो फॉर्म स्वीकार नहीं किया जाएगा।
    1. एल.आई.सी. पेंशन फंड लिमिटेड
    2. एस.बी.आई. पेंशन फंड प्राइवेट लिमिटेड
    3. यू.टी.आई. रिटायरमेंट सोल्यूशन लिमिटेड
    4. आई.सी.आई.सी.आई. प्रूडेंशियल पेंशन फंड मैनेजमेंट कंपनी लिमिटेड
    5. कोटक महिंद्रा पेंशन फंड लिमिटेड
    6. एच.डी.एफ.सी. पेंशन मैनेजमेंट कंपनी लिमिटेड
    7. बिरला सनलाइफ पेंशन मैनेजमेंट लिमिटेड

पेंशन फंड मैनेजर का चयन – सरकारी क्षेत्र के रोजगारी नौकर को केवल तीन फंडों में से किसी एक का चयन करना होता है–

1. एल.आई.सी. पेंशन फंड लिमिटेड
2. एस.बी.आई. पेंशन फंड प्राइवेट लिमिटेड
3. यू.टी.आई. रिटायरमेंट सोल्यूशन लिमिटेड

ऑल सिटीजन मॉडल, एन.पी.एस. लाइट एवं कॉरपोरेट मॉडल में सभी सात पेंशन फंड मैनेजरों में से किसी एक का चयन कर सकते हैं।

निवेश के विकल्प का चयन (इनवेस्टमेंट ऑप्शन) – आपके पास निवेश के दो तरीके हैं–

(1) एक्टिव च्वॉइस (2) ऑटो च्वॉइस

एक्टिव च्वॉइस एसेट अलोकेशन – इसमें आप स्वयं अपने निवेश उत्पादों का चयन कर सकते हैं। इसका मतलब कितना पैसा (इ), (सी) या (जी) में डालना है। इसे 'एक्टिव च्वॉइस' कहते हैं। बस कुछ सीमाएँ है, कॉरपोरेट सेक्टर एन.पी.एस. और ऑल सिटीजंस मॉडल एन.पी.एस. ग्राहकों के लिए इक्विटी फंड (इ) में निवेश करने की सीमा अधिकतम 50% है। सरकारी एन.पी.एस. में यह सीमा 15% है।

अगर आप एक्टिव च्वॉइस का चयन करते हैं, तो इस कॉलम को पूरा करें।

असेट क्लास	इ अधिकतम 50%	सी अधिकतम 100%	जी अधिकतम 100%	ए अधिकतम 5%	कुल
कितना प्रतिशत					

असेट क्लास

1. **इ** – इक्विटी एवं इससे जुड़े हुए निवेश उत्पाद।
2. **सी** – कॉरपोरेट डेट एवं संबंधित निवेश उत्पाद। एसेट क्लास सी में प्राथमिक तौर पर निवेश गैर–सरकारी संस्थाओं द्वारा जारी ऋण प्रतिभूतियों में किया जाएगा।
3. **जी** – सरकारी बॉण्ड एवं संबंधित निवेश उत्पाद सरकार द्वारा जारी ऋण प्रतिभूतियों में निवेश किया जाएगा।
4. **ए** – अल्टरनेट इन्वेस्टमेंट फंड जैसे – सी.एम.बी.एस., एम.बी.एस. एवं आर.ई.आई.टी.एस.

आप चाहें तो ऑटो एसेट अलोकेशन का विकल्प भी चुन सकते हैं, जो आपके पोर्टफोलियो में इक्विटी अलोकेशन की राशि को घटाता जाएगा।

ऑटो च्वॉइस एसेट अलोकेशन – ऐसे निवेशक, जिनके पास पर्याप्त ज्ञान एवं निवेश उत्पाद की जानकारी नहीं है, अपने एन.पी.एस. को व्यवस्थित करने के लिए इस च्वॉइस का चयन करते हैं। कॉरपोरेट सेक्टर एन.पी.एस. और ऑल सिटीजंस मॉडल एन.पी.एस. ग्राहकों के पास ऑटो च्वॉइस का विकल्प भी है। इसमें निवेश तीन भागों में बँट जाता है। शुरू में निवेश

इक्विटी में ज्यादा होता है, लेकिन उम्र बढ़ने पर धीरे–धीरे कम हो जाता है एवं एसेट क्लास सी एवं जी में बढ़ने लग जाता है। यह विकल्प सरकारी कर्मचारियों के लिए उपलब्ध नहीं है।

इसमें निवेशक को सक्रिय रूप से अपनी धनराशि को निवेश करने के लिए तीन विकल्प होते हैं। इस च्वॉइस का चयन करते हैं, तो इस कॉलम में से कृपया केवल एक विकल्प का चयन करें।

लाइफ साइकिल (एल.सी.) फंड	कृपया केवल एक विकल्प का चयन करें (✓)
एल.सी. 75	
एल.सी. 50	
एल.सी. 25	

(1) एल.सी.– 75/एग्रेसिव (आक्रामक) लाइफ साइकिल फंड – 35 वर्ष की उम्र तक इक्विटी का निवेश 75% तक होता है। इसके पश्चात् उम्र बढ़ने पर इक्विटी में निवेश धीरे–धीरे कम होता जाता है।

(2) एल.सी.– 50/मॉडरेट (मध्यम) लाइफ साइकिल फंड – 35 वर्ष की उम्र तक इक्विटी का निवेश 50% तक होता है। इसके पश्चात् उम्र बढ़ने पर इक्विटी में निवेश धीरे–धीरे कम होता जाता है।

(3) एल.सी.– 25/कंजर्वेटिव (रूढ़िवादी) लाइफ साइकिल फंड – 35 वर्ष की उम्र तक इक्विटी का निवेश 25% तक होता है। इसके पश्चात् उम्र बढ़ने पर इक्विटी में निवेश धीरे–धीरे कम होता जाता है।

अगर आपने दोनों च्वॉइस में से किसी भी एक च्वॉइस का चयन नहीं किया है, तो फंड का निवेश स्वतः ही ऑटो च्वॉइस (एल.सी. 50) में हो जाएगा।

सेवानिवृत्ति होने के बाद आपको पेंशन मिलती है। सेवानिवृत्त होने से मेरा मतलब 60 वर्ष की आयु होना या फिर आपके नियोक्ता की सेवानिवृत्ति आयु हासिल करना है।

सेवानिवृत्ति होने पर या 60 वर्ष की आयु होने पर आप अपना खाता बंद कर सकते हैं। खाता बंद करते समय आप कुछ पैसा (60% जमा राशि) एकमुश्त निकाल सकते हैं। बचे हुए पैसे से (कम–से–कम 40% जमा राशि)

आपको एक वार्षिकी उत्पाद (एन्युटी प्लान) खरीदना होगा।

एक उदाहरण की सहायता से समझते हैं।

मान लो, 60 वर्ष की आयु तक आपने अपने एन.पी.एस. खाते में 100 लाख रुपए जमा कर लिये हैं। इन 100 लाख रुपए में से 60 लाख रुपए को आप एकमुश्त निकाल सकते हैं और आपको बचे हुए 40 लाख रुपए का तो एक एन्युटी प्लान (वार्षिकी) खरीदना ही होगा।

मित्रो, आप चाहें तो पूरी राशि का एन्युटी प्लान भी खरीद सकते हैं।

वार्षिकी (एन्युटी प्लान) क्या होती है?

एक वार्षिकी के तहत आप एक बीमा कंपनी को एकमुश्त पैसा देते हैं और इसके बदले आपको पूरी जिंदगी पेंशन मिलती रहती है।

मान लीजिए, आपके पास 40 लाख रुपए हैं और उस समय एन्युटी की ब्याज दर 6% चल रही है, तो बीमा कंपनी आपसे 40 लाख रुपए लेकर आपको आजीवन हर वर्ष 240,000 (40 लाख का 6%) रुपए देगी।

अगर आप मासिक आय का विकल्प चुनते हैं, तो आपको हर माह 20,000 रुपए मिलेंगे।

आप चाहे 80 वर्ष की आयु तक जिएँ या 100 वर्ष की आयु तक, आपको हर माह 20,000 रुपए मिलते रहेंगे। आप चाहें तो आपके बाद आपके पति या पत्नी को भी पेंशन जारी रह सकती है।

वार्षिकी सेवा प्रदाता (ए.एस.पी.) – एन.पी.एस. से बाहर निकलने के बाद अभिदाताओं को नियमित मासिक पेंशन मुहैया कराता है।

वर्तमान में निम्नलिखित पाँच ए.एस.पी. (एन्युटी सर्विस प्रोवाइडर) एन.पी.एस. के अभिदाताओं को वार्षिकी सेवाएँ प्रदान कर रहे हैं–

1. भारतीय जीवन बीमा निगम
2. एस.बी.आई. लाइफ इंश्योरेंस कंपनी लिमिटेड
3. आई.सी.आई.सी.आई. प्रूडेंशियल लाइफ इंश्योरेंस कंपनी लिमिटेड
4. एच.डी.एफ.सी. स्टैंडर्ड लाइफ इंश्योरेंस कंपनी लिमिटेड
5. स्टार यूनियन डाई–इची लाइफ इंश्योरेंस कंपनी लिमिटेड

राष्ट्रीय पेंशन प्रणाली में खातों के प्रकार

प्रथम श्रेणी (टीयर 1) – आयकर अधिनियम, 1961 के अनुसार आयकर लाभ, नियोक्ता और कर्मचारी दोनों के अशंदान के लिए उपलब्ध है।

द्वितीय श्रेणी (टीयर 2) – कर लाभ उपलब्ध नहीं है। एक सक्रिय द्वितीय श्रेणी का खाता खोलने के लिए एक सक्रिय प्रथम श्रेणी का खाता पूर्व अपेक्षित/अनिवार्य है।

नामांकन कराना अनिवार्य है – राष्ट्रीय पेंशन प्रणाली में शामिल होने के समय किसी भी अभिदाता के लिए नामांकन कराना अनिवार्य है।

निकास से पहले एन.पी.एस. से आंशिक निकासी/आहरण

अपने प्रान में अभिदाता द्वारा किए गए अंशदान के 25% तक की राशि निकालने की अनुमति केवल निम्नलिखित परिस्थितियों में दी जाएगी–

- ✓ बच्चों की उच्च शिक्षा और शादी के लिए।
- ✓ आवासीय घर या फ्लैट की खरीद/निर्माण के लिए, यदि अभिदाता पहले से ही व्यक्तिगत रूप से या संयुक्त नाम से एक आवासीय घर या फ्लैट या अन्य पैतृक संपत्ति के अलावा मकान का मालिक है, तो इन नियमों के तहत कोई भी राशि निकासी नहीं होगी।
- ✓ निर्धारित अथवा गंभीर बीमारियों के उपचार के लिए – अभिदाता द्वारा उसके कानूनी तौर पर विवाहित पति या पत्नी, कानूनी तौर पर अपनाए गए बच्चे, और आश्रित माता–पिता सहित बच्चों के बीमार पड़ने पर।

उपरोक्त निकासी में निम्नलिखित शर्तें लागू होंगी–

- ❍ न्यूनतम निहित अवधि – एन.पी.एस. में शामिल होने की तिथि से तीन वर्ष।
- ❍ अधिकतम निकासी की संख्या की अनुमति – 3 (तीन)

परिपक्वता पूर्व संपूर्ण निकासी – एन.पी.एस. में से परिपक्वता पूर्व संपूर्ण निकासी तीन साल पूरे होने के बाद की जा सकती है। अगर आपका कोष एक लाख रुपए तक है, तो सारी राशि का भुगतान एकमुश्त कर दिया जाता है। अगर संग्रह (कॉर्पस) एक लाख रुपए से ज्यादा है, तो 20% राशि का एकमुश्त भुगतान एवं शेष 80% राशि का वार्षिकी के रूप में भुगतान किया जाता है।

□

एस्टेट प्लानिंग

एस्टेट प्लानिंग किसी व्यक्ति के उत्तराधिकार एवं वित्तीय मामलों के विधिवत् व्यवस्थापन व नियोजन की प्रक्रिया है, जो उस व्यक्ति की इच्छानुसार उसके जीवनकाल या मरणोपरांत की परिस्थितियों को ध्यान में रखकर तैयार की जाती है। इससे व्यक्ति अपने साथ–साथ अपने परिवार की वित्तीय सुरक्षा भी सुनिश्चित कर सकता है।

एस्टेट प्लानिंग में एस्टेट स्वामी की इच्छाओं को ध्यान में रखते हुए यह व्यवस्था की जाती है कि व्यक्ति की प्रॉपर्टी का लाभ उसके द्वारा चुने गए लाभार्थी को मिले, जिसमें कम–से–कम कर और कम–से–कम अदालती काररवाई की जरूरत पड़े।

कुछ लोगों का ऐसा मानना हो सकता है कि एस्टेट प्लानिंग की जरूरत तो सेवानिवृत्ति या वृद्धावस्था के दौरान ही पड़ती है, जब व्यक्ति को अपनी मृत्यु के बाद की परिस्थितियों को ध्यान में रखते हुए अपनी वित्तीय सुरक्षा और प्रॉपर्टी का उपयुक्त बँटवारा सुनिश्चित करना होता है, जबकि सच यह है कि एस्टेट प्लानिंग की शुरुआत उसी समय हो जानी चाहिए, जब आपके पास प्रॉपर्टी आती है।

किसी व्यक्ति का एस्टेट (संपदा) उसकी वह पूरी संपत्ति होती है, जिसका वह (मृत्यु के समय) स्वामी होता है। मृत्यु के समय व्यक्ति अपनी संपत्ति को अपने साथ तो लेकर जा नहीं सकता, इसलिए उसके भावी प्रबंधन के लिए वह एस्टेट प्लानिंग तैयार करता है।

अब सवाल यह उठता है कि एस्टेट प्लानिंग का ड्राफ्ट किससे तैयार कराया जाए? इस अध्याय को पढ़कर आपको इस संबंध में मदद मिलेगी। इसके लिए आप किसी प्रमाणित वित्तीय योजनाकार या वकील की मदद भी ले सकते हैं।

एस्टेट प्लानिंग के माध्यम से व्यक्ति एक ओर अपनी संपदा की सुरक्षा सुनिश्चित कर सकता है और दूसरी ओर अपनी मृत्यु के बाद अपनी इच्छा के अनुसार उसका नियंत्रण व प्रबंधन भी सुनिश्चित कर सकता है। यदि उपयुक्त प्लानिंग न की जाए, तो जीवन भर की मेहनत बेकार जा सकती है।

ऐसी बात नहीं है कि एस्टेट प्लानिंग सिर्फ धनाढ्य लोगों के लिए ही है। वस्तुतः इसकी जरूरत ऐसे सभी लोगों के लिए है, जिनके पास अपनी प्रॉपर्टी है और जो अपनी मृत्यु के बाद की स्थिति के लिए यह सुनिश्चित करना चाहते हैं कि किसको, कब और कितना मिलना चाहिए, ज्यादा धन–संपदावाले व्यक्तियों को इससे कर बचाने में मदद मिलती है, जबकि कम धन–संपदावाले व्यक्तियों को इससे अपनी और अपने परिवार की वित्तीय सुरक्षा सुनिश्चित करने में मदद मिलती है।

उपयुक्त एस्टेट प्लानिंग में निम्नलिखित प्रश्नों के उत्तर निहित होने चाहिए

- बीमारी की स्थिति में क्या होगा?
- मेरे शारीरिक या मानसिक रूप से अक्षम हो जाने पर मेरी देखभाल कैसी हो, इसका निर्णय कौन करेगा?
- मैं अपनी प्रॉपर्टी का विभाजन किस प्रकार करूँगा?
- यदि मैं कुछ न करूँ, तो क्या होगा?
- क्या बड़े–बड़े बिलों का भुगतान करना पड़ेगा?
- इन बिलों के भुगतान के लिए पैसा कहाँ से आएगा?
- क्या संपदा की प्रबंधन लागत कम हो सकती है?
- दोनों पति–पत्नी के जीवनयापन के लिए क्या पर्याप्त परिसंपत्ति है?
- मेरे बच्चों के आर्थिक बोझ को कम करने के लिए क्या कोई रास्ता है?
- क्या मैं अपने पौत्र/पौत्रियों की शिक्षा में कुछ मदद कर सकता हूँ?
- क्या मैं अपनी ही चैरिटेबल संस्था को कुछ अनुदान भेंट कर सकता हूँ?

एस्टेट प्लानिंग का उद्देश्य और आवश्यकता

एस्टेट प्लानिंग इतनी महत्त्वपूर्ण क्यों है? क्योंकि इससे आपके कई महत्त्वपूर्ण उद्देश्य पूरे होते हैं, जैसे संपदा का उपयुक्त और सामंजस्यपूर्ण हस्तांतरण, जिससे आपको अपनी धन–संपत्ति का अपनी इच्छानुसार चुने गए

व्यक्ति/व्यक्तियों को हस्तांतरण सुनिश्चित करने में मदद मिलती है; साथ ही, इसके जरिए आप यह भी सुनिश्चित कर सकते हैं कि आपके साथ कोई अनहोनी होने या कार्य करने में अक्षम होने पर आपके नाबालिग बच्चों की देखरेख कौन करेगा?

इसका एक मूल उद्देश्य व्यक्ति की मृत्यु के बाद उसकी पत्नी का जीवनयापन सरल बनाना होता है, जिसके पास कोई नौकरी नहीं होती और दो या अधिक बच्चों के पालन–पोषण एवं पढ़ाई–लिखाई की जिम्मेदारी होती है। ऐसे में यदि पति ने उपयुक्त एस्टेट प्लानिंग कर रखी है, तो पत्नी को दिक्कत नहीं होगी, क्योंकि उसमें बच्चों की देखभाल और पढ़ाई–लिखाई के लिए उपयुक्त व्यवस्था होगी। यदि पति–पत्नी युवा हैं, तो एस्टेट प्लानिंग से उन्हें अभी से वित्तीय सुरक्षा मिलनी शुरू हो जाएगी। यदि पति–पत्नी दोनों को सेवानिवृत्ति के बाद नियोजक की ओर से कुछ मिल रहा है, तो भी किसी एक की मृत्यु से पारिवारिक आय कम हो जाती है। उस स्थिति में भी एस्टेट प्लानिंग से मदद मिलेगी।

ज्यादातर एस्टेट प्लानिंग में जीवित पत्नी/पति के लिए व्यवस्था के बाद दूसरा प्रमुख उद्देश्य बच्चों के लिए उपयुक्त व्यवस्था सुनिश्चित करना होता है। छोटी संपदा के मामले में सामान्यतया पूरी संपदा पहले जीवित पत्नी/पति को हस्तांतरित किए जाने और बाद में उसकी मृत्यु के बाद उसके बच्चों में बाँटे जाने की व्यवस्था होती है। बड़ी संपदा के मामले में बच्चों में प्रॉपर्टी के बँटवारे के लिए एस्टेट प्लानिंग की शुरुआत तभी हो जाती है, जब पति–पत्नी दोनों जीवित होते हैं।

आजकल चूँकि भारतीय परिवारों में तलाक और पुनर्विवाह की बात आम हो गई है; ऐसे में कुछ परिवार ऐसे भी मिलेंगे, जिनमें एक ही दंपती के अलग–अलग विवाह से उत्पन्न बच्चे होंगे। ऐसे में सवाल उठता है कि क्या सभी बच्चों को समान रूप से हिस्सा मिलेगा? अगर पति/पत्नी की मृत्यु के बाद सारी जायदाद किसी एक जीवित पत्नी या पति को मिल जाती है, तो जायदाद का बँटवारा सब बच्चों में होगा या पूरी जायदाद को वह अपने सगे बच्चों में ही बाँटेगी/बाँटेगा? ऐसे दंपतियों के मामले में एस्टेट प्लानिंग बहुत जरूरी हो जाती है। इसका एक सरल हल यह होता है कि संपदा किसी ट्रस्ट को दे दी जाए, जो मृतक की जीवित पत्नी/पति और अन्य लाभार्थियों के लिए यथा–निर्देश व्यवस्था करे।

एस्टेट प्लानिंग में सबसे पहले तो व्यक्ति को यह सच्चाई स्वीकार करनी

होती है कि जीवन क्षणभंगुर है, लेकिन बहुत कम लोग इस सच्चाई को आसानी से स्वीकार कर पाते हैं। कई बड़े–बड़े और सफल प्रोफेशनल हैं, जो उच्चस्तरीय अंतरराष्ट्रीय व्यावसायिक और वित्तीय माहौल में काम कर रहे हैं, लेकिन जीवन की इस सच्चाई को स्वीकार न कर पाने के कारण वे एस्टेट प्लानिंग को कभी अमल में नहीं लाते।

आखिरकार मुखिया (जो पारिवारिक संपदा का स्वामी होता है) की मृत्यु के बाद उसके परिवार के सदस्यों को सबकुछ झेलना पड़ता है। उनके जीवन–स्तर में कमी और उनके सामने एक वित्तीय अनिश्चितता की स्थिति आ जाती है। ऐसे में परिवार के भविष्य को सुरक्षित करने और जीवनकाल के दौरान तथा उसके बाद भी अपनी इच्छा के अनुरूप उपयुक्त वित्तीय प्रबंधन के लिए एस्टेट प्लानिंग सबसे पहला न्यायिक कदम होता है।

एस्टेट प्लानिंग में बीमे का महत्त्व – एस्टेट प्लानिंग में जीवन बीमा बहुत महत्त्वपूर्ण होता है। यह आपके परिवार को खोई हुई आय या आय के स्रोत का एक दीर्घकालिक स्थानापन्न उपलब्ध कराता है और साथ ही, तात्कालिक खर्चों जैसे–मेडिकल बिल और अंतिम संस्कार आदि के लिए भी आवश्यक राशि की व्यवस्था कराता है। बीमित व्यक्ति की मृत्यु की स्थिति में उसके लाभार्थी को बीमा की जो राशि मिलती है, वह सामान्यतया करमुक्त होती है।

जब कोई व्यक्ति ऋण लेकर कोई प्रॉपर्टी खरीदता है, तो उसे समय पर चुकाना उसकी जिम्मेदारी बन जाती है। लेकिन कई बार कुछ अनहोनी घट जाती है, जैसे बीमारी या दुर्घटना के कारण शारीरिक अक्षमता, मृत्यु या प्राकृतिक आपदा। यदि व्यक्ति का बीमा नहीं हुआ है, तो उस स्थिति में उसके परिवारवालों के सामने एक ही विकल्प रह जाता है–प्रॉपर्टी को बेचकर उससे ऋण अदा करें। इस प्रकार, मृतक के परिवार को एक साथ दो–दो नुकसान उठाने पड़ते हैं, एक ओर परिवार का कमाऊ सदस्य नहीं रहा और दूसरी ओर उसके सिर पर से छत भी चली गई।

वसीयतनामा (विल)

वसीयतनामा एक कानूनी दस्तावेज है, जिसमें कोई व्यक्ति अपनी प्रॉपर्टी के संबंध में अपनी इच्छा की कानूनी घोषणा करता है, जो उसकी मृत्यु के बाद प्रभावी होता है। इस प्रकार वसीयतनामा व्यक्ति की मृत्यु के बाद की परिस्थितियों के लिए होता है। वसीयत लिखना एक परंपरागत तरीका है,

जिसके माध्यम से कोई व्यक्ति अपनी सारी धन–संपदा को अपनी भावी पीढ़ी को हस्तांतरित करता है।

वसीयत कोई भी व्यक्ति लिख सकता है। कुछ लोगों में यह भ्रम रहता है कि वसीयत लिखना केवल धनाढ्यों का काम है। लेकिन ऐसा नहीं है। सच यह है कि जो भी व्यक्ति यह चाहता है कि जो कुछ उसके पास है, वह उसकी मृत्यु के बाद उसके उत्तराधिकारियों को मिलने में कोई दिक्कत न आए, वह वसीयत लिख सकता है। कोई भी वयस्क व्यक्ति, जो अपनी परिसंपत्ति को अपनी इच्छानुसार अपने उत्तराधिकारियों में बाँटना चाहता है, उसे वसीयत लिखनी चाहिए। यह संपत्ति किसी भी तरह की हो सकती है जैसे– भू–संपत्ति, सोना, वित्तीय निवेश, नकदी या कोई कलात्मक वस्तु। जरूरी नहीं कि वसीयत स्टांप पेपर पर ही लिखी जाए, या उसे पंजीकृत कराया जाए। आप एक सादे कागज पर भी लिख सकते हैं। वह भी उतनी ही वैधानिक होगी, जितनी किसी वकील के द्वारा तैयार कराई गई वसीयत होती है। बशर्ते उस पर आपके हस्ताक्षर होने चाहिए और दो गवाहों द्वारा सत्यापित होनी चाहिए। वसीयत लिखनेवाला इसे हाथ से भी लिख सकता है या चाहे तो टाइप करा सकता है। अगर उस पर आपके और दो गवाहों के हस्ताक्षर मौजूद हैं, तो वह पूरी तरह से एक कानूनी दस्तावेज होगी।

वसीयत आप स्वयं भी लिख सकते हैं, लेकिन ध्यान रहे कि वसीयत का लेख साफ, स्पष्ट होना चाहिए। हाँ, अगर आपकी परिसंपत्तियों का मामला थोड़ा जटिल हो, तो वसीयत का ड्राफ्ट तैयार कराने के लिए आप किसी पेशेवर वकील की मदद ले सकते हैं।

इससे वसीयत की भाषा में कोई ऐसी अस्पष्टता नहीं रह जाएगी, जो भविष्य में किसी तरह के विवाद का कारण बने। इसके अलावा उस स्थिति में सबकुछ कानून की परिधि में भी होगा।

अगर व्यक्ति बूढ़ा और कमजोर है, तो उसे स्वयं लिखने की बजाय टाइप कराना चाहिए, इससे उसके उत्तराधिकारियों में विवाद नहीं होगा।

वसीयत पैतृक संपदा के स्वाभाविक उत्तराधिकार कानून का हनन नहीं कर सकती। दूसरे शब्दों में, कोई व्यक्ति वसीयत लिखकर किसी पैतृक संपदा से उसके कानूनी वारिस को वंचित नहीं कर सकता। मान लीजिए, किसी हिंदू व्यक्ति को अपने पिता से 50 लाख रुपए मिले हैं। अगर उसके चार उत्तराधिकारी हैं, तो उस 50 लाख रुपए में उसका अपना हिस्सा 20% प्रतिशत ही होगा। बाकी उसके चारों उत्तराधिकारियों का हिस्सा होगा।

अब वह अपने हिस्से के 10 लाख रुपए की वसीयत अपनी इच्छानुसार तैयार कर सकता है, लेकिन शेष 40 लाख रुपए वह अपने चार स्वाभाविक उत्तराधिकारियों के अतिरिक्त किसी अन्य को नहीं दे सकता। आपके पास चाहे ढेर सारी संपदा है या थोड़ी संपदा है, उसके उपयुक्त बँटवारे के लिए आप वसीयत लिख सकते हैं।

वसीयत इतनी महत्त्वपूर्ण क्यों है?

अगर आपको कुछ हो जाता है और आपने पहले वसीयत नहीं लिखी है, तो उस स्थिति में आपकी धन–संपदा के आवंटन से संबंधित कुछ निश्चित नियम हैं, जिनके आधार पर ही आपकी धन–संपदा का आवंटन आपके उत्तराधिकारियों में होगा; ऐसे में हो सकता है कि आवंटन उस तरह न हो, जैसा आप चाहते थे।

हिंदू उत्तराधिकारी नियम – इसके अनुसार परिवार के सदस्यों के संबंध दो भागों में विभाजित किए गए हैं। प्रथम वर्ग के सदस्यों का जायदाद पर पहला अधिकार होता है। यदि प्रथम वर्ग में कोई भी सदस्य जीवित न हो तो दूसरे वर्ग के सदस्यों का अधिकार होता है। किसी भी वर्ग के सभी जीवित सदस्यों का संपत्ति पर समान अधिकार होता है।

क्र.सं.	प्रथम वर्ग (वरीयता प्राप्त)	क्र.स.	द्वितीय वर्ग (अगर प्रथम वर्ग अनुपस्थित है)
1.	पुत्र, पुत्री, माता, विधवा	1.	पिता
2.	पूर्व मृत एक पुत्र का पुत्र , पूर्व मृत एक पुत्र की पुत्री	2.	भाई / बहन
3.	पूर्व मृत एक पुत्री का पुत्र, पूर्व मृत एक पुत्री की पुत्री	3.	दादाजी / दादीजी / नानाजी / नानीजी (मृत माता–पिता के जीवित माता–पिता)
4.	पूर्व मृत एक पुत्र की पत्नी	4.	दादाजी / दादीजी के सगे भाई–बहन
5.	पूर्व मृत एक पुत्र के पूर्व मृत एक पुत्र का पुत्र	5.	क्रमांक–4 के सदस्यों के बच्चे
6.	पूर्व मृत एक पुत्र के पूर्व मृत एक पुत्र की पुत्री	6.	सगे भाई की विधवा

- अगर आपके बच्चे हैं, तो आपको वसीयत लिखने की जरूरत पड़ेगी, ताकि आपकी या पत्नी की या दोनों की मृत्यु के बाद की स्थिति में उनके लिए आपकी इच्छा के अनुसार उनके लिए उपयुक्त व्यवस्था हो।

- ✤ उपयुक्त परामर्श के आधार पर वसीयत तैयार करके आप अपनी संपत्ति का कर भी बचा सकते हैं।
- ✤ अगर आपकी परिस्थितियाँ बदल चुकी हैं, तो ऐसे में आपको यह सुनिश्चित करने के लिए वसीयत लिखनी चाहिए कि आपकी धन संपदा का वितरण आपकी इच्छा के अनुसार हो। उदाहरण के लिए, यदि आप पति–पत्नी अलग हो गए हैं और आपका पार्टनर किसी और के साथ रह रहा है; उस स्थिति में आपको अपनी पुरानी वसीयत बदलने की जरूरत पड़ सकती है। अब आप जो नई वसीयत लिखेंगे, उससे पुरानी वसीयत, जो आप पहले लिख चुके हैं, स्वयं ही अवैध हो जाएगी।

वसीयत की विशेषताएँ

वसीयत के माध्यम से कोई व्यक्ति कानूनी तौर पर यह सुनिश्चित करता है कि उसकी मृत्यु के बाद उसकी जायदाद का आवंटन उसकी घोषित इच्छा के अनुसार हो। यह एक ऐसा कानूनी दस्तावेज है, जिसे एक बार तैयार कराने के बाद यदि आप बदलना चाहें तो बदल भी सकते हैं। यह एक गोपनीय दस्तावेज होता है, जिसे (वसीयत लिखनेवाले के जीवनकाल के दौरान) प्रकट नहीं किया जाना चाहिए।

वसीयत की दो मुख्य विशेषताएँ होती हैं –

1. यह वसीयत लिखने वाले व्यक्ति की मृत्यु के बाद प्रभावी होती है।
2. इसे वसीयत लिखनेवाला (अपने जीवनकाल के दौरान) जब चाहे, बदल सकता है।

वसीयत सामान्यतया जायदाद के आवंटन के उद्देश्य के लिए लिखी जाती है, लेकिन दूसरी तरह की परिस्थितियों में प्रतिनिधि नियुक्त करने, ट्रस्ट बनाने और नाबालिग बच्चों का संरक्षक नियुक्त करने के लिए भी यह दस्तावेज तैयार किया जा सकता है।

एक महत्त्वपूर्ण बात यह है कि वसीयत की सामग्री में ऐसी बातें ही होनी चाहिए, जो वसीयत लिखनेवाले की मृत्यु के बाद प्रभावी हों और अपने जीवनकाल के दौरान वह उसे जब चाहे, बदल सके। भारतीय उत्तराधिकार अधिनियम, 1925 की धारा 63 में स्पष्ट किया गया है कि वसीयत लिखनेवाला व्यक्ति अपनी इच्छा के अनुसार जब चाहे, उसे बदल सकता है।

कोई व्यक्ति जब वसीयत लिखे बिना मर जाता है, तो उसकी मृत्यु के

बाद उसकी जायदाद नियमानुसार उसके कानूनी उत्तराधिकारियों को मिल जाती है। ध्यान रहे कि कानूनी उत्तराधिकारी में व्यक्ति के निकट संबंधी पति या पत्नी, बच्चे, माता-पिता आदि आते हैं। अधिकतर लोग ऐसे हैं, जो चाहते हैं कि उनकी मृत्यु के बाद उनकी जायदाद का आवंटन उनकी इच्छा के अनुसार हो। इसलिए वसीयत लिखना जरूरी हो जाता है।

वसीयत की विषय सामग्री

सॉलिसिटर के पास जाते समय, समय और पैसा बचाने के लिए आपको चाहिए कि वसीयत की विषय-सामग्री से संबंधित मुख्य-मुख्य बिंदुओं को ध्यान में रखें। ऐसे कुछ प्रमुख बिंदु इस प्रकार हो सकते हैं –

- आपके पास कुल कितनी चल और अचल संपत्ति है।
- वसीयत में आप किसे अपनी जायदाद देना चाहते हैं? उन सब लाभार्थियों की एक सूची बना लें। यदि कुछ धन किसी चैरिटी/ट्रस्ट को देना चाहते हैं, तो उसके बारे में पहले से सोच लें।
- आपके नाबालिग बच्चों (यदि हैं) की देखभाल कौन करेगा?
- आपकी मृत्यु के बाद वसीयत को प्रभावी करनेवाले कौन लोग होंगे?

इसके अलावा, वसीयत लिखने के कुछ अन्य फायदे भी हैं

1. जब कोई व्यक्ति वसीयत लिखे बिना मर जाता है, तो उसके निकट संबंधियों में यह दुविधा बनी रहती है कि पता नहीं कोई वसीयत लिखी है या नहीं; और यदि वसीयत मिल जाती है, तो एक सवाल बना रहता है कि यह अंतिम वसीयत है या कोई अन्य वसीयत भी है?
2. वसीयत पूरी तरह से एक निजी दस्तावेज होती है। इसके माध्यम से वसीयत लिखनेवाले व्यक्ति की अपने परिवार के विभिन्न सदस्यों के प्रति भावनात्मक गहराई प्रकट होती है और उसके अनुसार ही वह अपनी जायदाद में उन्हें हिस्सेदार बनाता है; अन्यथा जायदाद का आवंटन नियमानुसार होता है।
3. प्रॉपर्टी से जुड़े कई प्रकार के झगड़े वसीयत की मदद से शांत हो जाते हैं।
4. वसीयत के माध्यम से व्यक्ति अपने बच्चे के लिए अपनी इच्छा के अनुसार संरक्षक नियुक्त कर सकता है। ध्यान रहे कि माता-पिता में से किसी एक की मृत्यु की स्थिति में जीवित माता या पिता को

कानूनी तौर पर बच्चे का संरक्षक बनने का अधिकार होता है। लेकिन यदि माता–पिता दोनों की मृत्यु हो गई हो, तो उस स्थिति में वसीयत ही एकमात्र माध्यम होती है, जिससे बच्चे का संरक्षक चुनने में मदद मिलती है। यह विषय बच्चे के भविष्य से जुड़ा होने के कारण बहुत महत्त्वपूर्ण है, इसलिए संरक्षक चुनने से पहले उससे इस विषय पर विस्तारपूर्वक चर्चा कर लेना जरूरी होता है।

5. वसीयत में व्यक्ति अपने परिवार के अलग–अलग सदस्यों की जरूरत और परिस्थितियों को ध्यान में रखकर जायदाद का आवंटन सुनिश्चित करता है; जबकि उत्तराधिकार कानून यह सब नहीं देखता। उदाहरण के लिए, मान लीजिए, किसी के दो बेटे हैं; एक स्वस्थ है और काम–धंधा करता है, जबकि दूसरा दिव्यांग है; ऐसे में उत्तराधिकार कानून के अनुसार माता–पिता की मृत्यु के बाद दोनों बेटों को जायदाद में एक समान हिस्सेदारी मिलेगी। जबकि वसीयत के माध्यम से कोई पिता अपने दिव्यांग बेटे या विधवा बेटी के लिए विशेष प्रावधान कर सकता है। इतना ही नहीं, वसीयत में कोई व्यक्ति अपने वफादार नौकर, नर्स, जरूरतमंद मित्र आदि के लिए भी प्रावधान कर सकता है। जबकि उत्तराधिकार कानून के अंतर्गत ऐसे लोगों को लाभार्थी नहीं बनाया जा सकता।
6. मान लीजिए, आपका कोई ऐसा बेटा है, जो निकम्मा है और धोखाधड़ी करके आपकी इच्छा के विरुद्ध घर छोड़कर भाग गया है, या किसी अपराध में संलिप्त है; उस स्थिति में यदि आपकी वसीयत नहीं है, तो आपकी मृत्यु के बाद वह भी आकर जायदाद पर अपना दावा पेश कर सकता है। इसी तरह, पति को छोड़कर अलग रहनेवाली पत्नी भी पति की मृत्यु के बाद उसकी जायदाद पर दावा पेश कर सकती है।

वैधानिक वसीयत के लिए आवश्यक बातें

- वसीयत लिखनेवाले की उम्र न्यूनतम 18 वर्ष या अधिक होनी चाहिए।
- स्वस्थ मानसिक स्थितिवाला व्यक्ति ही वसीयत लिख सकता है, यानी वसीयत लिखनेवाले व्यक्ति में इतनी समझ होनी चाहिए कि वह स्वयं जान सके कि क्या लिख रहा है और किसके लिए लिख रहा है।

- वसीयत किसी प्रकार के दबाव में नहीं, बल्कि स्वेच्छा से लिखी जाए।

वसीयत का ड्राफ्ट कैसे तैयार किया जाए?

वसीयत का ड्राफ्ट तैयार करने से पहले एकांत कमरे में आराम से बैठ जाएँ। वसीयत में क्या–क्या शामिल करना है, उसके बारे में सोचें। सबसे पहले कागज और पेंसिल लें और उस पर अपनी सारी चल और अचल संपत्ति की एक सूची बना लें। अचल संपत्ति में भू–खंड, मकान, फ्लैट, फार्म हाउस, औद्योगिक जमीन, वाणिज्यिक जमीन, कारखाना आदि आते हैं। अन्य सब प्रकार की संपत्तियाँ चल संपत्ति में आती हैं।

अब अपने उन सब प्रियजनों की सूची तैयार करें और तय करें कि आप उनमें से किन्हें अपनी वसीयत में लाभार्थी बनाना चाहते हैं? सूची में व्यक्तियों का पूरा नाम लिखें, जैसा उनके पैनकार्ड, पासपोर्ट या हाई स्कूल की मार्कशीट पर अंकित होता है। साथ में पिता का नाम भी लिखें, ताकि संयुक्त परिवार होने की स्थिति में नाम का कनफ्यूजन न हो।

उसके बाद अपनी पारिवारिक जिम्मेदारियों, प्रतिबद्धताओं या किसी व्यक्ति के प्रति कुछ देनदारी है, तो उसे लिख लें। परिवार में यदि कोई अविवाहित या तलाकशुदा बेटी है, तो निकट भविष्य में उसके विवाह के लिए पैसों की जरूरत पड़ेगी, इसलिए उसके लिए प्रावधान करें। परिवार में यदि कोई भतीजा/भतीजी अनाथ है, और वह आपके पास रह रहा/रही है; या फिर कोई अक्षम या दिव्यांग है, तो वसीयत में उसके लिए कुछ प्रावधान करें, ताकि उसका जीवनयापन आसान हो सके। इन सब जिम्मेदारियों और दायित्वों को ध्यान में रखते हुए कागज पर लिख लें, ताकि दायित्वों के निर्वहन में आपसे कहीं कुछ छूट न जाए।

अगर आपका कोई गृह ऋण या अन्य किसी तरह का ऋण है, तो उसके लिए प्रावधान करें; उसकी अदायगी के लिए परिवार के किस सदस्य को क्या परिसंपत्ति देनी है, उसे तय करके कागज पर लिख लें।

अब एक ओर परिसंपत्तियों का नाम और दूसरी ओर संबंधित लाभार्थी का नाम लिखते हुए एक सूची बनाएँ। इसमें यह ध्यान रखें कि कोई चीज या लाभार्थी का नाम छूट न जाए।

इस प्रकार आपकी वसीयत का प्रारूप तैयार है।

वसीयत का ड्राफ्ट कौन तैयार करे? आप स्वयं या आपका वकील?

वसीयत लिखने के लिए आप किसी वकील की सेवा ले सकते हैं या चाहें तो स्वयं भी लिख सकते हैं। इसके लिए अलग से कोई निश्चित प्रारूप या भाषा नहीं है, इसलिए इसे आप स्वयं भी लिख सकते हैं। कोई पेशेवर वकील, फाइनेंशियल प्लानर या कोई भी साक्षर व्यक्ति आपकी वसीयत लिख सकता है, लेकिन जरूरी यह है कि वसीयत लिखनेवाला व्यक्ति आपके हित और भावनाओं को ध्यान में रख सके। वसीयत के ड्राफ्ट आपको कानून की पुस्तकों और इंटरनेट पर भी मिल जाएँगे।

क्रियान्वयक / एक्जीक्यूटर

वसीयत में एक क्रियान्वयक का उल्लेख भी होता है, जो वसीयत के क्रियान्वयन की जिम्मेदारी वहन करता है। इस प्रकार वसीयत लिखनेवाले व्यक्ति की मृत्यु के बाद क्रियान्वयक की भूमिका शुरू हो जाती है। वसीयत के अनुसार जायदाद की सारी चीजों / परिसंपत्तियों को इकट्ठा करना, सारी कागजी काररवाई पूरी करना, कर्ज और कर का भुगतान करना तथा मृतक (वसीयत लिखनेवाले व्यक्ति) के अंतिम संस्कार का प्रबंध करना, ये जिम्मेदारियाँ क्रियान्वयक की होती हैं; इनके लिए उसे जायदाद में से उपयुक्त धनराशि आवंटित की जाती है। लाभार्थी को प्रॉपर्टी का हस्तांतरण और अन्य भुगतान उसी के माध्यम से होता है।

गवाह

वसीयत पर कम–से–कम दो गवाहों के हस्ताक्षर होने चाहिए। इसलिए वसीयत का ड्राफ्ट शुरू करने से पहले गवाह के बारे में भी सोच–विचार कर लें। गवाहों के हस्ताक्षर के बिना वसीयत अवैध मानी जाएगी। गवाही में लाभार्थी के अलावा अन्य किसी व्यक्ति (महिला या पुरुष) को लिया जा सकता है।

सॉलिसिटर / वकील

वसीयत का ड्रॉफ्ट तैयार होने के बाद किसी सॉलिसिटर को एक बार दिखा लिया जाए, तो अच्छा रहता है, क्योंकि इससे आपको पता चल जाएगा कि आप वसीयत के माध्यम से, जो कुछ, जैसा चाहते हैं, वैसा ही होनेवाला है, या उसमें कहीं कुछ गलती तो नहीं हो रही है? जो आपके न रहने पर परिवार के लिए समस्या का कारण बन जाए।

इ–विल (इलेक्ट्रॉनिक वसीयत)

पहले आप शेयर को उसके भौतिक रूप में ही देखा और सुना करते थे; लेकिन अब इंटरनेट का जमाना है, आपको डीमैट शेयर ही देखने को मिलेंगे। टेक्नोलॉजी इतनी तेज गति से विकसित हो रही है कि आजकल इ–बैंकिंग, इ–शॉपिंग, इ–बुकिंग, इ–स्टांपिंग के अलावा आप ऑनलाइन इंश्योरेंस प्लान भी खरीद सकते हैं। अब आप इंटरनेट साइट पर वसीयत भी तैयार कर सकते हैं। हाल में दो इ–विल राइटिंग सेवाएँ शुरू की गई हैं। उनमें से एक एन.एस.डी.एल. इ–गवर्नेंस इन्फ्रास्ट्रक्चर प्राइवेट लिमिटेड और मुंबई स्थित वारमंड ट्रस्टीज एंड एक्जीक्यूटर्स के संयुक्त उपक्रम में कार्य कर रही है। इसके द्वारा लॉन्च किए गए प्रोडक्ट का नाम है, ईजी विल, जो एन.एस.डी.एल. की वेबसाइट पर उपलब्ध है। दूसरी सेवा एच.डी.एफ.सी. सिक्योरिटीज लिमिटेड और लीगल जिनी के संयुक्त उपक्रम में संचालित हो रही है। इनसे ऑनलाइन वसीयत तैयार कराने में मदद मिलेगी। इन सेवा प्रदाता उपक्रमों का उद्‌देश्य वसीयत लिखने की प्रक्रिया को सरल बनाना है।

इ–विल का ड्राफ्ट तैयार करने की प्रक्रिया

इ–विल की ड्राफ्टिंग शुरू करने से पहले कुछ तैयारी करने की जरूरत होती है। वसीयत में शामिल की जानेवाली सभी संपत्तियों/परिसंपत्तियों की सूची, (पिता के नाम सहित) उन सभी व्यक्तियों के नामों की सूची, जिन्हें आप वसीयत में लाभार्थी बनाना चाहते हैं; साथ ही, परिवार में अविवाहित/तलाकशुदा बेटे/बेटी के लिए उपयुक्त प्रावधान, परिवार के दिव्यांग सदस्य (यदि कोई है) के लिए प्रावधान। इस तैयारी के बाद आप इ–विल की ड्राफ्टिंग शुरू कर सकते हैं। उसके लिए आपको एक लॉगइन आई.डी. बनाकर उसे रजिस्टर करना होता है और फिर क्रेडिट/डेबिट कार्ड या नेट बैंकिंग के माध्यम से ऑनलाइन शुल्क अदा करना होता है। उसके बाद आपको अपने बारे में सामान्य विवरण भरने होते हैं; जैसे–लिंग, उम्र, पेशा, धर्म, भारतीय या अनिवासी भारतीय आदि।

अब चौथे चरण में आपको परिवार के सारे सदस्यों का विवरण तथा जायदाद के विवरण के साथ–साथ यह दरशाना होता है कि उसमें से आप किस सदस्य को क्या और कितना देना चाहते हैं? ध्यान रहे कि एक–एक चरण की सूचना भरने के बाद उसे सेव करते रहना जरूरी है, ताकि डाटा सेवा प्रदाता की वेबसाइट पर सेव हो जाए। अब, सबमिट विकल्प पर क्लिक

करें और निर्धारित प्रारूप पर वसीयत बनाएँ। सेवा प्रदाता कंपनी उसे अपने विशेषज्ञों के पास भेजेगी, जो विल (वसीयत) का ड्राफ्ट तैयार करेंगे। यह ड्राफ्ट आपके द्वारा चुने गए विकल्प के अनुसार इ–मेल, स्पीड पोस्ट या अन्य माध्यम से आपके पास भेजा जाएगा। आप कहीं भी रहते हुए विल का ड्राफ्ट तैयार करा सकते हैं। इसके लिए आपको काफी समयांतराल मिलता है। उदाहरण के लिए, एच.डी.एफ.सी. सिक्योरिटीज आपके द्वारा शुल्क का भुगतान किए जाने के बाद जरूरी विवरण भरने के लिए 60 दिन का समय देता है।

वसीयत लिखने से संबंधित जरूरतें और कानून अलग–अलग मामलों और अलग–अलग समुदायों के लिए अलग–अलग हो सकते हैं।

इ–विल सर्विस प्रदाता कंपनियों के पास अपने विशेषज्ञ होते हैं, जो संबंधित व्यक्ति के धर्म और समुदाय के लिए लागू उत्तराधिकार अधिनियम के प्रावधानों को ध्यान में रखते हैं।

तेजी से बदलते वैश्विक परिदृश्य को देखते हुए आजकल इ–विल सर्विस प्रदाता कंपनियाँ आपको भौतिक परिसंपत्ति के साथ–साथ डिजिटल और इंटेलेक्चुअल संपत्तियों को भी वसीयत में शामिल करने की सुविधा प्रदान कर रही हैं।

सेवा प्रदाता को सारे विवरण भेजने के बाद इ–विल तैयार होने की पूरी प्रक्रिया में लगभग दो सप्ताह का समय लगता है।

जब आप सेवा प्रदाता को सारे विवरण भरकर भेज देते हैं, तो वह उसके आधार पर एक ड्राफ्ट तैयार करके आपके पास देखने के लिए भेजता है, ताकि कहीं कुछ गलती न रह जाए और आप यह सुनिश्चित कर सकें कि वसीयत के माध्यम से आप जो कुछ और जैसा चाहते हैं, वह सब वैसा ही है।

अगर फाइनल कॉपी में भी कोई गलती रह जाती है या आप बाद में कुछ बदलाव करना चाहते हैं, तो आपको बस डॉक्यूमेंट (दस्तावेज) सुधार या बदलाव करके उसे अपलोड और रीसेंड करना होता है और सर्विस प्रदाता कंपनी उसके आधार पर एक फ्रेश ड्राफ्ट तैयार करके आपके पास भेज देगी। लेकिन यदि मूल ड्राफ्ट आपसे खो जाता है, तो आपको दोबारा फॉर्म भरकर पूरी प्रक्रिया दोहरानी पड़ेगी।

इ–विल (वसीयत) के साथ ऑफर की जानेवाली कुछ एड–ऑन ऑफर (अतिरिक्त) सेवाएँ भी हैं, जैसे–वसीयत का पंजीकरण, क्रियान्वयक की नियुक्ति, जिससे वसीयत का क्रियान्वयन सुविधाजनक हो जाता है।

क्या यह सुरक्षित है?

ये सेवा प्रदान करनेवाली दोनों ही कंपनियाँ बड़े पैमाने पर संवेदनशील डाटा हैंडलिंग के लिए जानी जाती हैं। इ–विल राइटिंग प्रक्रिया बिल्कुल वैसी ही है, जैसे ऑनलाइन ट्रेडिंग पर आधारित लेन–देन। ग्राहक द्वारा दी जानेवाली सूचनाओं को सुरक्षित रूप से कंपनी के डाटा बेस पर अंकित किया जाता है और वसीयत ग्राहक को डिलीवर करने के बाद उन्हें डिलीट कर दिया जाता है।

इसमें खर्च कितना आता है?

ये सेवाएँ ऑनलाइन वसीयत बनाने की अवधारणा को बढ़ावा देने के लिए शुरू की गई हैं। इ–विल तैयार कराने में मात्र चार हजार रुपए का खर्च आता है।

अलग–अलग प्रॉपर्टी और अलग–अलग व्यक्तियों के लिए अलग–अलग वसीयत तैयार करें

अगर आपके पास एक से अधिक प्रॉपर्टी है और कानूनी उत्तराधिकारी भी एक से अधिक हैं, तो उस स्थिति में वसीयत के क्रियान्वयन में कोई दिक्कत न आए, इसके लिए आपको कुछ महत्त्वपूर्ण बातों को ध्यान में रखना जरूरी हो जाता है। डॉ. के.वाई. मनोहर एक सेवानिवृत्त फिजीशियन हैं और मुंबई में रहते हैं। अब उनकी उम्र 68 वर्ष हो चुकी है और उन्हें लगता है कि अब उन्हें वसीयत तैयार कर देनी चाहिए, अन्यथा उनकी मृत्यु के बाद सारी चल और अचल संपत्ति उनके कानूनी उत्तराधिकारियों में समान अनुपात में बँट जाएगी। उनके दो बेटे और एक बेटी हैं, सबकी शादी हो चुकी है। केंद्र सरकार में अपने सेवाकाल के दौरान उन्होंने तीन संपत्तियाँ, तीन अलग–अलग स्थानों पर खरीदी थीं, जिनमें से एक उनका बँगला भी है, जिसमें वे अपनी पत्नी कमला और सबसे छोटे बेटे के साथ रहते हैं। इसके अलावा एक मकान दिल्ली में और एक जयपुर में है।

सबसे बड़े बेटे श्री राजीव एक बहुराष्ट्रीय कंपनी में जनरल मैनेजर हैं और दूसरा बेटा रेस्तराँ चेन चलाता है। डॉ. मनोहर को वसीयत तैयार करने के बारे में कुछ जानकारी है और वे यह भी जानते हैं कि अपनी संपत्ति (प्रॉपर्टी) को अपनी इच्छानुसार परिवार के सदस्यों में बाँटना हर व्यक्ति का अधिकार होता है। और एक दिन वे वसीयत का ड्राफ्ट तैयार करने बैठ गए।

वसीयत में उन्होंने अपने तीनों बच्चों के नाम एक–एक संपत्ति (प्रॉपर्टी) का उल्लेख किया था। सामान्यतया कोई भी व्यक्ति ऐसी ही वसीयत बनाता। इस प्रकार उन्होंने अपनी पूरी संपत्ति बाँट दी। तीनों बेटों–बेटी को एक–एक संपत्ति मिलनी थी। अब वसीयत को पंजीकृत कराना था। सितंबर 2014 में मुझे किसी निजी काम से मुंबई जाना पड़ा। चूँकि डॉ. मनोहर से मेरी जान–पहचान थी, इसलिए उन्होंने मुझे फोन करके रात के खाने पर बुलाया। खाने के बाद उन्होंने मुझे वसीयत के बारे में बताया और पूछने लगे कि वसीयत सही लिखी है या नहीं? अब एक सर्टिफाइड फाइनेंशियल प्लानर के लिए उन्हें सबकुछ समझाना कोई बड़ी बात नहीं थी।

इस सवाल पर चर्चा करने से पहले मैं आपको कुछ अन्य महत्त्वपूर्ण बातें बताना चाहता हूँ, क्योंकि मैं गृह ऋण विभाग से भी जुड़ा रहा हूँ। कभी–कभी कोई ग्राहक ऐसा आता है, जो किसी प्रॉपर्टी की वसीयत और अन्य दस्तावेजों की फोटोकॉपी पकड़ाते हुए बताता है कि इस प्रॉपर्टी को वह खरीदने जा रहा है। बातचीत के दौरान वह बताता है कि चूँकि एक से अधिक प्रॉपर्टी और अलग–अलग व्यक्तियों के लिए एक ही वसीयत तैयार की गई थी, इस कारण प्रॉपर्टी विक्रेता वसीयत की मूल प्रति देने की स्थिति में नहीं है। अब, ऐसे में गृह ऋण स्वीकार करना या न करना शाखा प्रबंधक के विवेक पर निर्भर करता है।

अब, डॉ. मनोहर के प्रश्न के उत्तर में मेरा कहना है कि अलग–अलग बच्चों और अलग–अलग प्रॉपर्टी के लिए अलग–अलग वसीयत तैयार कराई जाए। यानी एक संपत्ति, एक वारिस और एक वसीयत। मैंने उन्हें तीनों बच्चों के लिए तीन स्वतंत्र वसीयत तैयार करने की सलाह दी।

इस प्रकार की वसीयत तैयार करने का एक मुख्य फायदा यह होता है कि अलग–अलग सदस्य को बिना किसी भेदभाव के अलग–अलग प्रॉपर्टी मिल जाती है। डॉ. मनोहर ने तीनों प्रॉपर्टी और तीनों बच्चों के लिए एक ही वसीयत तैयार की थी, जबकि तीनों संपत्तियाँ अलग–अलग शहरों में स्थित हैं। ऐसे में डॉ. मनोहर की मृत्यु के बाद जब कभी उनके बेटों या बेटी में से कोई या तीनों अपने हिस्से की प्रॉपर्टी बेचना चाहेंगे तो कई तरह की दिक्कतों का सामना करना पड़ेगा। एक दिक्कत तो यही आएगी कि वे संभावित खरीददार को प्रॉपर्टी का मूल दस्तावेज नहीं दे पाएँगे, क्योंकि तीनों संपत्तियों के लिए एक ही दस्तावेज है। ऐसी स्थिति में संभावित खरीददार के मन में सौदे को लेकर धोखाधड़ी की शंका भी आ सकती है। इसके अलावा

खरीददार को ऐसी प्रॉपर्टी पर गृह ऋण स्वीकृत कराने में भी दिक्कत आएगी।

मैंने वसीयत का ड्राफ्ट पढ़ा और उसका विश्लेषण करने के बाद उन्हें सुझाव दिया कि उन्हें पहली वसीयत अपने बड़े बेटे श्री राजीव के नाम बनाते हुए उन्हें दिल्ली स्थित अपना रेजीडेंशियल हाउस आवंटित करना चाहिए। दूसरी वसीयत बेटी के नाम तैयार करनी थी, जो जयपुर में अपने पति के साथ रहती है; इस वसीयत के माध्यम से उसे जयपुर स्थित फ्लैट आवंटित किया जा सकता था। डॉ. मनोहर ने मुझे बताया भी था कि जयपुर में प्रॉपर्टी उन्होंने मूल रूप से अपनी बेटी के लिए ही खरीदी थी। मैंने उन्हें सुझाव दिया कि प्रत्येक वसीयत में अलग से एक बात जोड़ दें कि अन्य प्रॉपर्टी के लिए उनके पास अलग से वसीयत है।

सबसे छोटे बेटे श्री अनिल अपने परिवार सहित डॉ. मनोहर और उनकी पत्नी के साथ रह रहे थे। अब तीसरी वसीयत बननी थी, मुंबई स्थित रेजीडेंशियल प्रॉपर्टी के लिए। मैंने डॉ. मनोहर को कुछ तथ्यों के बारे में बताया, जो उनकी अपनी सुरक्षा और उनकी मृत्यु के बाद उनकी पत्नी की सुरक्षा से जुड़े थे। उनकी पत्नी उनसे उम्र में पाँच वर्ष छोटी हैं।

किसी व्यक्ति की मृत्यु के बाद बुढ़ापे में उसकी पत्नी की देखभाल उसका बेटा/बेटी करते हैं। लेकिन सब लोग एक जैसे नहीं होते। कुछ बेटे–बेटियाँ ऐसे भी होते हैं, जो वसीयत के जरिए प्रॉपर्टी मिल जाने के बाद बूढ़ी माँ को वृद्धाश्रम में रहने के लिए मजबूर कर देते हैं, या फिर घर में बहुत थोड़ी सी जगह में अपमानजनक स्थिति में किसी तरह गुजारा करने के लिए मजबूर कर देते हैं। यह किसी भी वृद्ध व्यक्ति के लिए बहुत भयावह स्थिति होती है। और मित्रो, ऐसा किसी के भी साथ हो सकता है।

इस प्रकार की स्थिति से बचने के लिए मैंने डॉ. मनोहर को वसीयत में कुछ ऐसी बातें जोड़ने की सलाह दी, जो सबसे छोटे बेटे के लिए थीं। मैंने उन्हें बताया कि वसीयत में स्पष्ट रूप से यह बात भी लिखें कि उनकी पत्नी श्रीमती कमला को रहने और अन्य कामों के लिए वही सब स्थान या कमरे उपयोग में लाने के लिए मिलेंगे, जो वे अपने पति की मृत्यु से पहले उपयोग में लाया करती थीं, जैसे–ड्राइंगरूम, गेस्टरूम, बेडरूम, टॉयलेट, बाथरूम, प्रेयररूम आदि। इस तरह की बात किसी भी पति को अपनी वसीयत में जरूर लिखनी चाहिए, ताकि उसकी मृत्यु के बाद उसकी पत्नी अपने अधिकारों से वंचित होकर जीवनयापन करने के लिए मजबूर न हो।

चौथी और अंतिम वसीयत चल संपत्ति के लिए बननी थी। बैंक बैलेंस,

शेयर, म्यूचुअल फंड, फिक्स्ड डिपॉजिट और ज्वैलरी आदि।

अब वसीयत का काम पूरा हुआ। वसीयत हमेशा इसी तरह बननी चाहिए। इस पूरी प्रक्रिया की वीडियो रिकॉर्डिंग होनी चाहिए और उप–पंजीयक के कार्यालय में वसीयत का पंजीकरण होना चाहिए।

वसीयत कहाँ रखें?

वसीयत तैयार करके आप घर में, किसी सॉलिसिटर के पास या बैंक में रख सकते हैं।

वसीयत में फेरबदल

वसीयत लिखनेवाला व्यक्ति जरूरत पड़ने पर उसमें कभी भी बदलाव कर सकता है। अगर ज्यादा बदलाव करना है, तो नई वसीयत बनाना ज्यादा अच्छा रहता है। नई वसीयत की शुरुआत में उल्लेख होना चाहिए कि इस वसीयत से अब तक की सभी वसीयतों को निष्प्रभावी किया जाता है। उसके बाद पुरानी वसीयत को नष्ट कर दिया जाना चाहिए।

क्रोड–पत्र / कोडीसिल

क्रोड–पत्र वसीयत में कुछ नया जोड़ने के लिए होता है, जैसे–अलग से कुछ नकद राशि का उल्लेख करने के लिए, क्रियान्वयक या संरक्षक का नाम बदलने के लिए या कोई नया लाभार्थी शामिल करने के लिए।

वसीयत प्रमाण–पत्र (प्रोबेट)

यह सक्षम न्यायालय द्वारा प्रमाणित वसीयत की प्रति होती है। इससे प्रमाणित होता है कि यह मृतक द्वारा तैयार की गई अंतिम वसीयत है, जो फलाँ तिथि को लिखी गई है। वसीयतनामा प्रमाण–पत्र पर न्यायालय की मुहर होती है और उसके साथ वसीयत की एक प्रति संलग्न होती है। कुछ परिस्थितियों में वसीयत में नियुक्त प्रशासक / क्रियान्वयक वसीयत प्रमाण–पत्र न होने की स्थिति में वसीयत के प्रावधानों को क्रियान्वित नहीं कर सकता। अगर मृतक अपने पीछे ऐसी परिसंपत्ति छोड़ जाता है, जिसके लिए नामांकित व्यक्तियों की संख्या ज्यादा होती है और उसके बँटवारे को लेकर उनमें आपस में विवाद होता है, तो उस स्थिति में भी वसीयत प्रमाण–पत्र जरूरी हो सकता है। ऐसे मामले में वसीयत प्रमाण–पत्र प्राप्त होने तक संबंधित परिसंपत्ति को ट्रस्ट में रखा जा सकता है और वसीयत प्रमाण–पत्र प्राप्त होने पर उसे

वसीयत के अनुसार आवंटित किया जा सकता है। वसीयत या नामांकन न होने की स्थिति में उत्तराधिकार का कानून लागू होता है।

आवेदन – वसीयत प्रमाण–पत्र प्राप्त करने के लिए वकील के माध्यम से सक्षम न्यायालय में आवेदन करना पड़ता है। (उच्च कीमत की अचल संपत्ति के मामले में उच्च न्यायालय से वसीयत प्रमाण–पत्र जारी करवाने की जरूरत पड़ सकती है।)

दस्तावेज – इसके लिए न्यायालय प्रायः वसीयत लिखनेवाले व्यक्ति की मृत्यु का प्रमाण–पत्र और यह सबूत माँगता है कि वसीयत मृतक व्यक्ति द्वारा ही लिखी गई है; साथ ही, यह सबूत भी लगाना होता है कि यह मृतक द्वारा लिखी गई अंतिम वसीयत है।

अधिसूचना – वसीयत प्रमाण–पत्र के लिए आवेदन प्राप्त होने के बाद न्यायालय मृतक के अन्य निकट संबंधी को वसीयत प्रमाण–पत्र पर आपत्ति (यदि कोई है) का दावा प्रस्तुत करने के लिए अधिसूचना जारी करता है। इस संबंध में वह प्रमाण–पत्र को सार्वजनिक रूप से प्रकाश में लाने के लिए अखबार में प्रकाशित कराने का निर्देश भी जारी करता है।

शुल्क – वसीयत प्रमाण–पत्र जारी करने के लिए न्यायालय शुल्क की निर्धारित राशि वसूल कर सकता है। ध्यान रहे कि वसीयत प्रमाण–पत्र वसीयत में नियुक्त किए क्रियान्वयक को ही प्रदान किया जा सकता है।

अगर जायदाद का आवंटन सुनिश्चित करने के लिए क्रियान्वयक मौजूद नहीं है, तो वसीयत प्रमाण–पत्र के लिए आवेदन करने से पहले न्यायालय में क्रियान्वयक नियुक्त करने के लिए आवेदन करना चाहिए। वसीयत में अगर मुंबई, कोलकाता या चेन्नई की अचल संपत्ति शामिल है, तो उसके लिए प्रमाण–पत्र जरूरी हो जाता है। वसीयत प्रमाण–पत्र जारी करनेवाले न्यायालय का इतना काम होता है कि मृतक की अंतिम वसीयत के रूप में जो दस्तावेज उसके समक्ष प्रस्तुत किया जा सकता है, वह विधिवत् क्रियान्वित और सत्यापित हो। न्यायालय यह भी देखता है कि वसीयत लिखने के समय, वसीयत लिखने वाला व्यक्ति मानसिक रूप से स्वस्थ था या नहीं। स्वामित्व और कब्जे पर किसी प्रकार के विवाद के लिए उसका कोई उत्तरदायित्व नहीं होता।

संयुक्त वसीयत

आजकल देखा जा रहा है कि पति–पत्नी दोनों नौकरी करते हैं; इसलिए ऐसे दंपती प्रायः गृह ऋण की सुविधा और कर में बचत का लाभ उठाने के

लिए संयुक्त नाम से प्रॉपर्टी खरीद रहे हैं। ऐसे संयुक्त स्वामित्ववाली प्रॉपर्टी के लिए वसीयत भी संयुक्त रूप से तैयार की जाती है, जिसमें दोनों व्यक्तियों की सहमति होनी चाहिए। संयुक्त वसीयत चूँकि पति–पत्नी दोनों की मृत्यु के बाद प्रभाव में लाई जाने के लिए होती है, इसलिए जब तक पति–पत्नी में से कोई एक भी जीवित है, तब तक वसीयत प्रभावी नहीं मानी जाएगी। संयुक्त वसीयत पति–पत्नी में से किसी एक या दोनों के द्वारा या किसी एक की मृत्यु के बाद जीवित पत्नी/पति के द्वारा किसी भी समय बदली या निष्प्रभावी की जा सकती है।

ट्रस्ट (न्यास)

इसके माध्यम से जायदाद का नियोजन एक ऐसा रास्ता है, जिसे अपनाकर आपको एक ओर प्रॉपर्टी के उत्तराधिकार में न्यायालयी प्रक्रिया या हस्तक्षेप को कम–से–कम रखने में मदद मिलती है, और दूसरी ओर यह सुनिश्चित करने में मदद मिलती है कि जायदाद निर्देशित लाभार्थियों को ही मिले। इस प्रकार ट्रस्ट जायदाद के नियोजन/प्रबंधन का एक ऐसा माध्यम तैयार करता है, जिससे वसीयत में सामान्यतया आनेवाली समस्याओं से बचा जा सकता है और साथ ही, अपनी आनेवाली पीढ़ी के लिए उपयुक्त सुरक्षा घेरा तैयार किया जा सकता है।

न भूलें नॉमिनी बनाना

मृत्यु की दशा में धन प्राप्ति करने के लिए आप एक या एक से ज्यादा व्यक्तियों को नामित कर सकते हैं। नॉमिनेशन फॉर्म डिपॉजिट के समय या फिर बाद में किसी भी वक्त भरा जा सकता है। हालाँकि अगर किसी अवयस्क की ओर से फिक्स्ड डिपॉजिट किया जा रहा है, तो नॉमिनेशन भी किया जाए। डिपॉजिट करनेवाले की मृत्यु हो जाने की दशा में नॉमिनी मूल जमाकर्ता के मृत्यु प्रमाण–पत्र के आधार पर बैंक से पैसे का दावा कर सकता है। अगर नॉमिनेशन एक से ज्यादा व्यक्तियों के पक्ष में किया गया है, तो सभी नामित व्यक्तियों को दावा फॉर्म समेत सभी जरूरी कागजातों पर हस्ताक्षर करना अनिवार्य है।

□

ऋण प्रबंधन

ऋण चाहे जैसा भी हो, होता तो एक बोझ ही है। लेकिन अपनी जरूरतों को पूरा करने के लिए आपको लंबा इंतजार न करना पड़े, इसलिए न चाहते हुए भी ऋण लेने की जरूरत आ पड़ती है। अगर ऋण की व्यवस्था न हो और पर्याप्त पैसे बचाने की स्थिति में न हों तो संभव है, आप ढेरों सुविधाओं से वंचित रह जाएँ। एक वास्तविकता यह भी है कि संपन्न और अच्छे निवेशक ऋण (लोन) को संपत्ति बढ़ाने के जरिए के रूप में इस्तेमाल करते हैं।

हममें से ज्यादातर लोग ऋण लेना पसंद नहीं करते। इसकी वजह यही है कि ऋण लेना आमतौर पर हमें पसंद नहीं है, पर इसकी जरूरत है। ऋण लेने से हम बड़े खर्च की स्थिति में आ जाते हैं। उदाहरण के तौर पर अगर घर खरीदना हो या फिर कार लेनी हो। घर खरीदने के लिए लिया जानेवाला कर्ज कुछ हद तक अच्छे ऋण की श्रेणी में आता है, क्योंकि एक तरफ यह आपके लक्ष्य को पूरा करता है और दूसरी तरफ कर–बचत में मददगार होता है।

असुरक्षित ऋण (अनसिक्योर्ड लोन)

असुरक्षित ऋण वह कर्ज होता है, जिसके लिए आपको सिक्योरिटी के तौर पर अपनी संपत्ति गिरवी नहीं रखनी पड़ती। इसका मतलब यह है कि अगर आप इस तरह के ऋण का भुगतान नहीं कर पाते हैं, तो ऋणदाता के पास यह अधिकार नहीं होगा कि वह आपकी संपत्ति से इस कर्ज को वसूल करे। क्रेडिट कार्ड से लिया हुआ ऋण या फिर किसी रिश्तेदार से लिया हुआ ऋण इस श्रेणी में आता है।

सुरक्षित ऋण (सिक्योर्ड लोन)

इस तरीके का ऋण लेने पर आपको ऋणदाता के पास अपनी कोई संपत्ति समपार्श्विक (कोलैटरल) के तौर पर रखनी पड़ती है। इसका मतलब यह है कि अगर आप किसी वजह से ऐसे ऋण का भुगतान नहीं कर पाते हैं, तो ऋणदाता के पास आपकी संपत्ति के जरिए इसे वसूलने का अधिकार होता है। इस स्थिति में आपकी कोलैटरल के तौर पर रखी गई संपत्ति को बेचने या फिर कब्जा करने का हक उसे मिल जाता है। इस श्रेणी में वाहन ऋण और गृह ऋण आते हैं।

हालाँकि ऋण लेने से पहले इस बात का ध्यान रखना बेहद जरूरी है कि आप अपनी भुगतान करने की क्षमता के बाहर कभी भी ऋण न लें। आप हद से ज्यादा ऋण न लें, इसका अंदाजा आप डेट–टू–इनकम रेशियो के जरिए लगा सकते हैं।

डेट–टू–इनकम रेशियो का पता लगाने के लिए आपको प्रतिमाह की किस्त को अपनी कुल मासिक आय से भाग देना होगा। ध्यान रखें कि मासिक किस्त आपकी कुल मासिक आय के 40% से कम हो। एक अच्छा डेट–टू–इनकम रेशियो 0.35 (35 फीसदी) से ज्यादा नहीं होना चाहिए। अगर आप इससे ज्यादा कर्ज लेते हैं, तो इसका भुगतान करने में आपको काफी मुश्किल होगी। ऋण लेने से पहले आप यह देख लें कि आपकी मासिक आय और खर्च कितने हैं। सारे खर्चों के बाद आपको देखना होगा कि अतिरिक्त रकम कितनी बच रही है और जान सकेंगे कि कितना ऋण ले सकते हैं। एक बात ध्यान रहे कि आप जितना ज्यादा ऋण लेंगे, ई.एम.आई. उतनी ही ज्यादा चुकानी पड़ेगी।

सिबिल स्कोर
(ऋण चुकाने का आपका संकल्प और लोन ट्रैक रिकॉर्ड)

बैंक प्रायः ऐसी सिबिल रिपोर्ट पर विचार करते हैं, जिनका स्कोर 600 से 900 तक होता है। ऋण की अर्हता के लिए 800 + सिबिल स्कोर अच्छा माना जाता है। सिबिल रिपोर्ट में ऋण चुकाने का आपका पुराना ट्रैक रिकॉर्ड और आपके नाम चल रहे कुल ऋण की जानकारी होती है। इस रिपोर्ट में यह भी प्रदर्शित होता है कि गत अवधि में ऋण के लिए आपकी ओर से कितनी बार पूछताछ की गई है? आपके सारे ऋण समय से चुकता हो रहे

हैं या नहीं? आपका कोई पुराना ऋण राइट ऑफ या सेटल्ड तो नहीं है? आप पर मौजूदा बकाया या अन्य जिम्मेदारियाँ क्या–क्या हैं? बैंकर्स के लिए आपके ऋण चुकाने की सामर्थ्य व इच्छाशक्ति का पता लगाने के लिए यह एक सबसे अच्छा तरीका है।

क्या करें कि आपका सिबिल स्कोर ऊँचा हो?

1. मासिक किस्त हमेशा समय पर भरें।
2. जब तक जरूरी न हो, कोई पूछताछ न करें। सिबिल चैक न करें।
3. अगर आप किसी कारणवश क्रेडिट कार्ड डिफॉल्टर हैं, तो जितनी जल्दी हो सके, क्रेडिट कार्ड का मामला सुलझा लें। इससे आपका सिबिल स्कोर बढ़ जाएगा और बैंक आपके आवेदन पर विचार करेगा।
4. यदि पहले लिये गए किसी ऋण का बकाया (ओवरड्यू) रुका हुआ है, तो उसका तत्काल भुगतान करें।
5. पहले मोटरबाइक, फ्रिज, टी.वी. आदि खरीदने के लिए कुछ छोटे ऋण लें; उसके बाद गृह ऋण के लिए आवेदन करें।
6. जब तक बहुत जरूरी न हो, किसी अन्य व्यक्ति की गारंटी स्वयं न लें, क्योंकि यदि वह व्यक्ति लोन नहीं चुकाता है, तो उसका असर आपके सिबिल स्कोर पर पड़ेगा।
7. कुछ ऋण ऐसे होते हैं, जिनमें ब्याज दर स्थिर नहीं रहती। ऐसे में कभी–कभी ब्याज दर बढ़ने से आपकी मासिक किस्त भी बढ़ जाती है, जबकि आप पुरानी मासिक किस्त का भुगतान कर रहे होते हैं। उस स्थिति में भी सिबिल रिपोर्ट बकाया राशि प्रदर्शित करती है। अतः बैंक के संपर्क में रहें।

अगर आपने अभी तक कोई ऋण नहीं लिया है, तो आपका सिबिल स्कोर–1 आएगा। आजकल ज्यादातर बैंक उन ग्राहकों से ज्यादा ब्याज दर वसूलते हैं, जिनका सिबिल स्कोर–1 आता है। अतः क्रेडिट कार्ड लें या मोटरबाइक, फ्रिज, टी.वी. आदि खरीदने के लिए कुछ छोटे ऋण लें, ताकि आपका सिबिल स्कोर अच्छा बन जाए।

आप सिबिल वेबसाइट पर भी सिबिल स्कोर के लिए आवेदन कर सकते हैं। आजकल ईटी मनी एवं विशफिन जैसी कई संस्थाएँ निःशुल्क सिबिल

स्कोर उपलब्ध कराती हैं।

लोगों की खराब सिबिल को सही करवाने एवं स्कोर बढ़ाने में 'क्रेडिट हेल्प इंडिया' नामक संस्था महत्त्वपूर्ण योगदान दे रही है। इसके लिए आप 'क्रेडिट हेल्प इंडिया डॉट कॉम' नामक वेबसाइट पर संपर्क कर सकते हैं। यह संस्था भूतपूर्व अनुभवी बैंकरों द्वारा संचालित की जा रही है।

क्रेडिट इन्फॉर्मेशन रिपोर्ट (साख सूचना रिपोर्ट)

आपकी ऋण अर्हता पर वैसे तो कई कारकों का प्रभाव पड़ता है, लेकिन सबसे महत्त्वपूर्ण होता है आपका क्रेडिट स्कोर और क्रेडिट इन्फॉर्मेशन रिपोर्ट। आजकल प्रायः सभी बैंकों और एन.बी.एफ.सी. की पहुँच आपके क्रेडिट स्कोर तक होती है, जिसके आधार पर वे आपके ऋण आवेदन का मूल्यांकन करते हैं; क्योंकि क्रेडिट स्कोर ऋण आवेदन प्रक्रिया का एक महत्त्वपूर्ण हिस्सा होता है, इसलिए जरूरी हो जाता है कि आप अपनी क्रेडिट इन्फॉर्मेशन रिपोर्ट को पूरी तरह समझें। इसमें व्यक्तिगत विवरण, संपर्क विवरण, खाता विवरण, पूछताछ विवरण और रोजगार विवरण से जुड़ी जानकारी होती है।

शिक्षा ऋण

- चार लाख रुपए तक ऋण के लिए कोई कोलैटरल नहीं, कोई गारंटी नहीं चाहिए।
- चार लाख से सात लाख पचास हजार रुपए तक ऋण के लिए थर्ड पार्टी गारंटी चाहिए। अगर आपका लोन क्रेडिट गारंटी फंड स्कीम फोर एजूकेशन लोन के अंतर्गत किया जाता है, तो किसी भी थर्ड पार्टी गारंटी की आवश्यकता नहीं पड़ती।
- सात लाख पचास हजार रुपए से ज्यादा के ऋण के लिए कोलैटरल चाहिए।
- शिक्षा ऋण की भुगतान अवधि अधिकतम 15 साल होती है।
- अगर आपने वित्तीय नियोजन अच्छा किया है, तो शिक्षा ऋण लेने की आवश्यकता नहीं पड़ेगी।
- अपने सेवानिवृत्ति संग्रह का उपयोग करने के बजाय शिक्षा ऋण लें।

आयकर छूट–आठ वर्षों के ऋण के लिए दिए गए ब्याज का भुगतान

करमुक्त होता है। आयकर अधिनियम की धारा 80 ई के तहत छूट मिलती है।

क्रेडिट कार्ड

नकदी (कैश) की जगह क्रेडिट कार्ड के इस्तेमाल में लगातार बढ़ोतरी देखी जा रही है। एक जमाना था, जब क्रेडिट कार्ड अमीर लोगों की अमानत हुआ करता था। लेकिन आज हर आम आदमी अपनी जेब में कम–से–कम एक क्रेडिट कार्ड रखता है।

जब क्रेडिट कार्ड की बात निकलती है, तो यह बात भी सामने आती है कि क्रेडिट कार्ड रखना अच्छा है या यह हमारे आर्थिक स्वास्थ्य (फाइनेंशियल हैल्थ) के लिए हानिकारक है?

इस सवाल का जवाब इस बात पर निर्भर करता है कि आप उसका सही इस्तेमाल कर रहे हैं या गलत? जैसे बिजली का सही उपयोग। यह हमें रोशनी देती है, पंखे चलाती है, लेकिन जहाँ थोड़ी सी असावधानी हुई, तो यह किसी का जीवन तक ले सकती है।

क्रेडिट कार्ड इतनी तेजी से हमारी रोजमर्रा की जिंदगी का एक अंग बन गए कि इनका सही इस्तेमाल हममें से कइयों ने नहीं सीखा। यह अध्याय आपको क्रेडिट कार्ड के अच्छे और हानिकारक रूपों की झलक दिखलाने का प्रयास करेगा।

सही इस्तेमाल

अब सवाल उठता है कि कार्ड से भुगतान करने के क्या फायदे हैं? क्या क्रेडिट कार्डधारक वाकई कार्ड से खर्च के लाभों की जानकारी रखता है? आइए, जानते हैं कि क्रेडिट कार्ड से भुगतान के क्या फायदे हैं?

कुछ लोग ग्रेस पीरियड की वजह से छोट-बड़े ट्रांजेक्शन के लिए इसका इस्तेमाल करते हैं, तो कुछ क्रेडिट कार्डधारक कैश ढोने की जगह क्रेडिट कार्ड से लेन–देन करना ज्यादा सुरक्षित समझते हैं।

क्रेडिट कार्ड में जोखिम कम– नकदी लेकर चलना जी का जंजाल बन सकता है। इसके चोरी होने या खोने का डर रहता है। अगर क्रेडिट कार्ड चोरी हो भी जाता है, तो केवल उतनी ही राशि जाने का खतरा होता है, जितना कि कार्ड का बैलेंस होता है।

रिवार्ड पॉइंट– क्रेडिट कार्ड जारी करनेवाले अधिकांश संस्थान समय पर क्रेडिट कार्ड का बिल अदा करनेवाले ग्राहकों को रिवार्ड पॉइंट देते हैं।

रिवार्ड पॉइंट अच्छे व्यवहार, अच्छे क्रेडिट रिकॉर्ड और बिल के समय पर नियमित भुगतान के आधार पर दिए जाते हैं।

बिना ब्याज के उधार– क्रेडिट कार्ड का सबसे महत्त्वपूर्ण लाभ हालाँकि इस बात में है कि हम बिना पैसे हाथ में रखे अपनी खरीददारी कर सकते हैं, लेकिन उतना ही महत्त्वपूर्ण यह भी है कि इसके उपयोग से हमें 20 से 50 दिनों तक बिना ब्याज के उधार मिलता है। जब हाथ में पैसे न हों और कोई बहुत जरूरी चीज खरीदनी हो तो यह हमारा सबसे बड़ा दोस्त बन जाता है। लेकिन लापरवाही से खर्च करने पर यह कर्ज के दलदल में फँसा सकता है।

निःशुल्क पर्सनल एक्सिडेंट कवर– इसमें एक लाख रुपए से 10 लाख रुपए तक पर्सनल एक्सिडेंट कवर निःशुल्क मिलता है।

क्रेडिट हिस्टरी बनाने में उपयोगी– मैं युवाओं को, जिनका हाल ही में वित्तीय जीवन प्रारंभ हुआ है, को क्रेडिट कार्ड लेने की सलाह देता हूँ, क्योंकि जब कोई युवा गृह ऋण या वाहन (कार) ऋण के लिए आवेदन करता है, अगर उसने अभी तक कोई ऋण नहीं लिया है, तो उसका सिबिल स्कोर–1 आएगा। आजकल ज्यादातर बैंक उन ग्राहकों से ज्यादा ब्याज दर वसूलते हैं, जिनका सिबिल स्कोर–1 आता है। अतः क्रेडिट कार्ड लें एवं उसका सँभलकर उपयोग करें और अपनी क्रेडिट हिस्टरी बनाएँ।

तो फिर यह बहस क्यों?

क्रेडिट कार्ड आपका दोस्त तब तक बना रहेगा, जब तक आप नियत तिथि के भीतर पूरा उधार चुका दें। अगर आप ऐसा करते हैं, तो कोई ब्याज भरने की जरूरत नहीं पड़ेगी। लेकिन कभी–कभी हम असावधानी में अनावश्यक खरीददारी कर लेते हैं और उधार चुकाने में देर कर देते हैं। सामान्य तौर पर क्रेडिट कार्ड पर लिये गए उधार पर 30–48% तक का ब्याज लगता है। मतलब 100 रुपए की उधारी पर हर महीने तीन रुपए का ब्याज।

अगर मैं भूल से क्रेडिट कार्ड पर इतना उधार ले लूँ कि भुगतान की नियत तिथि के दिन तक पूरी रकम न भर पाऊँ, तो मेरे पास क्या विकल्प है?

यह सवाल हमारे मन में जरूर उठेगा, क्योंकि हम में से 80 फीसदी लोग बिना सोचे खर्च कर देते हैं; क्योंकि जब क्रेडिट कार्ड से भुगतान करते हैं तो पैसा हाथ से जाता हुआ नहीं लगता।

ऐसी स्थिति में क्या करें? जब आपको यह समझ में आता है कि आप पूरा बैलेंस नहीं भर पाएँगे तो आपके पास दो विकल्प होते हैं–मिनिमम भुगतान करें या बिल का भुगतान मासिक किस्तों में करें।

आइए, देखें इन विकल्पों से क्या होता है? पहली और सबसे जरूरी बात यह है कि ये दोनों ही विकल्प हमारे आर्थिक स्वास्थ्य के लिए हानिकारक हैं। सबसे अच्छा उपाय यह है कि आप बिल का जितना अधिक भुगतान कर सकें, उतना कर दें ताकि दो–तीन महीनों में उधारी शून्य हो जाए। ध्यान रखें, इस दौरान कार्ड से कोई खरीददारी न करें।

मिनिमम बैलेंस भरने के प्रभाव

मिनिमम बैलेंस भरने से न केवल उधार समाप्त करने की अवधि बढ़ जाती है बल्कि हम अपनी मेहनत की कमाई, ऊँची ब्याज दर 3% प्रतिमाह में लुटा देते हैं।

दूसरी विधि–मासिक किस्तों (ई.एम.आई.) में बदलने के परिणाम

क्रेडिट कार्ड के खर्च को मासिक किस्तों में 0% ब्याज पर बदलने का ऑफर भी एक छलावा है। इसकी प्रोसेसिंग फीस काफी अधिक होती है।

क्रेडिट कार्ड से खर्च करने में अगर थोड़ी सी लापरवाही बरती गई, तो संभव है कि क्रेडिट कार्डधारक एक लंबे समय तक कर्ज में डूबा रहे। सावधानी से खर्च किया जाए, तो क्रेडिट कार्ड वास्तव में एक अच्छी चीज है।

सावधानियाँ

क्रेडिट कार्ड से नकदी निकालने पर कार्डधारकों को 3% तक की मासिक ब्याज दर का भुगतान करना पड़ सकता है। इसलिए ग्राहकों को चाहिए कि वे क्रेडिट कार्ड की इस सुविधा का लाभ तभी उठाएँ जब आपातकालीन परिस्थिति में फँस गए हों।

क्या है कार्ड प्रोटेक्शन प्लान?

आपके डेबिट या क्रेडिट कार्ड के चोरी होने के बाद नुकसान की संभावना अधिक होती है। आमतौर पर लोग यह जानकारी मिलते ही कि उनका पर्स या कार्ड चुरा लिया गया है, उन बैंकों को फोन कर अपना कार्ड ब्लॉक करवाते हैं, जिसने कार्ड जारी किया है। यह काम उतना आसान भी नहीं है, क्योंकि सभी बैंकों के नंबर अलग–अलग होते हैं और जरूरी नहीं कि सभी बैंकों के नंबर व्यक्ति के पास हों ही। विभिन्न कार्डों की सुरक्षा के लिए

ब्रिटेन की एक कंपनी सी.पी.पी. ग्रुप पी.एल.सी. भारत सहित विभिन्न देशों में कार्ड प्रोटेक्शन प्लान की सुविधा उपलब्ध करा रही है। सारे कार्ड एक साथ गुम हो गए, तो इसके लिए केवल एक नंबर पर कॉल करने की जरूरत होती है। प्लान के तहत ऑनलाइन किए जानेवाले धोखाधड़ी वाले लेन–देन को कवर नहीं किया जाता है। सी.पी.पी. के विभिन्न प्लान के तहत इस कवर की सीमा 15.50 लाख रुपए से लेकर 26.50 लाख रुपए तक की है।

कॉम्बो कार्ड क्या है?

यूनियन बैंक ऑफ इंडिया ने अपने 100वें स्थापना दिवस (दिनांक 11/11/2018) पर ''कॉम्बो कार्ड'' का शुभारंभ किया, जो कि एक 2–इन–1 कार्ड है। जिसमें एक ही कार्ड पर डेबिट कार्ड एवं क्रेडिट कार्ड दोनों की विशेषताएँ पाई जाती हैं। प्राइवेट बैंकों में यह सुविधा इंडसइंड बैंक द्वारा उपलब्ध है।

गृह ऋण (होम लोन)

स्वयं का घर बनाना हर भारतीय का सबसे बड़ा सपना होता है। ऐसा घर तलाश करना, जो सब तरह की सुविधाओं से युक्त हो और आपके कार्य स्थल तथा बच्चों के स्कूल के आसपास हो और बाजार भी निकट हो, किसी चुनौती से कम नहीं है, लेकिन थोड़ी सी तैयारी के साथ काम किया जाए, तो इसमें मदद मिल सकती है। इसके लिए कई बैंक और फाइनेंस कंपनियाँ गृह ऋण दे रही हैं। लेकिन अपने इस सपने को साकार करने के लिए आपके पास अपना पैसा भी होना चाहिए। तो क्या आप अपने जीवन का यह सबसे बड़ा फैसला लेने के लिए तैयार हैं?

जब आप घर खरीदने का फैसला करते हैं, तो सबसे पहले बात आती है बजट की। अपने मासिक आय और व्यय तथा बीमा व अन्य निवेशों पर किए जानेवाले प्रीमियम भुगतान का हिसाब लगाकर एक बजट खाका तैयार कर लें। इससे आपको पता चल जाएगा कि मासिक किस्त के लिए आप कितनी रकम निकाल सकते हैं। किस्त के अलावा आपको अन्य खर्चों को भी ध्यान में रखना होगा, जैसे–हाउसिंग सोसाइटी चार्ज और मेंटिनेंस शुल्क वगैरह। होम लोन की रकम तय करने के लिए यह जरूरी है, क्योंकि इसमें किस्त भरने की अवधि लंबी होती है। लेकिन इसमें घबराने की कोई बात नहीं, क्योंकि कुछ

समय बाद ही आपकी आय में भी बढ़ोतरी हो जाएगी और आपको किस्त का बोझ कम लगने लगेगा।

एक और बात यह कि यदि आप किराए के मकान में रहते हैं, तो अपने स्वयं के मकान में रहने पर आपकी किराए की राशि भी बचने लगेगी, जो किस्त के भुगतान में आपके लिए सहायक होगी। इसके अलावा, अगर आप नियोक्ता द्वारा उपलब्ध कराए गए मकान में रहते हैं, तो उसे छोड़कर अपने मकान में रहने पर आपको मकान भत्ता मिलेगा, जो आपके किस्त भुगतान में सहायक होगा।

इस प्रकार आप समझ गए कि गृह ऋण के लिए आवेदन करने से पहले आपको अपने आय–व्यय को ध्यान में रखना है और साथ ही यह भी विचार कर लें कि अपने रहन–सहन के स्तर के साथ समझौता किए बिना आप कितनी किस्त निकाल सकते हैं? इसमें आप अपनी भावी आय को भी शामिल कर सकते हैं। लेकिन ध्यान रहे कि आप जितनी ज्यादा महँगी प्रॉपर्टी खरीदेंगे, उतनी ही ज्यादा रकम आपको गृह ऋण में भरनी पड़ेगी। अगर आप निर्माणाधीन फ्लैट खरीद रहे हैं, तो इससे आपका आर्थिक बोझ थोड़ा सा बढ़ जाता है; क्योंकि कब्जा मिलने तक एक ओर आपको मकान का किराया देना पड़ रहा है और दूसरी ओर आपको किस्त भी भरनी पड़ रही है। सब हिसाब–किताब लगाकर यह देख लें कि अपने आवश्यक कार्यों और वर्तमान रहन–सहन के स्तर के साथ समझौता किए बिना आप कितनी किस्त निकाल सकते हैं; यदि आपको लगे कि आप इन सबमें संतुलन बनाकर नहीं चल पाएँगे, तो या तो कम बजट वाले फ्लैट के बारे में सोचें या फिर फ्लैट/घर खरीदने की योजना को कुछ समय के लिए टाल दें।

बजट (बैंक से मिल सकने वाली अधिकतम ऋण राशि + आपका अपना हिस्सा)

कोई प्रॉपर्टी खरीदने के लिए जब आप गृह ऋण लेते हैं, तो बैंक या फाइनेंस कंपनियाँ प्रायः प्रॉपर्टी की कीमत का 75% से 90% तक लोन उपलब्ध कराती हैं, शेष 10% से 25% तक राशि आपको स्वयं लगानी होती है।

अस्थायी स्वीकृति पत्र (प्रॉविजनल सेंक्शन लेटर) के लिए आवेदन करें

सबसे पहले आपको यह निश्चित करना है कि आपको बैंक से अधिकतम कितनी राशि गृह ऋण के रूप में मिल सकती है। इसके लिए आपको एक प्रॉविजनल सेंक्शन लेटर रखना चाहिए। कुछ बड़े शहरों में बिल्डर आपसे

प्रॉविजनल सेंक्शन लेटर की माँग करता है।

इससे ऋण के लिए आवेदन करते समय व्यक्ति की मनोदशा का अंदाजा लगाया जा सकता है, क्योंकि बैंक ही यह तय करता है कि आप अपने सपनों का घर खरीद पाएँगे या नहीं, या फिर आपके बच्चे उच्च शिक्षा के लिए जा पाएँगे या नहीं? संक्षेप में, बेहतर जीवन स्तर का सपना किस हद तक पूरा होता है, यह बात बैंक या ऋण प्रदाता संस्था ही तय करती है।

आपके गृह ऋण आवेदन पर ऋण स्वीकृत करते समय बैंक दो बातों को ध्यान में रखते हैं–

1. आपकी आय/ऋण चुकाने की सामर्थ्य।
2. आपका सिबिल स्कोर (यानी आपका लोन ट्रैक रिकॉर्ड)।

1. आपकी आय/ऋण चुकाने की सामर्थ्य – ऋण की राशि तय करने के लिए आपकी नियमित आय और अन्य स्रोतों से होनेवाली आय को आधार बिंदु बनाया जाता है, साथ ही बैंक यह जरूर देखता है कि ऋण लेने के बाद आप अपने रहन–सहन के वर्तमान स्तर को बनाए रख पाएँगे या नहीं।

व्यवसायी और वेतनभोगी वर्ग के लिए निर्धारित मानदंड

आप घर तभी खरीद पाएँगे, जब बैंक आपका ऋण स्वीकृत करेगा। और बैंक आपको तभी ऋण देगा, जब आपकी बचत और देनदारी का अनुपात 40:60 तक हो। किसी व्यवसायी की ऋण राशि का निर्धारण उसके पिछले तीन वर्ष के औसत आयकर रिटर्न के आधार पर किया जाता है। प्रायः ऋण देनेवाला हर बैंक या फाइनेंस कंपनी अपनी वेबसाइट पर लोन कैलकुलेटर रखती है। वहाँ से आप भी अपनी ऋण राशि की गणना कर सकते हैं। बैंक गृह ऋण की राशि निर्धारित करने के लिए अन्य शर्तों को भी आधार बनाते हैं, जैसे–आवेदक का ट्रैक रिकॉर्ड, व्यवसाय में उसका ट्रैक रिकॉर्ड, खाते में औसत बैलेंस आदि।

ज्यादा ऋण राशि कैसे पाएँ?

1. ज्यादा वेतन और ज्यादा आयकर रिटर्न, ये दो बातें ज्यादा ऋण राशि दिलाने के लिए महत्त्वपूर्ण हैं। इसलिए अगर निकट भविष्य में पदोन्नति या नौकरी बदलने से आपका वेतन बढ़नेवाला है, तो इस बढ़ोतरी के बाद ही ऋण के लिए आवेदन करें।

2. अगर आप व्यवसायी हैं और आपका आगामी आयकर रिटर्न बढ़कर फाइल होनेवाला है, तो इस बढ़ोतरी के बाद ही ऋण के लिए आवेदन करें।
3. ऋण के लिए आवेदन हमेशा एक सह–आवेदक के साथ करें, जो आपकी पत्नी, माता या पिता, बेटा या बेटी में से कोई भी हो सकता है।
4. अपने बैंक खाते में औसत बैलेंस का स्तर हमेशा कायम रखें।
5. अपने खाते में हमेशा इतनी जमाराशि छोड़कर रखें कि कोई चेक बाउंस न हो।
6. अगर आपकी ऋण राशि आपकी जरूरत से कम है, तो बैंक अधिकारी को यह बताएँ कि नए घर/फ्लैट में शिफ्ट होने के बाद आपको मकान भत्ता (बेसिक सैलरी की 20% राशि) मिलने लगेगा, जिससे आपकी मासिक आय बढ़ जाएगी।

2. आपका सिबिल स्कोर (ऋण चुकाने का आपका संकल्प और लोन ट्रैक रिकॉर्ड)

बैंक प्रायः ऐसी सिबिल रिपोर्ट पर विचार करते हैं, जिनका स्कोर 600 से 900 तक होता है। ऋण की अर्हता के लिए 800 + सिबिल स्कोर अच्छा माना जाता है।

अच्छा होम लोन कैसे/कहाँ से लें?

प्रश्न : कहाँ आवेदन करें?

उत्तर : जहाँ ब्याज दर कम हो या अन्य लगाए जानेवाले चार्ज अपेक्षाकृत कम हों और बैंक से सौदा करके आप संतोष का अनुभव करें।

इसके लिए सबसे पहले सभी बैंकों की ब्याज दर की तुलना करें। प्रायः गृह ऋण देनेवाले सभी बैंकों की ब्याज दर एक समान होती है। उसके बाद विभिन्न बैंकों द्वारा ऋण प्रक्रिया पर लगाए जानेवाले अन्य शुल्कों (चार्जों) की भी तुलना करें। फिर उस बैंक में जाएँ, जहाँ आपका वेतन जमा होता है।

बैंक या हाउसिंग फाइनेंस कंपनियों से ऋण ले चुके पुराने लोगों से जानकारी प्राप्त करें। अगर किसी बैंक के मैनेजर से आपकी कोई जान–पहचान है, तो पहले उसी के पास जाएँ। अगर आप व्यवसायी हैं,

तो उस बैंक को प्राथमिकता दें, जहाँ आप अपना व्यावसायिक लेन–देन करते हैं, जैसे सावधि ऋण या कैश क्रेडिट लिमिट आदि। यह पता करें कि क्या प्रोजेक्ट आपके बैंक द्वारा एप्रूव्ड है? अस्थिर ब्याज दर वाला ऋण लें, क्योंकि इसमें पूर्व भुगतान (प्रीपेमेंट) के लिए कोई शुल्क नहीं लगता है। जब आप किसी ग्रुप हाउसिंग प्रोजेक्ट में फ्लैट बुक करा रहे हों, तो सेल्स एक्जीक्यूटिव से बात करके जानकारी प्राप्त करें कि क्या उनका बैंकों से कोई टाइअप है? किन–किन बैंकों ने उनका प्रोजेक्ट एप्रूव किया है।

अपने हिस्से की धनराशि का प्रबंध कैसे करें?

अब मैं आपको बताने जा रहा हूँ कि अपने सपने का घर खरीदने के लिए आप मार्जिन मनी (यानी ऋण राशि और प्रॉपर्टी की वास्तविक कीमत के बीच का अंतर) का प्रबंध कैसे करें? किसी कंपनी/संस्था में नौकरी ज्वॉइन करने पर पाँच साल की अवधि तक नियमित रूप से कुछ–न–कुछ जोड़ना शुरू कर दें, चाहे आप विवाहित और परिवारशुदा हों, चाहे अविवाहित हों। दरअसल यह अवधि ऐसी होती है, जिसमें व्यक्ति के खर्चे काफी कम होते हैं और वह निवेश के लिए कुछ पैसे बचा लेता है। मेरा मानना है कि 28 से 30 वर्ष की उम्र तक पहुँचते–पहुँचते आपको अपना घर खरीद लेना चाहिए।

अगर आपने अभी तक ऐसा नहीं किया है और मकान खरीदने की योजना बना रहे हैं, तो उसके लिए मार्जिन मनी जुटाने के कुछ तरीके यहाँ दिए जा रहे हैं–

1. वेतनभोगी कर्मचारी अपने प्रॉविडेंट फंड, यानी भविष्य निधि पर अपने नियोजक से ऋण ले सकता है। आप अपना पी.एफ. निकाल भी सकते हैं। कुछ संगठन अपने कर्मचारियों को कम ब्याज दर पर ऋण उपलब्ध कराते हैं।
2. अगर आपके पास सोने के जेवर हैं, तो उस पर भी आपको ऋण मिल जाएगा या अगर उन जेवरों को पहनने वाले नहीं हैं, तो उन्हें बेचा भी जा सकता है।
3. अगर आपके पास कोई भू–खंड ऐसा पड़ा है, जिसकी कीमत आपकी अपेक्षा के अनुरूप नहीं बढ़ रही है, या आप उस पर घर नहीं बनाना चाहते हैं, तो उसे आप बेच सकते हैं।
4. अगर गाँव में आपकी कोई जमीन है और आप गाँव बहुत कम जा पाते हैं, क्योंकि आपका पूरा परिवार शहर में आकर बस गया

है, तो आप उस जमीन को बेच सकते हैं।

5. अपने विभिन्न वित्तीय उत्पादों (जैसे–म्यूचुअल फंड, शेयर, एफ.डी. आदि) को तरल बनाएँ।
6. आप किसी अन्य बैंक वित्तीय संस्था से व्यक्तिगत ऋण (पर्सनल लोन) ले सकते हैं, लेकिन ध्यान रहे कि इसके कारण आपकी आर्थिक स्थिति पर अतिरिक्त बोझ नहीं पड़ना चाहिए। इसमें एक बात का ध्यान रखें कि आपको गृह ऋण और व्यक्तिगत ऋण दोनों के लिए एक साथ आवेदन करना है अन्यथा आपकी अर्हता प्रभावित हो सकती है। पर्सनल या क्रेडिट कार्ड पर लिये जानेवाले ऋण में ब्याज की दर इतनी ऊँची होती है कि व्यक्ति कर्ज में ही उलझकर रह जाता है, इसलिए इसके चक्कर में न पड़ना ही बेहतर होता है। अगर आपका पहले से कोई गृह ऋण चल रहा है और उसमें आप दो साल तक किस्तें भर चुके हैं, तो नए गृह ऋण के लिए मार्जिन मनी जुटाने के लिए आप वहाँ से टॉप अप लोन ले सकते हैं।
7. अगर आपका पी.पी.एफ. खाता तीन साल से ज्यादा पुराना है, तो आप उस पर ऋण ले सकते हैं।
8. बीमा पॉलिसी पर भी ऋण लिया जा सकता है।
9. आप अपने इष्ट मित्र या रिश्तेदार से भी उधार ले सकते हैं।
10. अगर आप बच्चों की पढ़ाई और शादी वगैरह की जिम्मेदारियों से निपट चुके हैं और आप पर कोई आर्थिक बोझ नहीं है, अपना मकान ले लिया है और व्यवसाय/नौकरी की स्थिति ठीक–ठाक चल रही है, तो उस स्थिति में यदि आपका बेटा या दामाद अपना घर लेने जा रहा है, तो आप उसकी मदद कर सकते हैं; क्योंकि आजकल घर खरीदना बहुत महँगा हो गया है और युवाओं में प्रायः बचत करने की आदत नहीं होती और जब उसकी शादी होती है, उस समय उसके काफी खर्चे हो जाते हैं।
11. लेकिन अगर आप स्वयं युवा हैं, तो अपने पिता या सास–ससुर से ऐसी उम्मीद न करें। हाँ, अगर वे स्वयं मदद कर रहे हैं, तो उसे बिना हिचक स्वीकार करें और बाद में जब आप अपने पास पैसा जुटा लें, तो उन्हें उनके पैसे लौटा दें।

ध्यान रहे कि घर खरीदने का यह मतलब बिल्कुल नहीं होना चाहिए

कि आप अपने जीवन के अन्य लक्ष्यों, जैसे–बच्चों की पढ़ाई आदि के साथ समझौता कर लें।

अंत में, इस अध्याय में एक और महत्त्वपूर्ण बात का उल्लेख करना चाहता हूँ कि गृह ऋण लेते समय अदायगी की अवधि जितनी लंबी मिल सके, उतना अच्छा है, क्योंकि भविष्य में हो सकता है कि आपके खर्च और बढ़ जाएँ या आपको और ऋण लेने की जरूरत पड़ जाए। आप अपनी सामर्थ्य और पसंद के अनुसार मासिक किस्त तय कर सकते हैं। अगर आप मकान बनाने के लिए गृह ऋण ले रहे हैं, तो अधिक–से–अधिक राशि लें, क्योंकि मकान के निर्माण के दौरान आपका बजट बढ़ सकता है।

संयुक्त गृह ऋण

ज्यादातर लोग घर खरीदने के लिए गृह ऋण लेना पसंद करते हैं। रियल एस्टेट में इतनी तेजी का मुख्य कारण यही है कि लोगों के जीवन स्तर में तेजी से बढ़ोतरी हो रही है। मध्यमवर्गीय परिवारों के लिए घर बनाने/खरीदने के अपने सपने को साकार करने में गृह ऋण एक महत्त्वपूर्ण भूमिका निभा रहा है। साथ ही आयकर बचाने में भी गृह ऋण की अच्छी भूमिका होती है।

संयुक्त गृह ऋण क्या है?

संयुक्त गृह ऋण दो या दो से अधिक व्यक्तियों को संयुक्त रूप से दिया जाता है। यानी एक ही प्रॉपर्टी पर दो या दो से अधिक व्यक्तियों के नाम संयुक्त रूप से लिया जानेवाला गृह ऋण 'संयुक्त गृह ऋण' होता है। इस तरह के गृह ऋण में प्रॉपर्टी प्रायः संयुक्त रूप से दो या दो से अधिक लोगों के स्वामित्व में होती है।

कभी–कभी प्रॉपर्टी का अकेला स्वामी भी ऋण की राशि बढ़ाने के लिए उसमें एक सह–आवेदक को शामिल कर लेता है।

गृह ऋण में सह–आवेदक कौन हो सकता है?

इस प्रकार के ऋण में पति/पत्नी, बेटा/बेटी या पिता/माता किसी को भी सह–आवेदक बनाया जा सकता है। अगर प्रॉपर्टी दो सगे भाइयों द्वारा संयुक्त रूप से खरीदी जा रही है, तो बैंक संयुक्त गृह ऋण दे सकता है, क्योंकि दोनों ही प्रॉपर्टी के संयुक्त स्वामी हैं।

कभी–कभी मित्र, बहन या अविवाहित जोड़ा भी किसी प्रॉपर्टी के सह स्वामी हो सकते हैं, लेकिन सामान्यतया वे गृह ऋण में सह–आवेदक या

सह–लेनदार नहीं हो सकते। कुछ बैंक और वित्तीय संस्थाएँ ऐसे ऋण को बहुत अच्छा होने पर ही स्वीकृत करते हैं।

बैंक सामान्यतया दो मित्रों या दो रिश्तेदारों को संयुक्त ऋण नहीं देना चाहते, क्योंकि ऐसे मामलों में भविष्य में दोनों के बीच विवाद की संभावना बनी रहती है।

संयुक्त गृह ऋण में क्या सह–आवेदक का प्रॉपर्टी का सह–स्वामी होना जरूरी है?

नहीं, ऐसा अनिवार्य नहीं है।

यदि मामला पिता–पुत्र, माता–पुत्र या पति–पत्नी का है, तो ऐसा अनिवार्य नहीं है।

लेकिन कुछ निश्चित मामलों में सह–स्वामित्व अनिवार्य होता है। अगर दो भाई, दो मित्र या कुछ रिश्तेदार मिलकर गृह ऋण ले रहे हों, तो उनका प्रॉपर्टी में सह–स्वामित्व होना जरूरी होता है। ज्यादातर बैंकों और वित्तीय संस्थाओं में सह–आवेदकों की संख्या अधिकतम छह तक हो सकती है। यहाँ एक बात ध्यान में रखनी चाहिए कि बैंक ऋण की अदायगी के लिए देनदार को अधिकतम 70 वर्ष की आयु तक का समय दे सकता है। संयुक्त ऋण के मामले में सबसे ज्यादा उम्र के सह–आवेदक को आधार बनाया जाता है। इस प्रकार यदि ऋण के समय पिता की उम्र 55 वर्ष है और पुत्र की उम्र 30 वर्ष है, तो लोन की अदायगी के लिए 15 वर्ष का समय ही दिया जाएगा।

क्या सभी सह–ऋणियों को आयकर में बचत का फायदा मिल सकता है?

जी हाँ, संयुक्त ऋणी के मामले में सभी सह–ऋणी को आयकर में बचत का फायदा मिल सकता है, लेकिन इसके लिए सह–ऋणी का प्रॉपर्टी का सह–स्वामी होना जरूरी है और ऋण की अदायगी प्रत्येक सह–ऋणी द्वारा की जानी चाहिए।

अगर सभी सह–ऋणी प्रॉपर्टी के सह–स्वामी हैं, तो आयकर अधिनियम की धारा 80सी और धारा 24 के अंतर्गत आयकर में बचत का फायदा प्रत्येक सह–ऋणी द्वारा की जानेवाली अदायगी के आधार पर मिलेगा।

संयुक्त गृह ऋण के फायदे क्या हैं?

1. इस प्रकार, सभी सह–ऋणी आयकर अधिनियम की धारा 80सी

(प्रॉपर्टी स्वयं के उपयोग में होने की स्थिति में प्रति सह–ऋणी एक लाख, पचास हजार रुपए तक की मूलधन अदायगी) और धारा 24 (प्रॉपर्टी अपने स्वयं के उपयोग में होने की स्थिति में प्रति सह–ऋणी दो लाख रुपए तक की ब्याज अदायगी) का पूरा–पूरा फायदा उठा सकते हैं। वित्तीय वर्ष 2019–20 से आयकर प्रावधानों के अनुसार नए ग्राहकों को रु. 3,50,000 तक धारा 24 के तहत आयकर में बचत होगी।

2. यदि आपको ज्यादा ऋण राशि की जरूरत है, तो अपने ऋण में एक सह–आवेदक को शामिल कर लें।

कब करें ऋण का पूर्व भुगतान (प्री पेमेंट)?

कई लोग कर्ज लेने के बाद इसी कोशिश में रहते हैं कि कैसे भी इस ऋण का पूर्व भुगतान कर दिया जाए। ऐसे में जब उनके पास अतिरिक्त पैसा बचता है, तो वे ऋण का पूर्व भुगतान करके जल्द–से–जल्द कर्जमुक्त होना चाहते हैं। हालाँकि यह बहुत ही निजी मुद्दा है, इसके बावजूद ऋण का पूर्व भुगतान करने से अच्छा है कि आप इस फंड को ऋण से ज्यादा ब्याज दरों वाले निवेश के साधनों (इन्वेस्टमेंट इंस्ट्रूमेंट) में निवेश कर दें। इसे आपके पैसे की 'अपॉर्च्युनिटी कॉस्ट' कहा जाएगा।

मान लीजिए कि किसी व्यक्ति ने 30 लाख रुपए का ऋण लिया है, जिस पर उसे सालाना 10 फीसदी की दर से ब्याज चुकाना पड़ रहा है। उस व्यक्ति को कहीं से 10 लाख रुपए की रकम मिल जाती है और वह इसका पूर्व भुगतान करने के बजाय इस रकम को एक अच्छे डाइवर्सिफाइड इक्विटी म्यूचुअल फंड में तीन से पाँच साल के लिए निवेश कर सकता है। 10 फीसदी का ब्याज बचाने की बजाय सालाना 15 फीसदी तक का रिटर्न मिल सकता है।

याद रहे कि जो निवेश के साधन लंबी अवधि में आपके ऋण से ज्यादा की दर पर रिटर्न दें, उनमें निवेश करना आपके लिए ज्यादा फायदेमंद है। इस स्थिति में ऋण का पूर्व भुगतान करने के बजाय निवेश करना ज्यादा उपयुक्त रहेगा। लेकिन अगर आपकी उम्र 50 साल से ज्यादा है, तो ऋण का पूर्व भुगतान उचित रहेगा। उस समय यह ध्यान जरूर रखें कि आपका कोई लक्ष्य नजदीक न हो, जैसे बच्चों की उच्च शिक्षा, शादी इत्यादि। इसके अलावा अगर कोई पर्सनल लोन बकाया है, तो उसका भुगतान पहले करें।

प्रधानमंत्री आवास योजना

स्वतंत्रता के 75 वर्ष पूर्ण होने पर (सन् 2022) हमारे देश के प्रधानमंत्री श्री नरेंद्र मोदी चाहते हैं कि उस समय तक हर भारतीय के पास अपना घर हो। इसके लिए उन्होंने एक मिशन की शुरुआत की है, जिसको हम 'हाउसिंग फॉर ऑल बाई 2022' के नाम से जानते हैं।

इस मिशन को सफल बनाने के लिए उन्होंने जून 2015 में 'प्रधानमंत्री आवास योजना' (अरबन) की शुरुआत की। उस समय यह योजना केवल इकोनॉमिकली वीकर सेक्शन एवं लोअर इनकम ग्रुप के लिए थी, जिनमें उन्हें छह लाख रुपए तक के ऋण पर 6.5% सब्सिडी प्रदान की जाती है।

अब इसमें मध्यम वर्ग को भी शामिल कर लिया गया है। इस वर्ग के लिए यह योजना 31 मार्च, 2021 तक लागू है। इस योजना में 4315 कस्बों एवं शहरों को शामिल किया गया है।

इस योजना में मध्यम आय वर्ग को दो भागों में बाँटा गया है। मध्यम आय वर्ग–1 एवं मध्यम आय वर्ग–2। यह एक क्रेडिट लिंक्ड सब्सिडी स्कीम है। इस योजना के अंतर्गत केंद्र सरकार ऋणधारकों को एम.आई.जी.–1 के अंतर्गत नौ लाख रुपए तक की ऋण राशि पर 4% ब्याज सब्सिडी एवं एम.आई.जी.–2 के अंतर्गत 12 लाख रुपए के ऋण पर 3% की सब्सिडी प्रदान करती है। यह सब्सिडी 20 वर्ष तक या ऋण अवधि, जो भी कम हो, तक मिलेगी।

प्रधानमंत्री आवास योजना (मध्यम आय वर्ग)

क्र.सं.	विषय	मध्यम आय वर्ग–1	मध्यम आय वर्ग–2
1.	प्रत्येक वर्ष हाउस होल्ड इनकम	6,00,001 रु. से 12,00,000 रु.	12,00,001 रु. से 18,00,000 रु.
2.	कॉरपेट एरिया	160 वर्गमीटर	200 वर्गमीटर
3.	ब्याज में छूट के लिए अधिकतम ऋण राशि	9 लाख रुपए	12 लाख रुपए
4.	ब्याज में छूट प्रतिवर्ष	4%	3%
5.	ब्याज में अधिकतम छूट	2.35 लाख रुपए	2.30 लाख रुपए

नेशनल हाउसिंग बैंक इस योजना में सेंट्रल नोडल एजेंसी के रूप में काम कर रहा है। यह इस स्कीम की प्रगति का आकलन एवं सब्सिडी प्रदान कर रहा है। इस योजना की मुख्य शर्त यह है कि लाभान्वित परिवार के किसी भी सदस्य के नाम पर संपूर्ण भारतवर्ष में कोई भी पक्का मकान नहीं होना चाहिए।

इस योजना में भाग लेने के लिए दो तरह से आवेदन कर सकते हैं—

1. किसी भी जन सुविधा केंद्र (कॉमन सर्विस सेंटर) पर जाकर आवेदन कर सकते हैं।
2. सरकारी वेबसाइट पर लॉग इन कर आवेदन कर सकते हैं।

आवेदन की मंजूरी के पश्चात् बैंक में ऋण के लिए आवेदन कर सकते हैं। अतः सभी को इस योजना का लाभ उठाना चाहिए।

व्यक्तिगत ऋण (पर्सनल लोन)

जरा सोचिए, अगर आपको एकाध सप्ताह के भीतर या तत्काल पैसों की जरूरत पड़ जाए और आपकी बचत के पैसे इसके लिए पर्याप्त न हों तो आप क्या करेंगे? जल्दी और बिना किसी सिक्योरिटी के कर्ज लेने का एक ही जरिया नजर आता है और वह है बैंकों का व्यक्तिगत ऋण। लेकिन इसकी ब्याज दरें 12 फीसदी से ज्यादा ही होती हैं और यह सौदा महँगा होता है। जिस बैंक में वेतन आता है, वहाँ एक बार संपर्क जरूर करें।

व्यक्तिगत ऋण देने से पहले ऋणदाता उधार लेने वाले का क्रेडिट रिकॉर्ड और ऋण चुकाने की क्षमता का आकलन करते हैं। हालाँकि अगर थोड़े धैर्य और विवेक से काम लिया जाए, तो आपातकालीन परिस्थितियों में व्यक्तिगत ऋण की तुलना में सस्ती दरों पर पैसों की व्यवस्था की जा सकती है।

- सोने के बदले ऋण
- फिक्स्ड डिपॉजिट के बदले ऋण
- प्रोविडेंट फंड से ले सकते हैं ऋण
- बीमा पॉलिसियों को गिरवी रखकर ले सकते हैं ऋण
- शेयर और म्यूचुअल फंड के बदले ऋण

प्रॉपर्टी के बदले ऋण (मॉर्गेज लोन)

प्रॉपर्टी के बदले ऋण वास्तव में किसी प्रॉपर्टी को गिरवी रखी जानेवाली प्रॉपर्टी के बाजार मूल्य और कर्ज लेने वाले व्यक्ति की आय पर निर्भर करता है। बैंक आमतौर पर प्रॉपर्टी के बाजार मूल्य का 50 से 75 फीसदी तक ऋण देते हैं। प्रॉपर्टी के बदले ऋण सुरक्षित ऋण की श्रेणी में आता है और यही वजह है कि इसकी ब्याज दरें व्यक्तिगत ऋण की तुलना में कम होती हैं। ब्याज दरें 10–12% के बीच होती हैं। कई बैंक अपने वर्तमान गृह ऋण ग्राहकों को मॉर्गेज लोन कम ब्याज पर उपलब्ध कराते हैं। इस ऋण की ब्याज दर गृह ऋण की ब्याज दर से सामान्यतया 1% ज्यादा होती है एवं इसे चुकाने की अवधि भी सामान्यतया 15 वर्ष से 20 वर्ष तक होती है। अतः वर्तमान गृह ऋण ग्राहकों को ज्यादा ऋण राशि मिल जाती है। प्रॉपर्टी को गिरवी रखकर लिये गए ऋण का उपयोग कारोबार को बढ़ाने, बच्चों की शादी या उनकी उच्च शिक्षा, मेडिकल खर्च आदि के लिए किया जा सकता है। प्रॉपर्टी, जो गिरवी रखी जा सकती है, उसमें किराए पर दिया गया घर, अपना घर और जमीन शामिल हैं। हालाँकि बैंक प्रॉपर्टी के बदले ऋण देने से पहले आपकी कर्ज चुकाने की क्षमता और पुराना ट्रैक रिकॉर्ड खँगालते हैं। □

म्यूचुअल फंड

मौजूदा आर्थिक माहौल में लोगों के लिए यह समझना जरूरी है कि मुद्रास्फीति की वजह से समय बीतने के साथ पैसे की कीमत (वैल्यू) भी कम होती चली जाती है। इससे निपटने का सबसे बढ़िया तरीका है कि आप ऐसी जगह निवेश करें, जहाँ वास्तविक प्रतिफल (रियल रेट ऑफ रिटर्न) अधिक मिले। सरल शब्दों में यह कि आपको ज्यादा जोखिम का भी सामना न करना पड़े और साथ ही आपका पैसा समय गुजरने के साथ–साथ बढ़ता जाए। म्यूचुअल फंड निवेश का ऐसा ही एक विकल्प है। छोटे निवेशकों के लिए यह सबसे सरल व सक्षम जरिया है।

म्यूचुअल फंड यानी प्रायोजक (स्पॉन्सर), ट्रस्टी और ए.एम.सी. इन तीन पहियों की रचना से (बाँधकर) तैयार हुई योजना है। यह योजना भारत में सेबी के (म्यूचुअल फंड) नियम 1996 के अंतर्गत चलाई जाती है। यह तीनों पहियों का बंधन, जो हर म्यूचुअल फंड के लिए जरूरी है।

- **प्रायोजक (स्पॉन्सर)**
- **ट्रस्टी**
- **एसेट मैनेजमेंट कंपनी (ए.एम.सी.)**

प्रायोजक (स्पॉन्सर) – प्रत्येक प्रोजेक्ट को आ भ करने के लिए, इसमें उन्नति करने के लिए साथ ही उसका ध्येय पूरा करने क लिए सर्वप्रथम एक संस्थापक (प्रमोटर) की जरूरत होती है। म्यूचुअल फंड के संस्थापक को 'प्रायोजक' कहते हैं। उन्हें सेबी की अपेक्षाएँ (रिक्वायरमेंट्स) पूरी करनी पड़ती हैं। ट्रस्टी, कस्टोडियन और ए.एम.सी. इन सबकी नियुक्ति प्रायोजक (स्पॉन्सर) सेबी की मान्यता के अंतर्गत करते हैं।

ट्रस्टी – म्यूचुअल फंड की जिम्मेदारी ट्रस्टी को सौंपी गई है। वह निवेशकों के हक की सुरक्षा की जिम्मेदारी लेता है। ट्रस्टी की नियुक्ति सेबी की मान्यता के अंतर्गत की जाती है।

एसेट मैनेजमेंट कंपनी – म्यूचुअल फंड का संचालन करने के लिए और आगे चालू रखने के लिए ए.एम.सी. की नियुक्ति करना हर म्यूचुअल फंड के लिए आवश्यक है। वास्तविक रूप से ए.एम.सी. की नियुक्ति प्रायोजक के जरिए अथवा ट्रस्ट डीड में दी हो तो यह ट्रस्टी के जरिए होती है।

सामान्य रूप से ए.एम.सी. एक प्राइवेट लिमिटेड कंपनी है। इस कंपनी में प्रायोजक और उनके मित्र अथवा साथीदार शेयरधारक होते हैं।

म्यूचुअल फंड, जिसे हिंदी में 'पारस्परिक निधि' कहते हैं, किंतु आजकल अंग्रेजी नाम अधिक प्रचलित है, एक प्रकार से सामूहिक निवेश होता है। निवेशकों के समूह मिलकर स्टॉक, अल्प अवधि के निवेश या अन्य प्रतिभूतियों (सिक्योरिटीज) में निवेश करते हैं। म्यूचुअल फंड संचालक कंपनी सभी निवेशकों की निवेश राशि को लेकर इकट्ठा करती है और उनसे कुछ सुविधा शुल्क भी लेती है। म्यूचुअल फंड में एक फंड प्रबंधक होता है, जो इस राशि को उनके लिए बाजार में निवेश करता है। इनमें निवेश करने का फायदा यह है कि निवेशकों को इस बात की चिंता करने की जरूरत नहीं होती है कि आप कब शेयर खरीदें या बेचें, क्योंकि यह चिंता फंड मैनेजर की होती है। इस प्रकार हुए फायदे–नुकसान को निवेशकों में बाँट दिया जाता है। शेयर बाजार की पर्याप्त जानकारी न होने पर भी निवेश की इच्छा रखनेवालों के लिए म्यूचुअल फंड एक सुलभ मार्ग होता है। म्यूचुअल फंड में निवेश के जरिए वे शेयर बाजार में निवेश का सुख बाजार के जोखिम और अस्थिरता से ज्यादा दो–चार हुए बिना उठा सकते हैं।

आम लोगों के सामने म्यूचुअल फंडों की बात कीजिए, तो उनके मन–मस्तिष्क में एक ही बात आती है और वह है शेयर बाजार में निवेश करना। म्यूचुअल फंड का मतलब सिर्फ शेयर बाजार में निवेश करना ही नहीं है, बल्कि इसमें बॉण्ड्स एवं सोना–चाँदी जैसे अन्य परिसंपत्ति वर्ग भी शामिल होते हैं, जिनसे कि निवेशक कोई बड़ा जोखिम उठाए बगैर बैंक फिक्स्ड डिपॉजिट व छोटी बचत योजनाओं की तुलना में अधिक प्रतिफल हासिल कर सकते हैं।

इनमें कई विशेषताएँ पाई जाती हैं

कुशल प्रबंधन (एक्सपर्ट मैनेजमेंट) – जोखिम से तो बचना मुश्किल है, परंतु अच्छे प्रबंधन की वजह से जोखिम को कुछ कम जरूर किया जा सकता है, क्योंकि म्यूचुअल फंडों के पास विशेषज्ञ फंड प्रबंधकों की सेवाएँ होती हैं। उनका काम ही लोगों के पैसे का उचित आवंटन करना है। उनके पास वह समय होता है और मानव संसाधन होता है, जो दुनिया भर का शोध और विश्लेषण कर रहे होते हैं। उनके पास तेज चलने वाले कंप्यूटर होते हैं और आँकड़े निकालने के लिए ज्यादा सक्षम संसाधन होते हैं। चूँकि म्यूचुअल फंड पैसे का पूल होते हैं, जो हजारों निवेशकों के साथ आता है, अतः वे उसे विस्तारित करने का उपाय भी रखते हैं और एक आम निवेशक से कहीं ज्यादा समझ भी रखते हैं।

विविधीकरण (डाइवर्सिफिकेशन) – शेयरों में निवेश के साथ जोखिम तो जुड़ा ही होता है। वास्तविकता तो यह है कि म्यूचुअल फंडों में निवेश से जुड़ा जोखिम बँट जाता है। इसे एक उदाहरण के जरिए समझते हैं। अगर कोई व्यक्ति 5,000 रुपए के शेयर खरीदेगा। लेकिन जब वही निवेशक 5,000 रुपए का निवेश इक्विटी म्यूचुअल फंड में करता है, तो वह एक साथ 30 से 35 शेयरों का एक पोर्टफोलियो खरीदता है। इस प्रकार शेयरों में निवेश से जुड़ा जोखिम बँट जाता है और कम भी हो जाता है। इस नाते हम भरोसा करते हैं कि म्यूचुअल फंड में निवेश छोटे और नए निवेशकों के लिए निवेश का सर्वोत्तम विकल्प है।

पारदर्शिता – तुलना करने में आसानी तथा साथ–साथ बेहतर नियमन की वजह से म्यूचुअल फंड में निवेश करना आकर्षक माना जाता रहा है।

सरलता – इसमें आसानी से निवेश प्रारंभ हो जाता है। बहुत सारे विकल्प बाजार में उपलब्ध हैं। हर व्यक्ति खरीदने में समर्थ है और पाँच सौ रुपए प्रतिमाह से निवेश प्रारंभ कर सकता है।

तरलता (लिक्विडिटी) – यानी दो से तीन दिन में पैसा मिल जाता है।

म्यूचुअल फंड में प्रयुक्त महत्त्वपूर्ण शब्दावली

ऑफर डॉक्युमेंट – यह फंड हाउस द्वारा सेबी के नियमों के आधार पर तैयार किया गया दस्तावेज है, जिसमें योजना (स्कीम) से संबंधित सभी कानूनी जानकारियाँ समाहित होती हैं। फंड में निवेश करने से पूर्व निवेशकों को इसे पढ़ना चाहिए।

की इन्फोर्मेशन मेमोरेंडम (के.आई.एम.) – यह ऑफर डॉक्यूमेंट (दस्तावेज) का संक्षिप्त रूप है। इसका फॉर्मेट एवं कंटेंट सेबी द्वारा निर्धारित किया गया है। प्रत्येक एप्लीकेशन के साथ के.आई.एम. जुड़ा होता है। इसे साल में एक बार अपडेट करना जरूरी है।

एन.ए.वी. (नेट असेट्स वैल्यू) – सेबी के अनुसार किसी भी स्कीम के कुल नेट असेट्स को वैल्यूएशन तारीख को गिने हुए बकाया (आउटस्टैंडिंग) यूनिट की कुल संख्या से भाग देने पर उसका एन.ए.वी. मिलता है।

सी.ए.जी.आर. (कंपाउंडेड एन्युलाइज्ड ग्रोथ रिटर्न) – यह एक औसत दर है, जिस पर निवेश सालाना चक्रवृद्धि ब्याज की दर से बढ़ता है। यह माना जाता है कि प्रत्येक वर्ष प्राप्त रिटर्न का पुनः निवेश किया जाता है एवं अगले आनेवाले वर्षों में उस पर मुनाफा कमाया जाता है। इसे एन्युअल कंपाउंडिंग (वार्षिक चक्रवृद्धि) माना जाता है।

यूनिट जारी करने के अनुसार म्यूचुअल फंड तीन प्रकार के होते हैं

1. ओपन एंडेड म्यूचुअल फंड – इस योजना में कभी भी निवेश किया जा सकता है या उससे बाहर निकला जा सकता है। इनमें कोई लॉक इन पीरियड नहीं होता। एस.आई.पी. के माध्यम से या एकमुश्त राशि का कभी भी निवेश किया जा सकता है।

2. क्लोज एंडेड म्यूचुअल फंड – इनका एन.एफ.ओ. (न्यू फंड ऑफर) आता है, जो कि निश्चित अवधि के लिए खुलता है। उसके बाद इसमें से कभी भी परिपक्वता अवधि से पहले पैसे नहीं निकाल सकते। इसमें सामान्यतया तीन वर्ष का लॉक इन पीरियड होता है। इस तरह क्लोज एंडेड स्कीम की तरलता (लिक्विडिटी) कम हो जाती है। इसमें एस.आई.पी. के माध्यम से निवेश नहीं कर सकते।

3. इंटरवल स्कीम – यह स्टॉक एक्सचेंजों (बी.एस.ई. और एन.एस.ई.) पर सूचीबद्ध (लिस्टेड) क्लोज एंडेड फंड है, जिसमें यूनिटों की खरीद–फरोख्त एक निर्दिष्ट समय में की जा सकती है।

निवेश के लक्ष्य के आधार पर म्यूचुअल फंड तीन प्रकार के होते हैं—

ग्रोथ फंड – इस प्रकार के म्यूचुअल फंड सामान्यतया उन शेयरों में निवेश करते हैं, जिनकी कीमत बढ़ने की संभावना ज्यादा होती है यानी विकास क्षमता ज्यादा होती है।

वैल्यू फंड – इस प्रकार के म्यूचुअल फंड उन शेयरों में निवेश करते हैं, जिनकी बाजार कीमत उनकी वास्तविक कीमत से कम है, यानी अंडर वैल्यूड स्टॉक्स में निवेश करते हैं। निवेशित किए गए शेयरों का प्राइस–टू–अर्निंग रेशियो कम होता है एवं डिविडेंड यील्ड ज्यादा होती है।

इनकम फंड – इनकम फंड्स सामान्यतया डेट में निवेश करते हैं। ये आपको लाभांश (डिविडेंड) के माध्यम से नियमित आय प्रदान करते हैं। ये धन संरक्षण (कैपिटल प्रोटेक्शन) के सिद्धांत पर कार्य करते हैं।

फंड के प्रबंधन के आधार पर दो प्रकार के म्यूचुअल फंड होते हैं

प्रत्यक्ष रूप से प्रबंधित म्यूचुअल फंड (एक्टिवली मैनेज्ड फंड) – इसमें फंड मैनेजर सक्रिय रूप से अपने शोध एवं विश्लेषण का सहारा लेकर ऐसे शेयरों की खोज करता है, जो निवेशकों के लिए प्रतिफल (रिटर्न) सृजित कर सकें और पोर्टफोलियो के जोखिम को नियंत्रित कर बाजार की स्थिरता को मात देते हुए अच्छा प्रतिफल अर्जित कर सकें और यह तो होना भी चाहिए, क्योंकि आप इसी के लिए तो वित्तीय सलाहकार व एसेट मैनेजमेंट कंपनी को शुल्क अदा करते हैं।

अप्रत्यक्ष रूप से प्रबंधित फंड (पैसिवली मैनेज्ड फंड) – इसमें फंडों को रोजाना किसी फंड प्रबंधक की सेवाओं की दरकार नहीं होती। लिहाजा निवेशक एक्सचेंज ट्रेडेड फंड–ई.टी.एफ. व इंडेक्स फंड सरीखे पैसिव फंडों में निवेश कर अंडर परफॉर्मिंग योजनाओं में निवेश से बच भी सकते हैं। इंडेक्स पर आधारित ऐसे एक्सचेंज ट्रेडेड फंड उन सूचकांकों के प्रदर्शन को दोहराने का प्रयास करते हैं और उन जैसा प्रतिफल देने की कोशिश करते हैं। गोल्ड एक्सचेंज ट्रेडेड फंड या गोल्ड ई.टी.एफ. भी इसी श्रेणी का फंड है, जो सोने की कीमतों में आनेवाले उतार–चढ़ाव के अनुसार प्रतिफल अर्जित करता है। सक्षम बाजार में इंडेक्स फंड उत्तम कार्य करते हैं। भारतीय बाजारों के लिए इंडेक्स फंड हेजिंग का काम भी कर रहे हैं।

परिसंपत्तियों में निवेश के आधार पर म्यूचुअल फंड सामान्यतया तीन प्रकार के होते हैं

1. इक्विटी म्यूचुअल फंड, 2. डेट फंड, 3. हाइब्रिड फंड (बैलेंस्ड फंड)।

इक्विटी म्यूचुअल फंड

इक्विटी म्यूचुअल फंड सामान्यतया आठ प्रकार के होते हैं—

1. लार्ज कैप – लार्ज कैप म्यूचुअल फंड अपने पोर्टफोलियो का 80% हिस्सा स्टॉक एक्सचेंजों (बी.एस.ई. और एन.एस.ई.) पर सूचीबद्ध (लिस्टेड) सौ (100) सबसे बड़ी कंपनियों (मार्केट कैपिटलाइजेशन के आधार पर) में निवेश करते हैं। चूँकि इन कंपनियों में जोखिम कम होता है, अतः उन निवेशकों के लिए उपयुक्त हैं, जो ज्यादा खतरा नहीं उठा सकते और धैर्यपूर्वक इंतजार कर सकते हैं। इन म्यूचुअल फंड्स ने पिछले पाँच सालों में अच्छा मुनाफा दिया है। इनमें कम–से–कम पाँच साल तक निवेश करना चाहिए।

2. मिड कैप – मिड कैप म्यूचुअल फंड्स स्टॉक एक्सचेंजों पर सूचीबद्ध (लिस्टेड) क्रम संख्या 101 से 250 तक की मध्यम आकार की (मार्केट कैपिटलाइजेशन के आधार पर) कंपनियों में निवेश करते हैं। पोर्टफोलियो का 65% हिस्सा इन कंपनियों में होना चाहिए। इन म्यूचुअल फंड्स में निवेश की अवधि पाँच साल से आठ साल तक होनी चाहिए।

3. स्मॉल कैप – स्मॉल कैप म्यूचुअल फंड्स मार्केट कैपिटलाइजेशन के आधार पर स्टॉक एक्सचेंजों पर सूचीबद्ध (लिस्टेड) क्रम संख्या 250 के बाद आनेवाली कंपनियों में निवेश करते हैं। इन म्यूचुअल फंड्स में निवेश की अवधि 10 वर्ष से 15 वर्ष तक होनी चाहिए।

4. मल्टी कैप – इस प्रकार के म्यूचुअल फंड में सभी तरह की स्मॉल कैप, मिड कैप एवं लार्ज कैप कंपनियाँ शामिल होती हैं। इन म्यूचुअल फंड्स में निवेश की अवधि पाँच साल से आठ साल तक होनी चाहिए।

5. ई.एल.एस.एस. (इक्विटी लिंक्ड सेविंग्स स्कीम) – आम निवेशक के लिए उपलब्धता के आधार पर भारतीय आयकर नियमों के अंतर्गत कुछ खास निर्देशित म्यूचुअल फंड योजनाओं को कर बचाने के लिए निर्धारित किया गया है। नियम ने अनुसार म्यूचुअल फंड योजना मुख्यतः इक्विटी ओरिएंटेड होनी चाहिए और निवेशकों को इस योजना में कम–से–कम तीन वर्ष के लिए निवेशित रहना पड़ता है, क्योंकि इनमें तीन वर्ष का लॉक इन पीरियड होता है। युवाओं के लिए ई.एल.एस.एस. सबसे अच्छे कर–बचत निवेश उत्पाद हैं।

6. सेक्टोरल फंड – इस प्रकार के म्यूचुअल फंड्स एक सेक्टर विशेष की कंपनियों जैसे इन्फ्रास्ट्रक्चर, बैंकिंग, आई.टी. आदि में निवेश करते हैं।

7. अंतरराष्ट्रीय फंड/ग्लोबल फंड (इंटरनेशनल फंड) – इस प्रकार के म्यूचुअल फंड उन प्रतिभूतियों में निवेश करते हैं, जो विदेशों के

स्टॉक एक्सचेंजों पर सूचीबद्ध होती हैं। वर्तमान में 30 से भी ज्यादा फंड्स हैं, जो आपको भारत से बाहर के अंतरराष्ट्रीय बाजारों में विविधीकरण का अवसर उपलब्ध कराते हैं। इस प्रकार के फंड उन्हीं लोगों के लिए उपयुक्त हैं, जिन्हें इस क्षेत्र का गहरा अनुभव और समझ हो।

8. आर्बेट्रेज फंड – इस प्रकार के म्यूचुअल फंड्स शेयर्स को अलग–अलग बाजार (मार्केट) में खरीदते एवं बेचते हैं और कीमत में अंतर से जोखिम सहित लाभ कमाते हैं। जैसे– किसी दिन टाटा स्टील का शेयर भाव बी.एस.ई. (बॉम्बे स्टॉक एक्सचेंज) पर 479.20 रुपए है और उसी दिन एन.एस.ई. (नेशनल स्टॉक एक्सचेंज) पर 479.95 रुपए है। फंड मैनेजर बी.एस.ई. से शेयर खरीदता है एवं एन.एस.ई. के प्लेटफॉर्म पर बेच देता है। इस भाव के अंतर को लाभ में रूपांतरित कर देता है। इसी प्रकार फंड मैनेजर 1061 शेयर्स (लॉट का आकार) 479 रुपए के भाव पर कैश मार्केट से खरीदता है एवं एक्सचेंज पर इन्हीं शेयर्स को रूपांतरण शुल्क देकर फ्यूचर के लॉट में रूपांतरित करा देता है। अब उस लॉट को 481 रुपए के भाव पर बेच देता है। इस प्रकार उसे रूपांतरण शुल्क देने के बाद कीमत में अंतर का फायदा लाभ के रूप में प्राप्त होता है।

कैपिटल गेन – अगर इक्विटी म्यूचुअल फंड्स को एक साल के दौरान बेचा जाए तो इन पर शॉर्ट टर्म कैपिटल गेन 15% लगेगा। अगर इन्हें एक साल से ज्यादा अपने पास रखा जाए या निवेश की अवधि एक साल से ज्यादा है, तो इन पर 10% लॉन्ग टर्म कैपिटल गेन टैक्स लगेगा, परंतु यह तभी लागू होगा, जब लाभ की राशि एक लाख से ज्यादा हो।

डेट म्यूचुअल फंड

ये तुलनात्मक कम जोखिम वाली ऋण प्रतिभूतियों (बॉण्ड्स) में निवेश करते हैं। डेट फंडों को ज्यादा सुरक्षित माना जाता है। अगर इनमें तीन साल से ज्यादा निवेश किया जाए तो इंडेक्सेशन का लाभ लेने के पश्चात् 20% कैपिटल गेन टैक्स लगेगा।

अतः इस कारण से इन्हें फिक्स डिपॉजिट की तुलना में निवेश करने के लिए अच्छा माना गया है। अगर इन्हें तीन साल के दौरान बेच दिया जाए तो इनसे प्राप्त आय को आपकी कुल आय में जोड़ दिया जाएगा एवं उस पर आपके स्लैब के अनुसार आयकर लगेगा।

डेट म्यूचुअल फंड के प्रकार

1. लिक्विड फंड – लिक्विड फंड्स उन ऋण प्रतिभूतियों (ट्रेजरी बिल एवं सर्टिफिकेट ऑफ डिपॉजिट्स) में निवेश करते हैं, जिनकी परिपक्वता अवधि नब्बे (90) दिन से कम होती है। ये सबसे कम जोखिम वाले म्यूचुअल फंड हैं एवं सबसे सुरक्षित डेट फंड हैं। लिक्विड फंड अल्पावधि के फिक्स्ड डिपॉजिट के विकल्प कहे जा सकते हैं। लिक्विड फंड मुद्रा बाजार के उपकरणों में निवेश करते हैं। अधिकांश लिक्विड फंडों की लॉक–इन अवधि तीन दिन की होती है। अधिकांश मामलों में लिक्विड फंडों से निकासी करने पर पैसे 24 घंटे में मिल जाते हैं।

क्यों करें लिक्विड फंडों में निवेश?

अपनी वित्तीय जरूरतों के बाद बची अतिरिक्त राशि लिक्विड फंडों में लगा सकते हैं एवं आपातकालीन परिस्थितियों के लिए बचाई गई राशि को भी आप लिक्विड फंडों में रख सकते हैं। इनके जरिए आप अपेक्षाकृत अच्छा रिटर्न प्राप्त कर सकते हैं। इन पर एक्जिट लोड नहीं लगता है।

आपके पास कभी एकमुश्त रकम आ जाए, जिसका भुगतान आपको कुछ दिनों बाद करना है, तो उसका निवेश भी आप लिक्विड फंडों में कर सकते हैं ताकि इन पैसों पर आपको अपेक्षाकृत अधिक रिटर्न मिल सके।

2. मनी मार्केट म्यूचुअल फंड – इनमें तरलता होती है। यह उन बड़े निवेशकों के लिए मुफीद होते हैं, जो कि अपना अतिरिक्त (सरप्लस) फंड बहुत कम समय के लिए कहीं निवेशित करना चाहते हैं।

3. गिल्ट फंड – गिल्ट फंड ऐसे म्यूचुअल फंड हैं, जो प्रमुख रूप से सरकारी प्रतिभूतियों (जी–सेक) में निवेश करते हैं। पारंपरिक डेट फंड जहाँ विभिन्न विकल्पों में निवेश करते हैं, वहीं गिल्ट फंड डेट उपकरणों (इंस्ट्रूमेंट) की केवल एक श्रेणी जी–सेक को लक्ष्य करते हैं। जी–सेक एक ऐसी प्रतिभूति है, जो भारत सरकार के लिए रिजर्व बैंक जारी करता है। सॉवरिन पेपर होने की वजह से जी–सेक में क्रेडिट रिस्क नहीं होता। आमतौर पर जी–सेक में सस्थागत निवेशक जैसे बड़े निवेशक निवेश करते हैं, लेकिन गिल्ट फंड छोटे निवेशकों को जी–सेक में निवेश का लाभ देता है। इनकी अवधि भी भिन्न–भिन्न होती है।

4. फिक्स्ड मैच्योरिटी प्लान (एफ.एम.पी.) – एफ.एम.पी. डेट म्यूचुअल फंडों का ही प्रकार है। यह तीन माह से 36 माह की अवधि के लिए क्लोज

एंडेड म्यूचुअल फंड है। आम म्यूचुअल फंडों की भाँति ही इनका भी नया फंड ऑफर यानी एन.एफ.ओ. आता है। इस दौरान इनमें निवेश किया जा सकता है। विभिन्न फंड कंपनियाँ अल्पावधि और दीर्घावधि के एफ.एम.पी. आरंभ (लॉन्च) करती रहती हैं। एफ.एम.पी. की कोशिश रहती है कि वह बैंकों के फिक्स्ड डिपॉजिट की तुलना में बेहतर प्रतिफल (रिटर्न) अर्जित करे। आमतौर पर निवेशक एफ.एम.पी. से पैसों की निकासी मैच्योरिटी पर ही कर सकते हैं। लेकिन स्टॉक एक्सचेंज पर सूचीबद्ध एफ.एम.पी. को निवेशक मैच्योरिटी से पहले भी बेच सकते हैं। इन्हें एफ.टी.पी. (फिक्स्ड टर्म प्लान) और एफ.एच.एफ. (फिक्स्ड होराइजन फंड) के नाम से भी जाना जाता है।

एफ.एम.पी. का प्रमुख उद्देश्य पूँजी की सुरक्षा करना है। इनके प्रतिफल (रिटर्न) विशुद्ध डेट उपकरणों (इंस्ट्रूमेंट) की तुलना में थोड़े अधिक होते हैं। हालाँकि बाजार में कुछ ऐसे एफ.एम.पी. भी उपलब्ध हैं, जो पोर्टफोलियो के एक छोटे हिस्से का निवेश शेयरों में करते हैं। एफ.एम.पी. के निवेश पोर्टफोलियो का झुकाव फिक्स्ड इनकम सिक्योरिटीज जैसे– बैंक डिपॉजिट्स, कॉमर्शियल पेपर्स, कॉरपोरेट बॉण्ड्स, सरकारी प्रतिभूतियों और अल्पावधि के लिक्विड एवं मनी मार्केट उपकरणों के प्रति होता है। कुछ म्यूचुअल फंड कंपनियों ने ऐसे एफ.एम.पी. भी लॉन्च किए हैं, जिनके अंतर्गत पोर्टफोलियो के 65–80% हिस्से का निवेश इक्विटी में तथा शेष 20–35% का निवेश डेट में किया जाता है। निवेशक अपनी जोखिम उठाने की क्षमता के अनुरूप एफ.एम.पी. का चयन कर सकते हैं। बैंकों के फिक्स्ड डिपॉजिट की तरह एफ.एम.पी. किसी तरह के प्रतिफल की गारंटी नहीं देते हैं।

ब्याज दर जोखिम से बचाव

एफ.एम.पी. को कुछ इस प्रकार डिजाइन किया गया है कि निवेशकों को ब्याज दर का जोखिम न हो। फिक्स्ड इनकम सिक्योरिटीज की औसत मैच्योरिटी फंड की मैच्योरिटी के आसपास होती है, जो कि ब्याज दर जोखिम से बचाती है, साथ ही यह बेहतर प्रतिफल भी अर्जित करती है। एफ.एम.पी. में जोखिम डेट पेपर्स पर निर्भर करता है और एफ.एम.पी. जिन डेट पेपर्स में निवेश करते हैं, वे रेटिंग एजेंसी द्वारा रेटेड होते हैं। आमतौर पर हाई रेटेड पेपर्स, लो रेटेड पेपर्स की तुलना में कम ब्याज अर्जित करते हैं।

आयकर के नजरिए से अच्छे हैं एफ.एम.पी.

एफ.एम.पी. आयकर के नजरिए से भी फिक्स्ड डिपॉजिट की तुलना में

कहीं ज्यादा आकर्षक हैं। एफ.एम.पी. में तीन या तीन से अधिक वर्ष के लिए किए गए निवेश पर इंडेक्सेशन के बिना 10% और इंडेक्सेशन के साथ 20% का कर लगाया जाता है। वहीं बैंक एफ.डी. से होनेवाले पूँजीगत लाभ पर निवेशक जिस कर वर्ग में आता है, उस हिसाब से कर देना होता है। कोई भी निवेश, जो तीन साल से कम अवधि के लिए किया जाता है, वह निवेशक की आय में जुड़ जाता है, फिर जिस कर वर्ग में निवेशक आता है, उस हिसाब से कर देना होता है। इसके विपरीत लॉन्ग टर्म कैपिटल गेन पर बिना इंडेक्सेशन के 10% के हिसाब से और इंडेक्सेशन के लाभ के साथ 20% के हिसाब से कर लगाया जाता है।

हाइब्रिड फंड

पहले यह 'बैलेंस फंड' के नाम से जाना जाता था। इसमें इक्विटी एवं डेट दोनों का निवेश किया जाता है। इसमें डेट कम–से–कम 35% होता है एवं इक्विटी को औसतन 65% रखना पड़ता है। निवेशक, जो मध्यम प्रकार का जोखिम ले सकते हैं, उनके लिए इसमें निवेश उचित रहेगा। इसमें निवेश की अवधि पाँच साल से सात साल तक होनी चाहिए। इस प्रकार के फंड उन्हीं लोगों के लिए उचित हैं, जो दीर्घावधि में धन कमाना चाहते हैं और मध्यम अवधि में मूलधन (कैपिटल) के संरक्षण को प्राथमिकता देते हैं।

अगर इनमें तीन साल से ज्यादा निवेश किया जाए, तो इंडेक्सेशन का लाभ लेने के पश्चात् 20% कैपिटल गेन टैक्स लगेगा।

अतः इस कारण से इन्हें फिक्स डिपॉजिट की तुलना में निवेश करना अच्छा माना गया है। अगर इन्हें तीन साल के दौरान बेच दिया जाए, तो इनसे प्राप्त आय को आपकी कुल आय में जोड़ दिया जाएगा एवं उस पर आपके स्लैब के अनुसार आयकर लगेगा।

अन्य म्यूचुअल फंड

कैपिटल प्रोटेक्शन फंड – यह क्लोज एंडेड म्यूचुअल फंडों का एक प्रकार है, जो कि मूलधन (कैपिटल) के संरक्षण को प्राथमिकता देता है। इसमें फंड मैनेजर लगभग 80% राशि को डेट में निवेश करता है, जिसकी परिपक्वता अवधि योजना (स्कीम) की अवधि से मेल खाती हो या समान हो। धन की वृद्धि के लिए कुछ हिस्से का निवेश शेयर्स में करता है। इन म्यूचुअल फंड की परिपक्वता अवधि एक वर्ष, तीन वर्ष और पाँच वर्ष होती है।

सोल्यूशन ओरिएंटेड फंड्स – इक्विटी म्यूचुअल फंडों की एक श्रेणी है, जो कि सामान्यतया बच्चों की शिक्षा या स्वयं की सेवानिवृत्ति संग्रह के लिए फंड जुटाती है। रिटायरमेंट फंड इस श्रेणी में आते हैं। इनका लॉक इन पीरियड पाँच वर्ष या रिटायरमेंट, जो भी पहले हो, तक होता है।

इस तरह के फंडों में निवेश को लंबे समय तक बनाए रखने के लिए 4% एक्जिट लोड होता है। इसमें ई.एल.एस.एस. की तरह धारा 80सी के तहत छूट मिलती है। सुखी सेवानिवृत्ति के लिए सिस्टेमैटिक विद्ड्रॉअल प्लान के तहत हर माह नियमित राशि मिलती है।

एस.आई.पी. / सिप (सिस्टेमैटिक इन्वेस्टमेंट प्लान)

अगर हम इसके नाम पर ध्यान दें, तो समझ आता है कि यह एक व्यवस्थित निवेश योजना है। यानी इसके अंतर्गत हर महीने एक निश्चित राशि का म्यूचुअल फंड में निवेश किया जाता है। कोई भी इनसान अपने भविष्य को सटीक रूप से जान नहीं सकता। भविष्य का मूल स्वभाव अनिश्चितता है। लिहाजा हर इनसान स्वाभाविक रूप से बचत, सुरक्षा व ग्रोथ के बारे में सोचता है। वह अपना भविष्य उज्ज्वल और बेहतर बनाने का हर संभव प्रयास करता है और अच्छे भविष्य के लिए पर्याप्त धन का होना जरूरी है, लिहाजा हम सब अपने पैसों में वृद्धि की भी हर संभव कोशिश करते हैं।

यद्यपि आजकल अर्थव्यवस्था का जो माहौल चल रहा है, उसमें जोखिम की संभावना काफी है। हालाँकि दूसरी ओर निवेश के काफी बेहतरीन विकल्प भी हैं। निवेशकों की महत्त्वाकांक्षाएँ बढ़ गई हैं, वित्तीय बाजार बहुआयामी हुए हैं और वैश्विक अर्थव्यवस्था भी एकीकृत है, पर इन सब पर देश–दुनिया के उतार–चढ़ाव का असर भी पड़ता है। लिहाजा कई बार तो निवेशक भी अत्यंत दिग्भ्रमित हो जाता है कि वह कहाँ निवेश करे व कहाँ नहीं?

बिना निवेश के बचत का विचार वैसे भी अपने आप में जोखिम भरा होता है और चूँकि मुद्रास्फीति उस धन कोष को भी धीरे–धीरे कम कर देती है, जिसका निवेश नहीं किया गया है, इसलिए निवेश करते समय सारी बातों पर सेवानिवृत्ति के नजरिए से विचार करना होगा। अगर लंबे समय के लिहाज से विचार करें, तो यह देखा गया है कि निवेश बाजार में उपलब्ध विकल्पों की तुलना में इक्विटी में सिस्टेमैटिक इन्वेस्टमेंट प्लान (एस.आई.पी.) से निवेश कर धन कोष सृजित करना ज्यादा प्रतिस्पर्धी और लागत प्रभावी होता है। इसी कारण से काफी समय से सिस्टेमैटिक इन्वेस्टमेंट प्लान

(एस.आई.पी.) को खुदरा निवेशकों के लिए निवेश के एक अच्छे जरिए का दर्जा मिला हुआ है। एक तरफ जहाँ यह निवेशकों को अनुशासित करता है, वहीं दूसरी ओर तकरीबन हर समय अस्थिर रहनेवाले शेयर बाजार में गलत समय में प्रवेश करनेवाले निवेशकों की सुरक्षा भी करता है। यही वजह है कि एस.आई.पी. निवेशकों के साथ–साथ वितरकों और एसेट मैनेजमेंट कंपनियों में भी इसे अच्छी–खासी लोकप्रियता प्राप्त है। शेयर बाजार में गिरावट का दौर उस वक्त इक्विटी फंडों में एस.आई.पी. की शुरुआत करनेवाले निवेशकों के लिए उपयुक्त हो सकता है, क्योंकि तब उन्हें ज्यादा यूनिटें आवंटित हो सकती हैं, जो दीर्घावधि में अच्छा मुनाफा अर्जित कर सकती हैं।

इसके बावजूद डाइवर्सिफिकेशन के जरिए जोखिम को कम किया जाता है। जोखिम को और कम करने के लिए कोई भी एस.आई.पी. के माध्यम से स्कीम में निवेश कर सकता है।

यह भी देखा गया है कि इक्विटी निवेश के माध्यम से सेवानिवृत्ति कॉर्पस बनाने में बेहद सावधानी व अनुशासन की जरूरत होती है, तभी निवेशकों को अच्छा फायदा मिलने की संभावना रहेगी।

इक्विटी निवेश की सबसे बड़ी विशेषता है कि इसमें लंबे समय की अवधि में वेल्थ क्रिएशन का अच्छा अवसर रहता है। हालाँकि अन्य परिसंपत्ति वर्गों से भी निवेश पर प्रतिस्पर्धी प्रतिफल प्राप्त होता है।

आगे यह भी ध्यान रखना जरूरी है कि म्यूचुअल फंड में निवेश जल्दी–से–जल्दी शुरू कर देना चाहिए और इसके दो कारण हैं। पहला, इससे निवेशक को ऊँचे जोखिम से निपटने का लाभ मिलता है और लंबे समय में तो बेहतर प्रतिफल की संभावना भी बलवती रहती ही है। दरअसल, दीर्घावधि में इक्विटी से जुड़ा जोखिम कम हो जाता है। दूसरी बात यह कि निवेश में देर करते रहने से निवेशक का ही नुकसान होता है।

यहाँ पर हम आपको ध्यान दिलाना चाहेंगे कि म्यूचुअल फंड में निवेश कर पैसा सृजित करना एक बेहतर काम होगा, पर आपको इसके लिए काफी कुशलता तथा शोधपूर्ण ज्ञान की दरकार होती है। इन्हीं के बल पर आप म्यूचुअल फंड से काफी कुछ कमा सकते हैं।

एस.आई.पी. के फायदे – एस.आई.पी. के माध्यम से निवेश करने से कई फायदे हैं।

बूँद–बूँद से भरता है सागर – एस.आई.पी. के माध्यम से इस तरह की बचत लंबी अवधि में ज्यादा प्रतिफल देने में पूरी तरह सक्षम होती है। यहाँ

लंबी अवधि से मतलब पाँच साल और उससे अधिक समय से है। 15 वर्षों तक 15% प्रतिफल के आधार पर 1,000 रुपए प्रति महीने की एक एस.आई.पी. बचत राशि 1.80 लाख रुपए के मुकाबले में कुल मिलने वाली राशि करीब 6.17 लाख रुपए होगी। यदि यही अवधि 25 साल की हो, तब कुल मिलने वाली राशि करीब 27.60 लाख रुपए होगी (अगर रिटर्न की दर यही बनी रही)।

आपको नहीं चाहिए बड़ी रकम – एस.आई.पी. में निवेश 500 रुपए प्रति महीने से भी प्रारंभ किया जा सकता है। ऐसे में आपके पास यह बहाना भी नहीं हो सकता कि निवेश के लिए पूँजी नहीं है। वास्तव में तो आप बड़ी रकम जुटाने का इंतजार कर निवेश जोखिम ही बढ़ाएँगे।

फिजूलखर्ची पर लगाम – एक निश्चित राशि हर महीने (जहाँ तक संभव हो, वेतन प्राप्त होने के तीन दिन के दौरान ई.सी.एस. कर दें) निवेश करने का सबसे बड़ा फायदा यह है कि यह आपको फिजूलखर्ची से रोकता है। यह निश्चित राशि ई.सी.एस. करवाने पर आपके बैंक खाते से ही काट ली जाती है। इससे आपको बचत की आदत पड़ती है और निवेश भी शुरू हो जाता है। मासिक आधार पर किए जानेवाले इस निवेश को आप अनुशासित बचत भी कह सकते हैं।

चक्रवृद्धि (कंपाउंड) ब्याज की ताकत – महान् वैज्ञानिक अल्बर्ट आइंस्टाइन ने चक्रवृद्धि ब्याज को विश्व का आठवाँ अजूबा कहा था। इसके चलते ही एक छोटी रकम लंबे समय बाद बड़ी रकम में बदल जाती है, क्योंकि ब्याज की रकम भी इसमें ब्याज कमाती है। एस.आई.पी. निवेश में आप इस तरह ही थोड़ा–थोड़ा निवेश कर बड़ी रकम हासिल कर सकते हैं।

लंबी अवधि में शानदार प्रतिफल (रिटर्न) – लंबी अवधि के लिहाज से देखें, तो एस.आई.पी. निवेश की लागत काफी कम होती है, बजाय बाजार के अन्य निवेशों के। बाजार के शॉर्ट टर्म के उतार–चढ़ाव और अशांति के बीच आप अच्छा प्रतिफल हासिल कर पाएँगे। इक्विटी या इक्विटी से जुड़े उत्पादों में निवेश करने का आदर्श समय न्यूनतम पाँच साल और लंबे समय में 10 साल या 15 साल है और यह आपके निवेश लक्ष्य पर निर्भर है।

बिना परेशानी हासिल कर सकते हो वित्तीय लक्ष्य – यदि आपने निश्चित समय बाद कार खरीदने, सेवानिवृत्ति या कोई अन्य लक्ष्य रखा है, तो थोड़ा, लेकिन नियमित निवेश कर आप इसे प्राप्त कर सकते हैं। हो सकता है कि आपको ऐसे लोग मिलें, जो अपने को निवेश के मामले में गुरु मानते हों, लेकिन यदि आप एस.आई.पी. के जरिए कछुआ चाल से भी लंबे समय तक

निवेश करते रहेंगे, तो आप अपने लक्ष्यों को उनके बजाय ज्यादा आसानी से पूरा कर लेंगे।

उचित मौके का इंतजार नहीं – एस.आई.पी. का फायदा यह भी है कि आपको निवेश के लिए उचित समय का इंतजार नहीं करना पड़ता। इसमें टाइमिंग रिस्क जैसी कोई चीज होती ही नहीं है। यदि बाजार की ऊँचाई पर आपने निवेश किया, तो आपको ऊँची एन.ए.वी. वाली कम यूनिटें मिल जाएँगी और बाजार नीचे है, तो कम एन.ए.वी. पर ज्यादा यूनिटें मिल जाएँगी। इसको 'रुपए में लागत का औसतीकरण' (रुपी कॉस्ट एवरेजिंग) कहा जाता है। ऐसे में बाजार के उतार–चढ़ाव का आपके निवेश पर कोई खास असर नहीं पड़ेगा।

बाजार में गिरावट होने पर भी जारी रखें एस.आई.पी. – जब बाजार में गिरावट हो, तो एस.आई.पी. के माध्यम से निवेश करना बंद कर देना निवेश करनेवाले व्यक्ति के लिए घाटे का सौदा होता है। अधिक मुनाफा पाने के लिए एस.आई.पी. की अवधि के दौरान अगर बाजार में उतार–चढ़ाव का दौर चल रहा हो, तो यह निवेशकों के लिए एक अच्छा अवसर होता है, क्योंकि बाजार में गिरावट आने के दिनों में एक निवेशक को ज्यादा यूनिट आवंटित की जाती हैं; क्योंकि उस समय एन.ए.वी. कम होती है। और इसका फायदा निवेशकों को बाजार में आनेवाली तेजी के दिनों में मिलता है। इसलिए जब बाजार में गिरावट आती है, तब एक एस.आई.पी. निवेशक को खुश होना चाहिए। हाँ, बाजार में गिरावट आने पर एकमुश्त निवेश करनेवाले निवेशकों का चिंतित होना लाजिमी है।

बाजार में गिरावट के दिनों में निवेश करने पर यूनिटें कम कीमत पर मिल जाती हैं, इससे यूनिटों की खरीद की लागत औसत हो जाती है, पर मेरा मानना है कि निवेशकों को इस बात की जानकारी भी होनी चाहिए कि रुपी कॉस्ट एवरेजिंग कैसे काम करती है। यानी गिरावट के अलग–अलग स्तर पर थोड़ी–थोड़ी खरीददारी करते रहिए।

यह बात सही है कि म्यूचुअल फंडों में निवेश कर धन सृजित करने के लिए कुशलता व शोधपूर्ण ज्ञान की दरकार होती है। जहाँ तक एस.आई.पी. की बात है, तो ऐतिहासिक प्रदर्शन महत्त्वपूर्ण है, पर निवेश का मानदंड केवल पुराना प्रतिफल (रिटर्न) ही नहीं होना चाहिए। यह एस.आई.पी. की आंशिक कामयाबी का राज हो सकता है।

सुखमय सेवानिवृत्ति के लिए एस.आई.पी. – एस.आई.पी. को

सेवानिवृत्ति के लिए कोष बनाने के एक अच्छे विकल्प के तौर पर चुना जा सकता है। जिस समय एक व्यक्ति को नौकरी मिलती है, उसकी उम्र करीब 25 से 26 साल की हो सकती है। उस उम्र में एक अच्छे डाइवर्सिफाइड म्यूचुअल फंड स्कीम, जिसका ट्रैक रिकॉर्ड अच्छा है, उसमें एस.आई.पी. की शुरुआत करनी चाहिए। जब वह व्यक्ति 50 साल का होगा, तब उसे एक बड़ी संचित राशि मिलेगी। इसका उपयोग सेवानिवृत्ति कोष के लिए किया जा सकता है। ठीक इसी तर्ज पर जब एक बच्चा पैदा होता है, तब 15 वर्ष के लिए एस.आई.पी. शुरू कर दीजिए। यह राशि बच्चे की पढ़ाई और शादी में होनेवाले खर्च को वहन करेगी।

सिस्टेमैटिक ट्रांसफर प्लान (एस.टी.पी.)

कभी–कभी निवेशकों के पास एकमुश्त पैसा आ जाता है और इसका निवेश का पैटर्न मासिक नहीं हो सकता। इस दशा में सिस्टेमैटिक ट्रांसफर प्लान का उपयोग करना चाहिए। अगर आप इसे इक्विटी म्यूचुअल फंड में निवेश कर दें और शेयर बाजार 10 से 20% टूट जाए, तो आपके निवेश का एक बड़ा हिस्सा डूब जाएगा और संभवतया आप निराश होकर निवेश को समाप्त कर नुकसान उठा लेंगे।

लेकिन मित्रो, इससे बचा जा सकता है। सबसे पहले इस राशि का निवेश डेट फंड (जो कि कम जोखिम वाला एवं स्थिर प्रकृति का है) में करें एवं ध्यान रखें कि यह डेट फंड/लिक्विड फंड उसी म्यूचुअल फंड कंपनी का हो, जिसका आप इक्विटी फंड चयन करें यानी एसेट मैनेजमेंट कंपनी (ए.एम.सी.) एक ही हो। इसे एक वर्ष के दौरान मासिक अंतराल पर चयनित इक्विटी फंड में स्थानांतरित कर दें। इस प्रकार उस वर्ष के दौरान आपको मार्केट की उथल–पुथल से इक्विटी फंड की यूनिटों की खरीद की लागत उस समय के औसत से हो जाएगी।

अगर यह राशि प्रॉपर्टी बेचने के पश्चात् प्राप्त हुई बड़ी रकम है, तो इसे एक से दो साल में लिक्विड फंड (एक प्रकार का डेट फंड) से इक्विटी फंड में स्थानांतरित कर दें। अगर बोनस मिला है, तो छह माह का समय पर्याप्त है। यहाँ पर निवेश की अवधि (डेट म्यूचुअल फंड से इक्विटी म्यूचुअल फंड में स्थानांतरण का समय) इस बात पर निर्भर करता है कि आपके पास रकम कितनी बड़ी है। यह सबकुछ आपके विवेक पर निर्भर करता है। प्रमाणित वित्तीय सलाहकार की सेवा भी ले सकते हैं।

उदाहरण – अगर आपके पास 10 लाख रुपए निवेश करने के लिए हैं और आपका लक्ष्य प्राप्त करने का समय 10 वर्ष है, तो एक साथ निवेश न करें। इस राशि को पहले लिक्विड फंड में निवेश करें एवं एक से दो साल के भीतर सिस्टेमैटिक ट्रांसफर प्लान के माध्यम से धीरे–धीरे इक्विटी म्यूचुअल फंड में स्थानांतरित कर दें। जब आपका लक्ष्य केवल एक वर्ष दूर हो तब सिस्टेमैटिक विद्ड्रॉअल प्लान के माध्यम से इस राशि को वापस लिक्विड फंड में स्थानांतरित कर दें।

सिस्टेमैटिक विद्ड्रॉअल प्लान (एस.डब्ल्यू.पी.)

एस.डब्ल्यू.पी. का उपयोग वित्तीय लक्ष्य के नजदीक पहुँचने पर करना चाहिए। जब आपका लक्ष्य केवल एक वर्ष दूर हो तब सिस्टेमैटिक विद्ड्रॉअल प्लान के माध्यम से इस राशि को लिक्विड फंड में निवेश कर दें, क्योंकि निवेश करते वक्त एवं लक्ष्य के नजदीक पहुँचते वक्त शेयर बाजार की दिशा आपको प्रभावित कर सकती है। अतः इस तरीके की योजना बनाने से आपका लक्ष्य प्राप्त हो जाएगा। ऊपर दिए गए उदाहरण में नौ वर्ष समाप्त होने के पश्चात् शेयर बाजार का उतार–चढ़ाव आपको प्रभावित नहीं कर पाएगा। सुखी सेवानिवृत्ति के लिए अगर आपको नियमित मासिक आय चाहिए, तो डिविडेंड प्लान के स्थान पर ग्रोथ प्लान लें एवं सिस्टेमैटिक विद्ड्रॉअल प्लान का चयन करें।

प्रत्येक म्यूचुअल फंड में निवेश दो प्रकार से किया जा सकता है—

(1) रेगुलर प्लान (2) डायरेक्ट प्लान

रेगुलर प्लान – पहले म्यूचुअल फंड हाउसों के पास केवल रेगुलर प्लान ही होते थे। म्यूचुअल फंड आपको केवल वितरक (डिस्ट्रीब्यूटर) के माध्यम से ही मिलते थे। इन फंडों का व्यय अनुपात (एक्सपेंस रेशियो) ज्यादा होता है। बैंक म्यूचुअल फंड हाउसों के वितरक के रूप में काम करते हैं।

डायरेक्ट प्लान – 1 जनवरी, 2013 से सेबी के निर्देश पर एसेट मैनेजमेंट कंपनियों ने म्यूचुअल फंड के डायरेक्ट प्लान प्रारंभ किए। इसमें निवेशक सीधे (डायरेक्ट) एसेट मैनेजमेंट कंपनी की वेबसाइट पर या ऑफिस में जाकर निवेश कर सकते हैं। आजकल पैसा बाजार डॉट काम, ईटी मनी, जीरोधा कॉइन, क्लीयर फंड्स, कुवेरा, ग्रो और माइकैम्स पर डायरेक्ट प्लान उपलब्ध हैं।

फायदे – अगर आप निवेश के लिए वित्तीय सलाहकार (जिसको शुल्क देते हैं) की सेवाएँ ले रहे हैं, तो डायरेक्ट प्लान में निवेश फायदेमंद है। लेकिन अगर आपके पास किसी वित्तीय सलाहकार की सेवाएँ उपलब्ध नहीं हैं, तो वितरक के माध्यम से निवेश करें।

अतः डायरेक्ट प्लान उन निवेशकों के लिए उचित है, जिन्हें शेयर बाजार की अच्छी समझ है। अगर आप अपना समय अच्छी स्कीम के चयन में लगा सकते हैं और फंड के प्रदर्शन का निरीक्षण (मॉनीटर) कर सकें, तब डायरेक्ट प्लान में निवेश फायदेमंद है।

अधिकांश लोग, जिनके पास न तो फंडों की समझ है और न ही पर्याप्त समय, इस प्रकार के लोग फंड में समाहित जोखिम को समझने में असमर्थ हैं। इनके लिए बजाय डायरेक्ट प्लान खरीदने के वितरकों द्वारा दी गई सलाह ज्यादा उपयोगी है। इनको उनकी सलाह पर रेगुलर प्लान में निवेश करना चाहिए।

कई लोग अपने आपको ज्यादा समझदार मानते हुए बिना किसी सलाह के डायरेक्ट प्लान के जोश में आते हुए ऐसी स्कीमों में पैसा लगा देते हैं, जिनमें बहुत ज्यादा नुकसान होता है।

क्या म्यूचुअल फंड में लाभांश विकल्प (डिविडेंड ऑप्शन) का चयन करना चाहिए?

म्यूचुअल फंड में डिविडेंड ऑप्शन है, जिसके तहत निवेशकों को हर महीने डिविडेंड मिलता है, जिससे उनकी मासिक आय उत्पन्न होती है। कुछ समय पहले तक म्यूचुअल फंड का लाभांश विकल्प (डिविडेंड ऑप्शन) ज्यादा लोकप्रिय था। यह कई लोगों के लिए नियमित आय का स्रोत था। पहले डिविडेंड निवेशक के हाथ में करमुक्त थे। कुछ स्कीमें तो निवेशित मूलधन का 1% तक डिविडेंड देने का वादा भी करती थीं।

लेकिन अब परिस्थितियाँ बदल गई हैं। अब सभी इक्विटी म्यूचुअल फंड पर 10% डिविडेंड डिस्ट्रीब्यूशन टैक्स लगता है। वैसे भी यह विकल्प अच्छा नहीं था, क्योंकि एसेट मैनेजमेंट कंपनियाँ इसे अपने लाभ में से देती हैं, इससे फंड की एन.ए.वी. कम हो जाती है। इस विकल्प की वजह से आपको बेवजह टैक्स देना पड़ेगा।

लाभांश (डिविडेंड) – लाभांश एक राशि है, जो प्रत्येक वर्ष एक कंपनी द्वारा अपने लाभ (या रिजर्व) में से शेयर होल्डर को दी जाती है। अतः

यह लाभ के एक हिस्से का कंपनी द्वारा शेयर होल्डर को वितरण है। निवेशक को यह राशि डिविडेंड से आए या विद्ड्रॉअल से कोई फर्क नहीं पड़ता।

अगर म्यूचुअल फंड में आपका निवेश एक लाख रुपए है और अब आप 5000 रुपए डिविडेंड प्राप्त करते हैं, तब आपका निवेश केवल 95,000 रुपए हो जाएगा।

अगर यह म्यूचुअल फंड डेट है, तब आपको 5000 रुपए के स्थान पर केवल 3558 रुपए प्राप्त होंगे, क्योंकि डेट फंड 28.84% डिविडेंड राशि को अपने पास रखेगा और उसे डिविडेंड डिस्ट्रीब्यूशन टैक्स देना पड़ेगा।

अगर यह इक्विटी म्यूचुअल फंड है, तो 10% रकम फंड हाउस अपने पास रख लेगा, क्योंकि उसे रकम पर कर देना पड़ेगा। यानी आपको 4353 रुपए प्राप्त होंगे, जबकि आपका निवेश 5000 रुपए से कम हो जाएगा।

इसलिए अगर आपको नियमित मासिक आय चाहिए, तब डिविडेंड प्लान के स्थान पर ग्रोथ प्लान लें एवं सिस्टेमैटिक विद्ड्रॉअल प्लान का चयन करें। इसके तहत फंड हाउस निवेश के एक वर्ष पूर्ण होने के पश्चात् हर महीने एक निश्चित धनराशि निकालकर बचत खाते में डाल देता है। ध्यान दें, निवेशक सालाना लाभ का हर महीने केवल 3 से 4% निकालें, बाकी राशि मुनाफा उत्पन्न करने के लिए छोड़ दें। छोटे निवेशक को प्लान के द्वारा प्राप्त की गई राशि पर लॉन्ग टर्म कैपिटल गेन एक लाख से कम होगा, अतः उस पर आयकर देनदारी नहीं होगी।

नया निवेशक आखिर किस प्रकार अपने लायक म्यूचुअल फंडों का चयन करे?

अगर आप निवेश के एक सशक्त माध्यम, म्यूचुअल फंडों में निवेश करने की सोच रहे हैं, तो आपको सभी फंड कंपनियों द्वारा पेश की जानेवाली लगभग 1,000 से अधिक योजनाओं पर विचार करना पड़ सकता है। इन योजनाओं के निवेश का उद्देश्य, निवेश की अवधि, जोखिम प्रोफाइल आदि अलग–अलग हैं। खुदरा निवेशकों के लिए इन योजनाओं को समझना थोड़ा कठिन हो गया है। ऐसी परिस्थिति में कोई नया निवेशक आखिर किस प्रकार अपने लायक म्यूचुअल फंडों का चयन करे? इसके लिए पहले स्वयं से ही कुछ सवाल पूछने होंगे, जैसे–

- हमारा लक्ष्य क्या है? क्या हमें अमुक राशि का प्रतिफल (रिटर्न) चाहिए या फिर निवेशित पूँजी में निरंतर बढ़ोतरी चाहते हैं या निवेश

से कुछ धन कमाना चाहते हैं, जो किसी खास वित्तीय लक्ष्य को पूरा करने में मदद करेगा।

- हमारे निवेश की अवधि क्या है? क्या हमारा निवेश कुछ महीनों के लिए है या हम 10 वर्ष जैसी लंबी अवधि के लिए निवेश करना चाहते हैं?
- हम निवेश पर कितना जोखिम उठाना चाहते हैं? क्या निवेश से होनेवाले घाटे को हम उठा सकते हैं?
- क्या हम एकमुश्त निवेश करने की दशा में हैं या समय के साथ पैसे आते रहने के साथ निवेश करना चाहते हैं?

अगर आप उपरोक्त प्रश्नों के जवाब सोच–समझकर देते हैं, तो प्रश्नों की एक लंबी सूची स्वतः ही छोटी हो जाएगी और शेष प्रश्नों को सुलझाना आसान हो जाएगा। ऊपर वर्णित प्रश्नों के उत्तर के जरिए आप उन योजनाओं को आसानी से छाँट पाएँगे, जो आपके लिए ज्यादा फायदेमंद होंगी। केवल पिछले प्रदर्शन और अन्य कारकों पर गौर कर योजनाओं को चुनना भाग्य आजमाने जैसा है।

योजना (स्कीम) और आपके निवेश का लक्ष्य

किसी भी योजना में निवेश करने से पहले अपनी जरूरतों और लक्ष्यों को ध्यान में रखना जरूरी होता है। निवेश का लक्ष्य और उसके मानदंड तय करने के बाद आपको योजनाओं के उद्देश्य को जोड़कर देखना चाहिए। प्रत्येक म्यूचुअल फंड योजना का एक स्पष्ट रूप से परिभाषित निवेश क्षेत्र होता है, जिस पर वे फोकस करते हैं। आपको निवेश से पहले यह सुनिश्चित कर लेना चाहिए कि आपके निवेश के लक्ष्य योजना के निवेश लक्ष्य के साथ मेल खाते हैं।

योजना (स्कीम) की जोखिम प्रोफाइल

ऐसी परिस्थिति भी हो सकती है जब योजना का निवेश उद्देश्य तो आपकी जरूरतों से मेल खाता हो, लेकिन उसकी जोखिम प्रोफाइल आपकी जोखिम प्रोफाइल से भिन्न हो। उदाहरण के लिए, आप एक ऐसे निवेशक हो सकते हैं, जो बहुत अधिक जोखिम वाली परिस्थिति से परहेज करना चाहते हों, लेकिन जो योजना आपने चुनी है, वह छोटी और मझोली कंपनियों में निवेश करती हो, जो अपेक्षाकृत ज्यादा रिस्की होती है। ऐसे मामले में आपको इस तरह की योजना से अलग ही रहना चाहिए, क्योंकि हो सकता है, आप योजना के अस्थिर प्रदर्शन से संतुष्ट न हों।

जोखिम का फैसला कैसे करें?

निवेशकों के सामने सबसे बड़ा सवाल यह होता है कि वे जोखिम का फैसला कैसे करें? वैसे जोखिम उठाने की क्षमता मौजूदा हालात और निवेश के पिछले अनुभवों जैसे कारकों पर निर्भर करती है। हमारा अनुभव यह है कि उच्च जोखिम उठाने वाले निवेशक अधिक प्रतिफल प्राप्त कर सकते हैं। यहाँ पर जरूरी बात जोखिम उठाने की क्षमता भी है। दरअसल हर निवेशक की आर्थिक स्थिति अलग–अलग होती है और उसमें उसी हिसाब से जोखिम उठाने की क्षमता भी होती है। आपको अपने में इस क्षमता को मजबूत करना होगा।

म्यूचुअल फंड हर तरह के निवेशकों के लिए विकल्प देता है, लेकिन किसी भी स्कीम में निवेश करने से पहले अपनी जरूरतों और लक्ष्य को ध्यान में रखना जरूरी होता है। यह भी देखना चाहिए कि आप कितना जोखिम उठा सकते हैं। निवेश करने से पहले ऑफर डॉक्यूमेंट को ठीक से पढ़ें और देखें कि क्या वह आपके पोर्टफोलियो के लिए उचित है। ग्रोथ या सेक्टोरल फंड में अपनी पूँजी डालने से पहले अपने लक्ष्य से उसकी तुलना करें।

निवेश की अवधि भी है महत्त्वपूर्ण

निवेश करते समय निवेशक के लिए निवेश की अवधि भी महत्त्वपूर्ण कारकों में से एक है। आमतौर पर इक्विटी म्यूचुअल फंड दीर्घावधि, यानी पाँच साल या उससे अधिक की अवधि में अच्छा प्रतिफल (रिटर्न) देते हैं और इनसे जुड़ा जोखिम भी कम होता जाता है। जबकि पाँच साल से कम समय है, तो आपके लिए डेट फंड उचित रहेगा। इसके अलावा निवेशक के लिए अच्छा रहेगा कि वह निवेश पोर्टफोलियों के तहत परिसंपत्तियों का आवंटन सही तरीके से करे यानी कि निवेश की समय–सीमा और जोखिम उठाने की क्षमता के अनुसार इक्विटी व डेट में उचित अनुपात में निवेश किया गया हो। इक्विटी म्यूचुअल फंड पोर्टफोलियो में कैपिटल गेंस के रूप में ग्रोथ मुहैया कराते हैं, जबकि डेट फंड इक्विटी फंडों की तुलना में रेगुलर फिक्स्ड इनकम देते हैं।

फंडों का आकार

फंडों का आकार भी निवेशकों को अपनी ओर आकर्षित करता है। निवेशक समझते हैं, बड़े फंड आकार वाली स्कीम अच्छी होती है। यह बात कुछ हद तक सही है, लेकिन बड़े फंड आकार वाली स्कीम में लिक्विडिटी की कुछ समस्याएँ होती हैं, खासतौर से जब उनका रुझान मिड और स्मॉल

कैप कंपनियों पर अधिक होता है, क्योंकि लिक्विडिटी की आवश्यकता होने पर ऐसे फंड तरजीही शेयरों को बाजार में आनन–फानन में नहीं बेच पाते हैं।

फंडों का पिछला प्रदर्शन

म्यूचुअल फंडों में निवेश कर रहे निवेशक आमतौर पर स्कीम के पिछले प्रदर्शन पर गौर करते हैं। एक तरफ जहाँ यह संकेत देता है कि विभिन्न बाजार परिस्थितियों में स्कीम का प्रदर्शन कैसा रहा है, वहीं इससे इस बात का अंदाजा नहीं लगाया जाना चाहिए कि भविष्य में भी स्कीम का प्रदर्शन वैसा ही रहेगा। वारेन बफेट ने सही कहा है कि अगर इतिहास ही खेल (गेम) में सफल बनाता तो सबसे अधिक धनवान लाइब्रेरियन होते।

निवेशकों के लिए उपयुक्त सर्वोत्तम श्रेणी

म्यूचुअल फंडों की कौन सी श्रेणी निवेशकों के लिए मुफीद और सर्वोत्तम श्रेणी साबित हो सकती है, यह विभिन्न कारकों पर निर्भर करता है।

बाजार की किस दशा में कौन सा फंड चुनना रहेगा अच्छा

बाजार की दशा	**म्यूचुअल फंडों की उचित श्रेणी**
करेक्शन फेज	हाइब्रिड डेट ओरिएंटेड फंड और डेट फंड
रिकवरी फेज	इंडेक्स फंड
बुलिश रैली	इक्विटी डाइवर्सिफाइड फंड, मिड कैप व लार्ज कैप फंड

किसी भी इक्विटी स्कीम का चयन करने से पहले निम्नलिखित अनुपातों (रेशियो) पर गौर करें–

(1) **अल्फा** – यह इस बात का सूचक है कि फंड का प्रतिलाभ अपने मानदंड (बेंचमार्क) प्रतिलाभ से कितना अधिक है। ज्यादा अल्फा वाले फंड का चयन करें।

(2) **बीटा** – यह अस्थिरता/उतार–चढ़ाव (वालटिलिटी) का मापक है। अगर किसी फंड का बीटा–1 से ज्यादा (माना 1.20) है, तो इसका मतलब है कि फंड बाजार (मार्केट) से 20% ज्यादा अस्थिर है। इसलिए जोखिम उठाने की क्षमता के अनुसार फंड का चयन करें।

(3) **शार्पी रेशियो** – अच्छा फंड वह होता है, जो कम जोखिम पर

ज्यादा प्रतिलाभ दे। यह लिये गए जोखिम के बदले प्रतिलाभ का सूचक है, यानी यह लिये गए जोखिम की तुलना में उत्पन्न प्रतिलाभ का मापक है। ज्यादा शार्पी रेशियो वाले फंड का चयन करें।

एन.एफ.ओ. (न्यू फंड ऑफर) से बचें

जब कोई ए.एम.सी. एन.एफ.ओ. लॉन्च करती है, तो उसका जमकर प्रचार किया जाता है। हालाँकि इसमें निवेश का खास फायदा मिलने का कोई विशेष कारण नहीं होता। कुछ कारणों से एन.एफ.ओ. की अनदेखी करना फायदेमंद होता है। एन.एफ.ओ. का कोई ट्रैक रिकॉर्ड नहीं होता, ऐसे में आपके पास यह जानने का कोई रास्ता नहीं होता कि वह फंड बाजार में आगे अच्छा प्रदर्शन करेगा ही। फंड हाउस का रिस्क मैनेजमेंट सिस्टम कैसा है, यह भी आप नहीं जान पाते हैं। पहले से चल रही ओपन एंडेड स्कीम में निवेश करते समय आप फंड का पिछला प्रदर्शन देखकर उचित फैसला ले सकते हैं। उदाहरण के लिए आपकी किडनी में कोई परेशानी होती है, तो आप एक नए डॉक्टर के पास जाने के बजाय एक अनुभवी डॉक्टर के पास जाना ज्यादा पसंद करेंगे। लंबे समय से काम कर रहे अच्छे ट्रैक रिकॉर्ड वाले डॉक्टर से आप ज्यादा सफल इलाज की उम्मीद कर सकते हैं।

एस.आई.पी. प्लस मुफ्त बीमा (एस.आई.पी. + फ्री इंश्योरेंस) क्या है?

यह योजना केवल इक्विटी म्यूचुअल फंड पर लागू है। 60 वर्ष की उम्र तक यह सुविधा है। कुछ फंड हाउस मुफ्त में टर्म प्लान देते हैं। अगर कोई व्यक्ति दीर्घावधि (तीन वर्ष से ज्यादा) की एस.आई.पी. करता है। तब फंड हाउस प्रथम वर्ष में एस.आई.पी. का 10 गुना, द्वितीय वर्ष में 50 गुना एवं तीसरे वर्ष में 100 गुना टर्म प्लान देता है। ध्यान दें, इसे लेने में कोई बुराई नहीं है, बशर्ते अगर आप एस.आई.पी. से जल्दी बाहर निकलते हैं, तब टर्म प्लान बंद हो जाता है। फंड की एन.ए.वी. पर कोई फर्क नहीं पड़ता है।

लार्ज एवं मिड कैप फंड—इस तरह के म्यूचुअल फंड में कम—से—कम 35 प्रतिशत लार्ज कैप एवं 35 प्रतिशत मिड कैप कंपनियाँ शामिल होती हैं। शेष 30 प्रतिशत हिस्से का निर्धारण फंड मैनेजर अपने विवेक के आधार पर कर सकता है।

□

शेयर एवं बॉण्ड्स

शेयर

स्टॉक क्या है?

सामान्य शब्दों में एक स्टॉक (जिसे 'शेयर' भी कहा जाता है) कंपनी के मालिकाना हक में एक हिस्सा होता है। स्टॉक खरीदने के साथ ही आप कारोबार के मालिकाना हक में हिस्सेदार बन जाते हैं और कंपनी के साथ जो भी जोखिम एवं जिम्मेदारियाँ जुड़ी होती हैं, वे समान रूप से आप पर भी होती हैं। इसका मतलब यह है कि जब कंपनी अच्छा काम कर रही होती है और उसे फायदा होता है, तो आपको भी उसका हिस्सा मिलता है। इसके विपरीत अगर यह घाटे में होती है, तो आपको भी उसका हिस्सा बनना पड़ता है। अगर कारोबार ध्वस्त हो जाता है और कंपनी बरबाद हो जाती है, तब उसके मालिकों के साथ आपको भी बुरे दिन देखने पड़ते हैं।

इस तरह से शेयर समस्त संपत्ति वर्ग में सबसे ज्यादा जोखिम से भरा होता है। यह संभव है और ऐसा होता भी है कि आपकी निवेश की हुई राशि शून्य भी हो सकती है। बॉण्ड्स में पूँजी एक मात्रा तक सुरक्षित रहती है। सोने और जमीन में आपके निवेश की हमेशा एक कीमत बनी रहेगी। स्टॉक में जोखिम कम करने को लेकर किसी तरह का उपाय नहीं होता। अगर आज की तारीख में कोई शेयर 1000 रुपए की कीमत का है, तो महीने भर में वह 100 रुपए के स्तर पर भी आ सकता है। डी.एच.एफ.एल. इसका उदाहरण है।

इसका कारण यह है कि व्यापार में गलाकाट प्रतिस्पर्धा होती है। जो कंपनियाँ आज अपने क्षेत्र में बाजार का नेतृत्व कर रही होती हैं, जरूरी नहीं कि अगले बीस साल में भी वे ही चरम पर बनी रहें। यह भी हो सकता है कि आनेवाले वक्त में वे दिखाई भी न दें और उनकी जगह नई कंपनियाँ ले लें। आर.कॉम. इसका उदाहरण है।

हर उद्योग में, एक–दूसरे के ग्राहकों को अपनी तरफ खींचने को लेकर भीषण संघर्ष होता है। भले ही उन्होंने कितने ही बेहतरीन प्लान तैयार किए हों, कंपनियाँ विफल भी होती हैं।

छोटे व्यापार में सड़क किनारे खोमचे और कपड़े के व्यापारियों की दुनिया में भले ही छटपटाहट भरी बातें हों, लेकिन बड़ी पूँजीवाले क्षेत्रों में, जहाँ विशालकाय उद्योग एक–दूसरे से लगातार बदलते बाजार के हालात में सीधी भिड़ंत करते हैं।

मासूम फुटकर निवेशक अपनी पसंदीदा कंपनी के स्टॉक खरीदते समय अकसर यह महसूस नहीं कर पाते कि इस खेल में क्या–क्या दाँव पर लगा है। वास्तव में, हालाँकि ये सामान्य ज्ञान की बातें हैं कि स्टॉक खरीदने का मतलब कंपनी में हिस्सेदारी खरीदना है, बहुत कम लोग इस तरीके से व्यवहार कर पाते हैं। अगर आप वाकई अपने घर से निकलकर बाहर आएँ और खुद का कारोबार करें, क्या आप उसी तरीके से बेअंदाज व्यवहार करेंगे, जैसा कि ज्यादातर लोग अपने स्टॉक के साथ करते हैं? क्या आप बैठे रहकर दामों के ऊपर जाने का इंतजार कर सकेंगे, ताकि आप उसे बेच सकें?

फिर हम ऐसा क्यों करते हैं? इसका जवाब दोतरफा है–लालच और अज्ञानता के कारण।

ज्यादातर लोगों के लिए, जो भी स्टॉक मार्केट में निवेश करते हैं, वे उन कंपनियों के बारे में बिल्कुल जानकारी नहीं रखते, जिसकी वजह से ये कंपनियाँ उनके पैसे उगाह ले जाती हैं। स्टॉक मार्केट में निवेश करनेवाला ज्यादातर निवेशक वर्ग अपने फंड मैनेजरों की सलाह के आधार पर इस बाजार में प्रवेश करता है। वे फंड मैनेजर, जो अपना कमीशन तो स्वीकार करते हैं, लेकिन जोखिम जरा सा भी नहीं उठाते, वे लोग म्यूचुअल फंड कंपनियों की तरफ से तैयार ग्राफिक्स और प्रोजेक्शंस दिखाकर निवेशकों को लुभाते हैं और उनसे अपनी आय कमाते हैं। जब चीजें हाथ से निकलने लगती हैं, तब निवेशक को महसूस होता है कि इस खेल की प्रकृति क्या है।

मेरी बस इतनी ही कामना है कि हमें असलियत से सामना करने से पहले अपने पूरे पाठ अच्छे से तैयार करने चाहिए, क्योंकि अगर आप कोई खेल बिना नियम जाने ही खेलना शुरू कर देंगे, तो भले ही आप संयोग से एक–दो बार जीत जाएँ, आज नहीं तो कल, आप हारेंगे और तब तक काफी देर हो चुकी होगी।

सामान्यतः शेयर हमेशा ऊपर जाता है, पूरी तरह गलत है। सेंसेक्स

के साथ भी ऐसा ही है। हर छह महीने में कंपनियाँ हमेशा सूचकांक में टूटती–जुड़ती रहती हैं, जो कि उनके व्यवसाय पर निर्भर करता है कि वे कितना अच्छा या बुरा काम कर रही हैं। सेंसेक्स को शेयर के प्रदर्शन का पैमाना बनाना इसीलिए गलत है।

कौन से स्टॉक खरीदने चाहिए? निवेश की कीमत का दर्शन

किसी भी स्टॉक एक्सचेंज में हजारों कंपनियाँ नामित (लिस्टेड) होती हैं। बी.एस.ई. (बॉम्बे स्टॉक एक्सचेंज) और एन.एस.ई. (नेशनल स्टॉक एक्सचेंज) को मिलाकर ऐसा अनुमान है कि 4,000 से ज्यादा कंपनियाँ रोजाना शेयरों में सार्वजनिक रूप से कारोबार कर रही हैं। अब सवाल यह है कि निवेशक इनमें से कैसे छाँटें कि उसके लिए किस कंपनी का शेयर खरीदना ठीक है?

निवेशक तो केवल यही समझता है कि कुछ कंपनियों के शेयरों के दाम उनकी फेयर वैल्यू से ऊपर (ओवरप्राइस्ड) होते हैं, तो कुछ शेयरों के दाम उनकी फेयर वैल्यू से नीचे (अंडरप्राइस्ड) होते हैं। एक बार जब वे शेयर खरीदते हैं, उसे तब तक नहीं बेचते, जब तक कि उसका बाजार मूल्य अच्छा–खासा बढ़ नहीं जाता और जब एक बार वह ऊपर बढ़ गया, तो वे उसे बेच देते हैं। एक अच्छा निवेशक धैर्यवान् होता है और कंपनियों की वित्तीय रिपोर्टों को लेकर काफी जागरूक भी होता है तथा हमेशा सूचनाएँ खोजता रहता है। वह अपना ज्यादातर समय और प्रयास इसमें लगाकर और कंपनियों के शेयरों का विश्लेषण करके खुश रहता है, साथ ही वे तमाम छोटी कंपनियों, जिनसे वह संतुष्ट रहता है, के शेयरों को फेयर वैल्यू से नीचे के दाम पर खरीदकर हिस्सेदारी करता है।

एक उबाऊ वाक्य में कहा जा सकता है–एक मूल्यवान निवेशक सस्ता शेयर खरीदने की जुगत में होता है।

लेकिन सवाल यह है कि शेयर की फेयर वैल्यू का आकलन कैसे करें निवेशक? क्या यह आपके और हमारे लिए संभव है कि शेयर का विश्लेषण करके उसके वर्तमान दाम के आधार पर उसकी फेयरनेस का आकलन कर सकें? क्या यह आसान है? हाँ, लेकिन केवल उसी सोच के आधार पर, जो कहता है कि कुछ भी असंभव नहीं है। स्टॉक विश्लेषण में काफी कीमती समय लगता है और आम निवेशक इतना समय देने की स्थिति में नहीं होता, लेकिन कुछ आधारभूत पैमाने होते हैं, जिनकी कसौटी पर शेयरों को कसकर तीव्र आकलन किया जा सकता है कि

अमुक कंपनी की वित्तीय स्थिति कितनी स्थिर है और उसका शेयर सस्ता है या महँगा?

प्राइस–टू–अर्निंग रेशियो (पी.ई.)

पी.ई. यानी प्राइस टू अर्निंग रेशियो टर्म का स्टॉक की दुनिया में सामान्य तौर पर इस्तेमाल होता रहता है। इसका हिसाब लगाने के लिए आपको यह जानना जरूरी है कि वर्तमान वित्तीय वर्ष में कंपनी की कुल आय (जिसे 'कुल कमाई' भी कहते हैं) कितनी है और कंपनी की तरफ से आम जनता को कारोबार के लिए कितने शेयर उपलब्ध हैं। उदाहरण के लिए एक कंपनी की कुल कमाई वर्ष 2018 में 1,000 रुपए है और आम जनता को कारोबार के लिए उक्त कंपनी के 100 शेयर उपलब्ध हैं। अगर आप पहले को दूसरी संख्या से भाग देते हैं, तो आपको कंपनी की प्रति शेयर कुल आय का पता लग जाएगा। इसे 'ई.पी.एस.' (अर्निंग पर शेयर) भी कहा जाता है। ज्यादातर ऑनलाइन प्लेटफॉर्म पर आपको कंपनी की पहले से तय की हुई ई.पी.एस. दिख जाएगी। इससे आपको कंपनी के अंदरूनी हालात का अंदाजा हो जाएगा।

अब अगर आप कंपनी के शेयर के तत्कालीन दाम को उस दौरान चल रहे ई.पी.एस. से भाग दे दें, तो आपको कंपनी की प्राइस–टू–अर्निंग रेशियो (पी.ई.) का पता भी चल जाएगा। उदाहरण के लिए, एक कंपनी सी.बी.ए. के शेयर के दाम आज बी.एस.ई. में 500 रुपए हैं और ई.पी.एस. मान लीजिए कि 10 है, तो उस समय विशेष में पी.ई. रेशियो जानने के लिए 500 को 10 से भाग दे दीजिए, यानी कि 50।

यह तरीका महज आधारभूत अनुमान लगाने के लिए होता है, ताकि बाजार में चल रहे अनुमानों के आँकड़े का खाका खींचा जा सके, यह कि सी.बी.ए. का शेयर, जो आपने आज 500 रुपए में खरीदा, उसने पिछले साल केवल 10 रुपए की आय अर्जित की थी। इसलिए अगर आप इसे शुद्ध व्यवसाय के तौर पर देख रहे हों, तो वर्तमान कमाई के आधार पर आपको अपनी शुरुआती निवेश रकम हासिल करने में कम–से–कम 50 साल लगेंगे।

फिर कोई क्यों इतनी ज्यादा रकम चुकाकर सी.बी.ए. कंपनी के शेयर खरीदेगा? एक कारण हो सकता है– लोगों का भरोसा, चाहे जिस भी वजह से कि सी.बी.ए. की प्रति शेयर आय भविष्य में ऊपर चढ़ेगी। अगर यह सच हो गया तो मान लीजिए कि अगर ई.पी.एस. 100 रुपए पर आ गए तो निवेशक अपनी रकम बमुश्किल पाँच साल में निकालने की स्थिति में होगा।

एक अन्य कारण यह कि निवेशक जानता है कि बाजार में हमेशा एक निश्चित आधार पर अनुमान और आकलन चलता रहता है। वे इतिहास की तरफ भी देखते हैं और कहते हैं कि देखिए, सी.बी.ए. कंपनी के शेयर ने हमेशा 60 या उससे ऊपर के पी.ई. रेशियो पर कारोबार किया है। इस आधार पर अगर कंपनी का पी.ई. रेशियो 50 पर आ जाता है, तो आकलन के आधार पर इसे सस्ता ही मानेंगे। अगर आप यह जानते हैं कि सी.बी.ए. कंपनी हमेशा 50 के पी.ई. पर कारोबार करती है, तो आपको इससे मतलब नहीं रहेगा कि कितने सालों में ब्रेक इवेन पॉइंट पर आप पहुँच पाएँगे, बल्कि आपका ध्यान इसकी कीमतों पर रहेगा कि शेयर के दाम जैसे ही जरा सा ऊपर जाएँ, आप शेयर बेचकर मुनाफा कमा लें।

अनुमानों को एक क्षण के लिए दरकिनार कर दें, यद्यपि एक सामान्य विचार के आधार पर पी.ई. रेशियो जितना कम रहता है, शेयर उतना ही आकर्षक होता है। हालाँकि यह याद रखना होगा कि पी.ई. रेशियो में जो अर्निंग का आँकड़ा शामिल होता है, वह पिछले वित्तीय वर्ष की कमाई का हिसाब–किताब होता है। अगर आप शेयर का मूल्यांकन पी.ई. रेशियो के आधार पर करते हैं, तो आपको कंपनी की भविष्य में होनेवाली कमाई का अनुमान लगाने में समय खर्च करना चाहिए।

भविष्य के अनुमान के गलत होने की भी संभावना होती ही है, हालाँकि कंपनी के शेयर सस्ते हैं या महँगे, यह पता करने में पी.ई. रेशियो अहम भूमिका निभाता है और एक तरह से यह आगे बढ़ने का शुरुआती बिंदु साबित होता है। फिर भी, हमें यह ध्यान रखना चाहिए कि सारे आँकड़े बीते हुए कल के होते हैं और भविष्य का सटीक आकलन करके ही आप कंपनी का वास्तविक पी. ई. रेशियो निकाल सकते हैं।

प्राइस–टू–बुक वैल्यू (पी.बी.) रेशियो

कंपनी की बुक वैल्यू निकालने के लिए हम उसकी कुल चल संपत्ति में से उसकी देयताओं (लाइबिलिटी) को घटाते हैं। प्रति शेयर बुक वैल्यू से कंपनी की बुक वैल्यू का आकलन किया जाता है। वर्तमान शेयर प्राइस को बुक वैल्यू से भाग देने पर हमें यह पता चलता है कि कंपनी अपनी वर्तमान स्थिति का कितना फायदा उठाने की तैयारी में है। पी.बी. रेशियो इस तरह हमें सवाल का जवाब देता है– अगर कंपनी को आज की तारीख में बेचा जाए तो उसको अपने शेयरधारकों को कितने पैसे का भुगतान करना पड़ेगा?

मान लीजिए, सी.बी.ए. कंपनी 40 रुपए प्रति शेयर के दाम पर कारोबार कर रही है। कंपनी की कुल संपत्ति उसकी तमाम देयताओं (लाइबिलिटी) को जोड़ने के बाद 40 हजार रुपए है और सुविधा के लिए मान लीजिए कि कंपनी के पास दो हजार शेयर हैं, जिनमें सार्वजनिक रूप से एक्सचेंज पर कारोबार किया जा रहा है।

तो कंपनी की बुक वैल्यू निकालने के लिए 40 हजार को दो हजार से भाग दे दीजिए, यानी कि 20 रुपए आए, अतः प्राइस–टू–बुक (पी.बी.) रेशियो निकालने के लिए 40 को 20 से भाग देना होगा, जिसका कि परिणाम दो आएगा।

हम मान लेते हैं कि सी.बी.ए. अपनी इस परिस्थिति का फायदा उठाने में से के हिसाब से सक्षम है। अगर सी.बी.ए. इस समय बिक जाए, तो आपके पास उस कंपनी के मौजूद हर शेयर पर आपको उसकी कीमत का आधा प्राप्त होगा। अगर किसी निवेशक के पास कंपनी के तीन शेयर हों तो उसके पास 120 रुपए की संपत्ति मानी जाएगी।

जबकि भविष्य में अगर कंपनी बिकती है, तो उक्त निवेशक को शेयरों के बदले मात्र 60 रुपए मिलेंगे।

यहाँ भी सामान्य नियम ही लागू किया गया है, यानी पी.बी. रेशियो जितना ही नीचे रहेगा, निवेशक को उतना ही कम जोखिम झेलना पड़ेगा, अगर वह कंपनी का शेयर खरीदता है तो, हालाँकि व्यवहार में और सावधानी बरतने की बातें भी होती हैं।

इसके साथ बड़ा मुद्दा यह भी है कि बुक वैल्यू में केवल अचल संपत्तियों को ही हिसाब में शामिल किया जाता है। अमूर्त संपत्तियों जैसे ब्रांड वैल्यू, पेटेंट और गुडविल को नहीं नापा जाता है। इसलिए जो कंपनियाँ सेवा और तकनीक उद्योग से जुड़ी होती हैं, जैसे–विप्रो, उदाहरण के लिए, जिनकी मुख्य संपत्ति ही बौद्धिक संपदा और पेटेंट के रूप में है, उनकी बुक वैल्यू उन कंपनियों से बेहद कम होगी, जैसे कि मान लीजिए, एक आधारभूत ढाँचा तैयार करनेवाली या भारी इंजीनियरिंग कंपनी है, जिसके पास उचित मात्रा में रियल एस्टेट और मशीनरी है, साथ ही किसी संपत्ति की बुक वैल्यू उसके अधिग्रहण के दौरान उसकी कीमत से जुड़ी होती है और उसमें डेप्रिसिएशन से लेना–देना नहीं रहता। इसलिए जब तक निवेशक अतिरिक्त होमवर्क नहीं करता और यह पता नहीं करता कि कंपनी के पास मौजूद संपत्ति की वास्तविक प्रकृति क्या है, तब तक जो भी बताया जाएगा, वह

बहुत संभव है कि भ्रामक आँकड़ा हो।

एक और चीज भी ध्यान रखने की है कि पी.बी. रेशियो वास्तव में हमें क्या बताता है? पी.बी. रेशियो अगर कम है, तो उससे यह पता चलता है कि या तो बाजार यह विश्वास करता है कि असेट वैल्यू बढ़ा–चढ़ाकर बताई गई है, यानी कि कंपनी की संपत्ति की सही कीमत उस अनुरूप नहीं है और उसे बैलेंस शीट के आँकड़ों से काफी हद तक बढ़ा–चढ़ाकर बताया गया है या फिर कंपनी ने अपनी बैलेंस शीट में अपनी संपत्ति को कम करके दिखाया है। अगर पहलेवाला मामला सच है और संपत्ति की गुणवत्ता सवालों के घेरे में है, तो निवेशक को सलाह दी जाती है कि वह शेयर से दूर ही रहे, लेकिन अगर दूसरा मामला सच निकलता है, तो निवेशक को यह उम्मीद करनी चाहिए कि बेहतर प्रबंधन अपनी क्षमता के साथ आगे आएगा और भविष्य में चीजें बदलेंगी। लेकिन तब हालात हो सकता है कि न बदलें और चीजें वैसे ही चलती रहें, अगर और खराब नहीं होती हैं।

लाभांश अर्जन (डिविडेंड यील्ड)

लाभांश कंपनी की कमाई का एक हिस्सा होता है, जो नियमित अंतराल पर शेयरधारकों में वितरित किया जाता है। डिविडेंड यील्ड एक पैमाना होता हैं, जो कंपनी के शेयर होल्ड करने की एवज में प्रतिशत के रूप में सालाना रिटर्न के तौर पर दिया जाता है। उदाहरण के लिए, अगर किसी शेयर (मान लीजिए, एम.एन.ओ.) का वर्तमान डिविडेंड यील्ड दो फीसदी है तो इसका मतलब यह हुआ कि अगर आपने 100 रुपए के एम.एन.ओ. के शेयर खरीदे हैं और उसे बचाकर रखा है तो आपका इस साल का रिटर्न दो रुपए का होगा।

एक कंपनी के लिए शेयरधारकों को सहेजकर रखने का एक ही तरीका होता है कि या तो वह उन्हें ऊँचा लाभांश दे या ऊँची वृद्धि; ज्यादा सटीक तरीके से कहा जाए तो विकास और लाभांश का संयुक्त निचोड़ यह तय कर सकता है कि शेयरधारकों को ऊँचा रिटर्न मिले। अतः कंपनी का पुराना आँकड़ा देखते समय उसका लाभांश वाला इतिहास और उसकी कमाई की वृद्धि देखकर उस कंपनी विशेष के व्यवसाय की गुणवत्ता का आकलन किया जा सकता है।

हमेशा की तरह यह भी ध्यान रखना होगा कि कंपनी का पुराना आँकड़ा उसके भविष्य की बेहतरी का पैमाना नहीं होता। भविष्य का अनुमान लगाने के लिए आपको कंपनी की बैलेंस शीट खँगालनी होगी, उसमें यह पता लगाना

होगा कि उस कंपनी का बड़ा प्रतिस्पर्धी कौन है। उसकी संभावनाएँ खँगालनी होंगी और तब किसी निर्णय पर आना होगा।

इस खंड में जिन तीन पैमानों पर चर्चा की गई, उन्हें समझने के लिए आपको गंभीरता से ध्यान केंद्रित करना होगा, गणितीय और सांख्यिकीय समझ विकसित करनी होगी और समय खर्च करना होगा, जो कि शायद हम में से ज्यादातर के पास नहीं है।

ऐसे ही मौके पर वित्तीय उद्योग अपनी उपयोगिता दरशाने लगता है। वे दावा करते हैं कि प्रतिभूतियों के विश्लेषण के क्षेत्र में उनके पास ज्यादा विशेषज्ञता है और उनका यह भी दावा रहता है कि वे आपका पैसा ऐसे श्रेष्ठतम रिटर्न और न्यूनतम जोखिम वाली जगह पर निवेश करा सकते हैं।

कर प्रावधान

अगर इन्हें (शेयर) एक साल के दौरान बेचा जाए तो इन पर शॉर्ट टर्म कैपिटल गेन 15% लगेगा। अगर इन्हें एक साल से ज्यादा अपने पास रखा जाए या निवेश की अवधि एक साल से ज्यादा है, तो इन पर 10% लॉन्ग टर्म कैपिटल गेन टैक्स लगेगा, परंतु यह तभी लागू होगा, जब लाभ की राशि एक लाख रुपए से ज्यादा हो। इसका अर्थ है, किसी भी वित्त वर्ष में अगर शेयरधारक का दीर्घ कालिक मुनाफा एक लाख रुपए तक है, तो उस पर लॉन्ग टर्म कैपिटल गेन टैक्स नहीं लगेगा।

बॉण्ड्स

बॉण्ड क्या है?

छोटे, सामान्य, संक्षिप्त से वाक्य में कहें तो बॉण्ड एक तरह की कर्ज की रसीद है, जो उधार लेनेवाला कर्ज देनेवाले को सौंपता है।

उदाहरण के लिए, अगर मैं आपको 10,000 रुपए कर्ज देता हूँ, तो हम एक साथ एक बॉण्ड पर दस्तखत करेंगे, जिसमें कर्ज लेने के लिए सारे नियम व शर्तें लिखी होंगी, विशेष तौर पर बॉण्ड में अंकित होगा कर्ज भुगतान की तिथि और वह ब्याज दर, जो आप मुझे इस अवधि के दौरान अदा करते रहेंगे। कुल मिलाकर बॉण्ड इतना ही है। यह एक रसीद की तरह है, जो इस बात की तस्दीक करेगा कि आपने मुझसे कर्ज लिया है।

सारे ऋणों के बदले उतनी ही कीमत की कोई वस्तु/समपार्श्विक

(कोलैटरल)/ गिरवी की जरूरत होती है। उदाहरण के लिए, जो कर्ज मैंने आपको दिया, यह भी हो सकता था कि आप उसके बदले महँगे आभूषण गिरवी रखते। इस तरह अगर आप ऋण चुका नहीं पाते, तो मैं आपके गिरवी रखे गहनों को बेचकर कर्ज की वह राशि वापस लेता। बॉण्ड में इस तरह का विवरण भी दिया जाता है।

जब सरकार अपने नागरिकों के लिए बॉण्ड जारी करती है, तो इसके बदले वह भविष्य में लोगों पर कर लगाने की उसकी क्षमता को बतौर प्रस्ताव उसमें इंगित करती है। चूँकि सरकार की आय का एकमात्र स्रोत कराधान ही होता है, इसलिए सरकार की कर्ज लौटाने की क्षमता लोगों पर कर बढ़ाकर और वसूलकर ही प्रदर्शित होती है। जब तक एक देश मौजूद है और उसे चलाने के लिए सर्वोच्च सत्ता सरकार में निहित है, तब तक ब्याज या मूल धन भुगतान पर किसी प्रकार का संकट या जोखिम नहीं होता। आपके लिए कर्ज की वापसी की गारंटी और वह भी जब तक सरकार के हाथ में देश का शासन है, 'संप्रभु गारंटी' (सॉवरिन गारंटी) कहलाती है। भारत में सरकारी बॉण्ड संप्रभु गारंटी के साथ जारी किए जाते हैं और ये निवेश वर्ग में सबसे ज्यादा सुरक्षित होने की रेटिंग रखते हैं।

व्यापक तौर पर कहा जाए तो आम निवेशक के लिए दो तरह के बॉण्ड मौजूद रहते हैं–

- **सरकारी बॉण्ड्स**
- **कॉरपोरेट बॉण्ड्स**

समस्त सरकारी बॉण्ड मार्केटेबल होते हैं, यानी कि उन्हें आप किसी अन्य निवेशक को भी बेच सकते हैं और सरकार को इसमें शामिल नहीं करना होता। इस तरह दो तरह के बाजार देखने में आते हैं–

एक प्राइमरी मार्केट, जहाँ सरकार निवेशक को बॉण्ड बेचती है और दूसरा है द्वितीयक बाजार (सेकेंडरी मार्केट), जहाँ बॉण्ड निवेशकों के बीच खरीदे व बेचे जाते हैं और वह भी बिना सरकार के हस्तक्षेप के।

जो भी बॉण्ड का मालिक होता है, उसे सरकार एक निश्चित अंतराल पर एक निश्चित ब्याज दर से भुगतान करती रहती है। इस वजह से इसे 'फिक्स्ड इनकम इंस्ट्रूमेंट' कहते हैं, क्योंकि सिद्धांत में बॉण्ड्स से होनेवाली आय केवल सरकार द्वारा इसके मालिक को ब्याज भुगतान के रूप में होती है। इसे 'डेट

इंस्ट्रूमेंट' भी कहा जाता है, क्योंकि अंततः सरकार ने बॉण्ड मालिक से डेट (उधार) लिया होता है।

हालाँकि व्यवहार में बॉण्ड निवेश को निश्चित ब्याज के अलावा भी एक और आय का जरिया मिल जाता है। यह सेकेंडरी मार्केट के चलते होता है, जहाँ बॉण्ड को उसके वास्तविक दाम से ऊपर या नीचे बेचने की छूट रहती है। इसलिए बॉण्ड निवेशक के पास पूँजीगत लाभ (कैपिटल गेन) की संभावना बनी रहती है। इसकी तह में जाने पर हम और आसानी से समझ सकेंगे कि कैसे ब्याज दर और बॉण्ड हमें फायदा पहुँचा सकते हैं।

बॉण्ड कैसे खरीदें?

आज के समय में बॉण्ड खरीदना बेहद आसान हो चुका है, जिसके लिए डीमैट खाता खुलवाना पड़ता है। डीमैट खाते का प्रयोग कर आप कागजी संपत्तियाँ, जैसे–शेयर, बॉण्ड और कंपनी के फिक्स डिपॉजिट आदि खरीद सकते हैं।

बॉण्ड्स से पूँजीगत लाभ या हानि

अर्थव्यवस्था में संतुलन बनाए रखने के लिए रिजर्व बैंक ऑफ इंडिया के पास यह ताकत है कि वह जब चाहे, ब्याज दरें बढ़ा और घटा सकता है। यह मूलतः एक दर होती है, जिसके आधार पर समस्त बैंकों को फंड जारी किया जाता है, ताकि वे भी उसी के अनुरूप बाजार में अपनी ब्याज दरें तय कर सकें। अतः मान लेते हैं कि वर्ष 2001 की शुरुआत में आपने सरकार से बीस साल के लिए 1,000 रुपए की कीमत का एक बॉण्ड लिया, जिस पर ब्याज दर सात फीसदी तय की गई थी। आज आप अपने इस फैसले से खुश हो सकते हैं, क्योंकि जब आप अपने आसपास के बाजार के हाल पर नजर दौड़ाते हैं, तो पाते हैं कि दूसरा कोई भी निवेश माध्यम, जिसमें न्यूनतम जोखिम हो, इतनी ऊँची दर पर रिटर्न नहीं दे रहा है।

हालाँकि एक साल बाद, मान लीजिए कि आर.बी.आई. ने ब्याज दर एक फीसदी बढ़ा दी। अब सरकारी बॉण्ड पर मिलनेवाला ब्याज बढ़कर आठ फीसदी हो जाएगा, लेकिन आपने साल भर पूर्व जो बॉण्ड ले रखा है, उस पर केवल सात फीसदी की दर से रिटर्न मिल रहा है। जब बाजार में नया बॉण्ड आठ फीसदी की ब्याज दर पर मौजूद होगा तो कोई आपका बॉण्ड क्यों खरीदेगा, जो केवल सात फीसदी रिटर्न की गारंटी रखता हो। इसलिए अगर

आप बॉण्ड बेचकर आपातकाल के लिए पैसा निकालना चाहें तो आपके पास विकल्प क्या होंगे?

लोग तब भी आपका बॉण्ड खरीदने को इच्छुक होंगे, लेकिन तभी, जबकि उससे होनेवाली कमाई नए बॉण्ड के परिप्रेक्ष्य में समान क्षमतावाली नजर आए। इसलिए अगर आपके बॉण्ड की कीमत उस एक फीसदी के अंतर को भरने के हिसाब से नीचे आ जाए तो आपको खरीददार मिल सकते हैं। इसलिए आपको बॉण्ड का बिक्री मूल्य घटाना पड़ेगा और द्वितीयक बाजार (सेकेंडरी मार्केट) में खरीददारों को डिस्काउंट ऑफर करना पड़ेगा, ताकि आपके बॉण्ड के नए खरीददार को भी आठ फीसदी का रिटर्न हासिल हो सके। इस हिसाब से आपके बॉण्ड की नई कीमत होगी 875 रुपए। अतः अगर बॉण्ड पर ब्याज दर बढ़ने के बाद आप अपना निवेश बेचते हैं, तो आपको पूँजीगत हानि होने की संभावना रहेगी।

इसके विपरीत भी एक सच्चाई है, क्योंकि अगर आर.बी.आई ब्याज दरें घटाता है, मान लीजिए कि एक फीसदी ही सही, तो अब नए जारी होनेवाले बॉण्ड पर ब्याज दर छह फीसदी होगी, जबकि आपको सात फीसदी की दर से ब्याज मिल रहा है, तो यह बात निवेशकों को ज्यादा पसंद आएगी। आपके बॉण्ड की कीमत स्वतः ऊपर चली जाएगी और तब आपके बॉण्ड और नए बॉण्ड के बीच अंतर को भरने के लिए खरीददारों को 1,000 रुपएवाले बॉण्ड पर 1,166 रुपए चुकाने होंगे। अगर आप इस दाम पर बॉण्ड बेचते हैं तो आपको पूँजीगत लाभ होगा।

इस तरह बॉण्ड अविभाज्य तरीके से ब्याज दर साइकिल से जुड़े होते हैं, हालाँकि यह सब तब के लिए है, जबकि आप किसी भी समय बॉण्ड बेचने के इच्छुक हों। अगर आपका उद्देश्य बॉण्ड के मैच्योरिटी पीरियड को बरकरार रखने का है, यानी पूरे बीस साल, जैसा कि ऊपर दिए उदाहरण में दरशाया गया है, तो आपको सात फीसदी की दर से नियमित आय मिलती रहेगी और ऋण की अवधि पूरी होने पर आपको 1000 रुपए भी वापस मिल जाएँगे।

इस वजह से इस व्यापार में अनुमान एक अहम भूमिका अदा करता है। अगर आप सोचते हैं कि आर.बी.आई अगले चक्र में ब्याज दर बढ़ा सकता है तो आप अपना बॉण्ड समय से बेच सकते हैं और भविष्य में उसे नीची ब्याज दर पर दोबारा खरीद सकते हैं। अगर आप यह सोचते हैं कि आर. बी.आई. ब्याज दर घटाने जा रहा है तो आप और अधिक बॉण्ड खरीदकर अपनी मार्केट वैल्यू में इजाफा कर सकते हैं। अतः जबकि बॉण्ड को निश्चित

आय प्रदान करनेवाले असेट के रूप में देखा जाता है, व्यवहार में आप इसमें निवेश करके इससे अतिरिक्त कमाई भी कर सकते हैं।

एक सामान्य सवाल, जो कि बॉण्ड निवेशक के मन में घुमड़ सकता है, वह यह कि क्या उन्हें बॉण्ड मार्केट वैल्यू को देखते हुए बॉण्ड बेचने चाहिए या जितनी उसकी अवधि है मैच्योरिटी की, उतने दिन शांत होकर बैठे रहना चाहिए? इसका उत्तर है कि मौके के अनुरूप व्यवहार करना चाहिए। तब आप क्या करेंगे, अगर पाँच साल पहले खरीदा गया बॉण्ड आपको नौ फीसदी की दर से ब्याज दे रहा हो और आज बॉण्ड पर ब्याज दर 12 फीसदी चल रही हो? क्या आप अपने बॉण्ड पर नौ फीसदी की दर से रिटर्न पाकर संतुष्ट होंगे? दूसरी तरफ, अगर मान लीजिए कि बॉण्ड पर ब्याज दर गिरकर छह फीसदी पर आ गई, तब आप क्या करेंगे? क्या यह जानते हुए भी कि भविष्य में आपका बॉण्ड अच्छी आय दे सकता है और आगे चलकर ब्याज दरें एक बार फिर नौ फीसदी पर आ सकती हैं, आप अपना निवेश बेचना चाहेंगे?

ये सारे सवाल मनोविज्ञान और चरित्र से जुड़ते हैं और हर निवेशक के पास इनका अलग–अलग जवाब ही मिलेगा। हममें से जो ज्यादा जोखिम उठाने में विश्वास करते होंगे, वे इस उछाल भरी लहर पर सवार होकर ऊँची ब्याज दर और बॉण्ड पर अधिकतम कीमत वसूल पाएँगे। दूसरे समान रूप से बेचेंगे और निकल जाएँगे। कुछ ऐसे भी होंगे, जो और बॉण्ड्स खरीदेंगे और खुद को आश्वस्त करेंगे कि वर्तमान ब्याज दर सामान्य स्थिति में ही नीचे आ जाएगी।

याद रखें– बॉण्ड्स आपको मूलधन क्षरण से बचाने के लिए सुरक्षा प्रदान करते हैं, लेकिन उतार–चढ़ाव से उनका कोई लेना–देना नहीं होता। अगर बाजार में दाम ऊपर जाते हैं और अगले ही दिन नीचे आ जाते हैं, तो आपको न तो खुद को बॉण्ड खरीदने से रोकना चाहिए और न ही बाजार पर नजर रखनी छोड़नी चाहिए।

देश में जितने भी बॉण्ड जारी किए जाते हैं, उन्हें भारत में एक स्वतंत्र रेटिंग एजेंसी की कसौटी पर भी कसा जाता है, ताकि निवेशकों को अपने जोखिम का अंदाजा लगाने में कुछ मदद मिल सके। सरकारी बॉण्डों को सामान्य तौर पर संप्रभुतावाली रेटिंग मिल जाती है, जिसका अर्थ होता है कि ये सबसे ज्यादा सुरक्षित हैं। सार्वजनिक क्षेत्र के निगमों के कर्ज को सामान्य तौर पर 'एएए' रेटिंग मिलती है, जो दूसरे नंबर पर आता है।

निवेशकों को इसे खूब अच्छी तरह परखना चाहिए और अच्छी तरह अपने जोखिम एवं इसके रिटर्न के तुलनात्मक अध्ययन के बाद ही बॉण्ड खरीदना चाहिए। क्रिसिल और केयर दोनों ही रेटिंग एजेंसी हैं, जो रेटिंग प्रक्रिया के बारे में बताती हैं।

बॉण्ड निवेशकों के बीच एक सामान्य भ्रम भी फैला होता है– वे अपना सारा ध्यान ब्याज से हो रही आय पर केंद्रित कर लेते हैं। अतः आपको किसी कंपनी का बॉण्ड 11 फीसदी भी रिटर्न दे रहा है तो उसे सरकारी बॉण्ड, जो कि 9.5 फीसदी की दर से ब्याज देने का वादा कर रहा हो, पर तरजीह देते हैं लोग; लेकिन वे बॉण्ड से आय के दूसरे हिस्सों को नकार देते हैं, यानी पूँजी का उठाव।

सामान्यतः बॉण्ड जितना ही सुरक्षित होगा, वह ब्याज दर की अस्थिरता का उतने ही बेहतर ढंग से जवाब भी देगा। इसलिए 20 साल की अवधि का एक सरकारी बॉण्ड अगर 8.5 फीसदी की भी ब्याज दर दे रहा है तो वह आपके पैसे के बढ़ने के ज्यादा अवसर प्रदान कर रहा होता है, बजाय कि किसी निजी निगम के बॉण्ड में निवेश करने के, जो कि 10 फीसदी की दर से ब्याज दे रहा हो। हालाँकि यह आपको 1.5 फीसदी ज्यादा की दर से ब्याज के रूप में आय दे रहा है, लेकिन लंबी अवधि में सरकारी बॉण्ड द्वारा दी जानेवाली कीमत ज्यादा हो सकती है। ध्यान दें कि अगर उसकी कीमत नीचे होगी तो आप इसे निकालकर अपना मूलधन वापस पा सकते हैं, लेकिन अगर इसकी कीमत ऊपर चली गई तो आपके पास इसे बेचने का भी विकल्प रहेगा और इस तरह आप अपना पूँजीगत लाभ हासिल कर सकते हैं।

बॉण्ड से मिलनेवाली ब्याज दर को एक अन्य कारक भी प्रभावित कर सकता है, जिसे 'समय अवधि' कहा जाता है, जबकि सबकुछ एक समान हो। जिस बॉण्ड की अवधि जितनी लंबी होगी, वह उतनी ही तेजी से ब्याज दर बदलाव को प्रभावित करेगा, बजाय छोटी अवधि के बॉण्ड की तुलना में। यहाँ भी अगर हम एकमात्र ब्याज से होनेवाली आय पर ध्यान केंद्रित करें तो यह उचित नहीं होगा, यद्यपि छोटी अवधि का बॉण्ड ज्यादा अवधि के बॉण्ड की तुलना में आपको ज्यादा ब्याज दर दे रहा होता है।

लंबी अवधि के बॉण्ड के साथ आपके पास एक अवसर होता है, भले ही इसमें जरा कम आय होती हो, आपके पास ऊँचा पूँजीगत मूल्य और ज्यादा ऊँचा लाभ भी प्राप्त करने का अवसर होता है।

□

निवेश की सरकारी बचत योजनाएँ

भारत में घरेलू बचत का एक बड़ा हिस्सा इसमें जमा किया जाता है। घरों से पैसा निकलकर सरकार के पास जाता है। सभी योजनाओं से प्राप्त धन को नेशनल स्मॉल सेविंग्स फंड में जमा कर दिया जाता है और सरकार इस पैसे को विकास योजनाओं में खर्च करती है एवं लोगों को सामाजिक सुरक्षा प्रदान करती है।

इन्हें तीन भागों में बाँट सकते हैं–

1. पोस्ट ऑफिस डिपॉजिट – ये कई प्रकार के होते हैं; जैसे– पोस्ट ऑफिस मंथली इनकम स्कीम।

2. सेविंग सर्टिफिकेट – जैसे एन.एस.सी. एवं किसान विकास पत्र।

3. सोशियल सिक्योरिटी स्कीम – जैसे पी.पी.एफ., सुकन्या समृद्धि योजना एवं वरिष्ठ नागरिक जमा योजना।

तिमाही आधार पर ब्याज का भुगतान किया जाता है। ब्याज दर पिछले तीन महीनों की जी–सेक (गवर्नमेंट सिक्योरिटीज) की यील्ड को आधार मानकर तय की जाती है एवं ब्याज दर जी–सेक की प्रतिफल (रिटर्न) से 25 से 75 पैसे ज्यादा होती है।

लोक भविष्य निधि (पी.पी.एफ./पब्लिक प्रोविडेंट फंड)

भारत सरकार द्वारा प्रायोजित कर रियायत हेतु दीर्घावधि निवेश उत्पाद है। कुछ साल पहले तक पी.पी.एफ. में निवेश करना अच्छा माना जाता था, क्योंकि उस समय इसमें ब्याज दर अधिक थी। धारा 80सी का लाभ मिलता है इसमें किए गए निवेश पर, उस पर ब्याज एवं अंत में परिपक्वता अवधि पर मिली राशि कर–रहित होती है। इस योजना में निवेश संपदा कर से पूरी तरह मुक्त है।

- पी.पी.एफ. की ब्याज दर सरकारी बॉण्ड यील्ड से जुड़ी होती है। यह दर प्रत्येक तिमाही में संशोधित की जाती है।
- एक वैयक्तिक (इंडिविजुअल) के नाम से केवल एक खाता खोला जा सकता है। परिपक्वता पूर्व आहरण केवल खाताधारक को या परिवार के किसी सदस्य को गंभीर जानलेवा बीमारी होने पर किया जा सकता है। खाताधारक या अवयस्क (माइनर) की उच्च शिक्षा के लिए भी परिपक्वता पूर्व आहरण किया जा सकता है।
- पी.पी.एफ. खाता 15 पंद्रह वर्षों के लिए खोला जाता है, परंतु इसको खाताधारक की इच्छा पर पाँच–पाँच वर्ष की अवधि पर बढ़ाया जा सकता है। सौ रुपए से खाता खोला जा सकता है और प्रत्येक वर्ष कम–से–कम एक अभिदान पाँच सौ रुपए का जमा कराना आवश्यक है तथा प्रतिवर्ष 12 से अधिक अभिदान नहीं जमा करा सकते।
- खाताधारक सातवें साल से आहरण कर सकता है एवं दूसरे वित्तीय वर्ष (फाइनेंशियल ईयर) से पाँचवें वित्तीय वर्ष के अंत तक ऋण ले सकता है, जिस पर ब्याज दर उस समय पर दी जानेवाली ब्याज दर से 2% ज्यादा होती है।
- कोई भी वर्तमान खाताधारक अपने पी.पी.एफ. खाते को एक बैंक से दूसरे बैंक अथवा पोस्ट ऑफिस से बैंक में स्थानांतरित करवा सकता है। इस दौरान स्थानांतरित खाते को जारी (कंटीन्यु) माना जाएगा।
- पी.पी.एफ. को भारत सरकार कुर्क (अटैच) नहीं कर सकती।
- एक अथवा अधिक व्यक्तियों के नामांकन की अनुमति है। अवयस्क के खाते में कोई नामांकन स्वीकार्य नहीं है, अभिदाता की मृत्यु के बाद नॉमिनी खाते को जारी नहीं रख सकता।
- अनिवासी भारतीय (एन.आर.आई.) तथा अविभक्त हिंदू परिवार (एच.यू. एफ.) इस योजना के लिए पात्र नहीं हैं।

ध्यान दें – युवा निवेशक, जिनकी उम्र 35 वर्ष से कम है, उन्हें निवेश के अन्य उपकरणों से तुलना करते हुए पी.पी.एफ. के बजाय अन्य उत्पादों जैसे म्यूचुअल फंड या एन.पी.एस. में निवेश करना चाहिए।

लेकिन जिन निवेशकों की उम्र 45 वर्ष से ज्यादा है, वे अपने डेट पोर्टफोलियो में इसका सहारा ले सकते हैं।

सुकन्या समृद्धि योजना

अगर आप अपनी बच्ची की शादी या उच्च शिक्षा के लिए उसके नाम से निवेश करना चाहते हैं, तो यह एक अच्छा विकल्प है। परंतु पुत्री के नाम से यह खाता तभी खोला जा सकता है, जब आपकी पुत्री की आयु 10 वर्ष से कम हो। एक पिता अपनी अधिकतम दो बेटियों के नाम से खाता खुलवा सकता है, लेकिन उनमें निवेश की अधिकतम राशि एक लाख पचास हजार हो सकती है। इसमें किए गए निवेश पर, उस पर ब्याज एवं अंत में परिपक्वता अवधि पर मिली राशि (ब्याज सहित) करमुक्त होती है। सुकन्या समृद्धि योजना में ऑटो डेबिट की सुविधा उपलब्ध है।

सुकन्या समृद्धि खाते की मुख्य विशेषताएँ

- 10 वर्ष की आयु होने से पूर्व बालिका के नाम से खाता खोला जा सकता है।
- एक बालिका के नाम से केवल एक ही खाता खोला जा सकता है।
- खाता किसी भी डाकघर या व्यावसायिक बैंकों की शाखाओं में खोला जा सकता है। 15 वर्ष तक अंशदान करना होता है।
- खाता खोलने के लिए बालिका, जिसका खाता खुलना है, का जन्म प्रमाण–पत्र जमा कराया जाना आवश्यक है।
- खाता न्यूनतम 250 रुपए से खोला जा सकता है। तत्पश्चात् 100 रुपए के गुणकों में रकम जमा की जा सकती है। एक वित्तीय वर्ष में न्यूनतम रुपए 250 जमा करवाना आवश्यक है।
- एक वित्तीय वर्ष में सारे खातों को मिलाकर अधिकतम रुपए 150000 ही जमा किए जा सकते हैं।
- सरकार द्वारा समय–समय पर अधिसूचित दर से चक्रवृद्धि वार्षिक ब्याज खाते में देय है।
- खाताधारक के 18 वर्षीय होने पर या 10वीं कक्षा उत्तीर्ण करने पर, जो भी पहले हो, शिक्षा/विवाह संबंधी खर्चों को पूरा करने के लिए पूर्ववर्ती वित्तीय वर्ष के शेष की 50% राशि निकाली जा सकती है।
- खाता भारत में कहीं भी एक डाकघर/बैंक से दूसरे डाकघर/बैंक में हस्तांतरण किया जा सकता है।

- ❖ खाता खोले जाने की तिथि से 21 वर्ष पूर्ण होने के पश्चात् या विवाह होने पर, जो भी पहले घटित हो, खाता परिपक्व हो जाता है।
- ❖ अनिवासी भारतीय (एन.आर.आई.) तथा अविभक्त हिंदू परिवार (एच.यू.एफ.) इस योजना के लिए पात्र नहीं हैं।

वरिष्ठ नागरिक जमा योजना (सीनियर सिटीजन सेविंग स्कीम)

वरिष्ठ नागरिक जमा योजना, 2004 बेहतर प्रतिफल के लिए वरिष्ठ नागरिकों हेतु केंद्रीय सरकार की सर्वोत्तम जमा योजना है। उनके लिए यह योजना बैंक फिक्स डिपॉजिट से भी अच्छी है। इसमें अधिकतम 15 लाख रुपए का निवेश कर सकते हैं। हर तिमाही पर ब्याज मिलता है, जिससे वरिष्ठ नागरिक को नियमित आय प्राप्त होती है।

- ❖ **पात्रता** – i. 60 वर्ष एवं उससे अधिक आयु प्राप्त कर चुका व्यक्ति, ii. 55 वर्ष की आयु प्राप्त कर चुका व्यक्ति, जिसने स्वैच्छिक सेवानिवृत्ति योजना (वी.आर.एस.) के अंतर्गत स्वैच्छिक सेवानिवृत्ति ले ली है, अपनी स्वैच्छिक सेवानिवृत्ति के 1 माह के भीतर, iii. अधिवर्षिता पर सेवानिवृत्ति हुआ सेवानिवृत्त रक्षा कार्मिक (नागरी सुरक्षा को छोड़कर), 50 वर्ष एवं उससे अधिक आयु के, iv. खाता व्यक्तिगत क्षमता में अथवा वरिष्ठ नागरिक/सेवानिवृत्त के दंपती के साथ संयुक्त रूप से खोला जा सकता है, v. अनिवासी भारतीय तथा अविभक्त हिंदू परिवार इस योजना के लिए पात्र नहीं हैं।
- ❖ **अवधि** – i. जमाराशियाँ पाँच वर्ष की अवधि के लिए हैं, ii. जमाकर्ता द्वारा इन्हें आगे तीन वर्षों के लिए बढ़ाया जा सकता है, iii. परिपक्वता तिथि के एक वर्ष की अवधि के भीतर फॉर्म बी में आवेदन किया जाना चाहिए।
- ❖ **मौद्रिक सीमा** – i. कोई वैयक्तिक रु. 1000/–के गुणक में एक या अधिक खाते खोल सकता है, ii. ग्राहक द्वारा विभिन्न खातों में किए गए सभी प्रकार के निवेश सहित अधिकतम रु. 15 लाख की सीमा के अधीन, iii. दंपती में से दोनों अलग–अलग रु. 15 लाख के खाते खोल सकते हैं।

- ❖ **ब्याज दर** – समय–समय पर केंद्रीय सरकार द्वारा की गई घोषणा के अनुसार मार्च/जून/सितंबर/दिसंबर के अंत में देय।
- ❖ **नामांकन** – जमाकर्ता खाता खोलते समय या खाता बंद होने से पूर्व कभी भी एक या अधिक व्यक्तियों को नामित कर सकता है।
- ❖ **ऋण सुविधा** – उपलब्ध नहीं।
- ❖ **कर लाभ** – आयकर अधिनियम की धारा 80सी के तहत रुपए 150000 के अभिदान पर छूट, परंतु अर्जित ब्याज पूर्ण रूप से कर योग्य है। टी.डी.एस. लागू है।
- ❖ **खाता बंद करना** – i. निम्नलिखित शर्तों के अधीन खाता खोलने के एक वर्ष के बाद खाते को परिपक्वता पूर्व बंद करने की अनुमति है, ii. एक वर्ष बाद, जमा रकम के 1.5% की कटौती पर, iii. दो वर्ष बाद, जमा रकम के 1% की कटौती पर, iv. यदि जमाकर्ता द्वारा खाते के विस्तार की सुविधा ली जा रही है तो वह बिना किसी कटौती के विस्तार की तिथि से एक वर्ष बाद खाते को बंद कर सकता/सकती है, v. परिपक्वता से पूर्व जमाकर्ता की मृत्यु की दशा में खाता बंद करके जमा रकम नॉमिनी/विधिक उत्तराधिकारी को वापस कर दी जाएगी।

नेशनल सेविंग सर्टिफिकेट

इससे मिलने वाली ब्याज की दर पाँच साल टैक्स सेविंग फिक्स डिपॉजिट एवं पी.पी.एफ. के लगभग समानांतर रहती है, लेकिन इसमें फायदा यह है कि इसमें निवेश की कोई अपनी सीमा नहीं है। इसमें प्राप्त ब्याज हर साल पुनः निवेशित हो जाता है।

इसके अलावा इसमें निवेश करते ही निवेश की गई पर राशि ब्याज की दरें पाँच साल के लिए निश्चित हो जाती हैं, जबकि पी.पी.एफ. में ब्याज दर हर क्वार्टर (तिमाही) में बदलती है।

□

रियल एस्टेट

रोटी, कपड़ा और मकान

अपना मकान किसी व्यक्ति की तीसरी आधारभूत जरूरत होती है। अपना मकान होने से एक ओर व्यक्ति में सुरक्षा की भावना आती है, वहीं दूसरी ओर यह व्यक्ति के सामाजिक स्तर को भी ऊँचा करता है। परंतु मकान में निवेश करने से पहले खरीददार को कई छोटे–बड़े झंझटों से दो–चार होना पड़ता है। अगर सावधानी न बरती जाए तो एक छोटी सी गलती भी आपको बड़ी मुसीबत में डाल सकती है या उसके कारण आपका पैसा फँस सकता है।

जानकारी न होने पर निवेश के माध्यम के रूप में रियल एस्टेट ठगी का एक बड़ा सबब भी बन सकता है। रियल एस्टेट एक ओर जहाँ निवेश का एक प्रमुख जरिया है, और संभवतः हर वित्तीय पोर्टफोलियो का एक हिस्सा बन चुका है, वहीं दूसरी ओर यह स्वयं में बिल्कुल अद्वितीय भी है। कोई व्यक्ति अपने पूरे जीवन में जो कुछ वित्तीय निवेश करता है, उसमें रियल एस्टेट सबसे बड़ा और महत्त्वपूर्ण होता है। अचल संपत्ति की खरीद के साथ ढेर सारी जिम्मेदारियाँ और सीमाएँ भी आती हैं, जो सिर्फ संपत्ति की कीमत या होम लोन पर चुकाए जानेवाले ब्याज तक ही सीमित नहीं होती हैं।

भू–संपत्ति खरीदने के दो मुख्य उद्देश्य हो सकते हैं—

1. आवास (रहने) के लिए,
2. निवेश के लिए।

आवास या रहने के लिए घर

यह उद्देश्य व्यक्ति की तीसरी आधारभूत जरूरत को पूरा करने के लिए होता है, क्योंकि हर व्यक्ति अपने परिवार के लिए अपनी स्वयं की छत चाहता है। समय बीतने के साथ–साथ जमीन की कीमतें भी तेजी से बढ़ती जाती हैं।

निवेश के लिए

जब आप आवासीय उद्देश्य के अलावा किसी अन्य उद्देश्य, जैसे किराए पर देना या कीमत में मुनाफा कमाना, से संपत्ति खरीदते हैं, तो उसे रियल एस्टेट में निवेश करना कहा जाता है। बढ़ती जनसंख्या और मध्यमवर्गीय परिवारों की बढ़ती संख्या के चलते रियल एस्टेट में दीर्घकालिक निवेश अच्छा–खासा मुनाफा दे सकता है। सोना, म्यूचुअल फंड और इक्विटी की तरह ही रियल एस्टेट भी एक प्रकार की परिसंपत्ति है। लेकिन निवेश की बात करें तो रियल एस्टेट सबसे अनोखा विकल्प है। इसमें निवेश करके बहुत कम समय में अच्छा–खासा मुनाफा कमाया जा सकता है।

दूसरी परिसंपत्तियों की तरह ही इसकी कीमतों में भी समय के साथ–साथ बढ़ोतरी होती रहती है, इससे व्यापक उतार–चढ़ाव की संभावना लगातार बनी रहती है। इससे किराए के रूप में भी एक नियमित आय अर्जित की जा सकती है। इसलिए यदि घर खरीदने के बाद आप उसमें नहीं भी रहना चाहते हैं, तो उसे किराए पर देकर उससे होनेवाली आय से आप अपने काफी खर्च निपटा सकते हैं। इसके अतिरिक्त होम लोन पर चुकाए गए ब्याज और मूलधन की अदायगी दिखाकर आयकर में भी छूट का हकदार बना जा सकता है। और सबसे महत्त्वपूर्ण बात, इससे आपके दस्तावेज में विविधता आती है। लेकिन ध्यान रहे कि निवेश के उद्देश्य से या व्यक्तिगत उपयोग के उद्देश्य से रियल एस्टेट की खरीद के साथ कई छोटे–बड़े मसले जुड़े होते हैं, एक, परिसंपत्ति के रूप में रियल एस्टेट कोई बुरा नहीं है, लेकिन अगर आप सिर्फ निवेश के रूप में रियल एस्टेट खरीद रहे हैं, तो कभी–कभी यह जोखिम में भी डाल सकता है।

अचल संपत्ति में निवेश के चार तरीके

1. विकासोन्मुखी क्षेत्र में जमीन खरीदना।
2. किसी बिल्डर की मल्टी स्टोरी बिल्डिंग परियोजना में मकान/फ्लैट खरीदना।
3. रेडी टू मूव इन हाउस खरीदना।
4. वाणिज्यिक उद्देश्य से बनाए गए किसी भवन या भू–खंड में निवेश करना।

पूर्णतः निर्मित मकान (रेडी टू मूव इन हाउस) खरीदना

स्वयं का मकान हो जाने से व्यक्ति को मकान मालिक के दबंगतापूर्ण व्यवहार का सामना नहीं करना पड़ता और साथ ही आए दिन मकान मालिक द्वारा किराया बढ़ा दिए जाने की चिंता भी नहीं रह जाती। एक और बात, अपना स्वयं का मकान प्रायः हर व्यक्ति के जीवन का एक बड़ा सपना होता है, जो मकान का स्वामित्व मिलने के साथ ही पूरा हो जाता है। उससे आप किराए के रूप में कुल लागत की 3 से 5% तक आय अर्जित कर सकते हैं।

अच्छा किराएदार बहुत मुश्किल से मिलता है, लेकिन अपना स्वयं का मकान होने की खुशी अपने साथ कई नई–नई चिंताएँ भी लेकर आती है। उदाहरण के लिए, एक तरह से आप एक ही स्थान से बँधकर रह जाते हैं और इच्छानुसार स्थान परिवर्तन नहीं कर पाते; साथ ही नियमित रूप से लोन की किस्त भरने की चिंता भी बनी रहती है।

इसके अलावा, अचानक पैसों की जरूरत आ पड़ने की स्थिति में मकान को वाजिब कीमत पर बेचना भी इतना आसान नहीं होता है। दूसरी ओर, किराए के मकान में रहने के लिए जो किराया आप चुकाते हैं, वह एक तरह से पानी में जरूर जाता है, लेकिन ऐसा करके आप कई चिंताओं से मुक्त भी रहते हैं।

वाणिज्यिक संपत्ति में निवेश

ऑफिस, शोरूम या दुकान आदि में निवेश करना अपेक्षाकृत ज्यादा अच्छा होता है। ऐसी संपत्ति में एक ओर किराए से होनेवाली आय भी ज्यादा होती है और दूसरी ओर प्रॉपर्टी की कीमत में भी ज्यादा वृद्धि होती है, लेकिन प्रायः पूँजीपति निवेशक ही ऐसी प्रॉपर्टी में निवेश करते हैं।

कॉमर्शियल प्रॉपर्टी खरीदने का एक और फायदा यह है कि कॅरियर के किसी दौर में यदि आप अपना स्वयं का व्यवसाय या उद्यम शुरू करना चाहते हैं, तो कम–से–कम आपको ऑफिस या शोरूम किराए पर लेने की जरूरत नहीं पड़ेगी।

रियल एस्टेट में निवेश से जुड़े जोखिम और नुकसान

तरलता का अभाव – एस्टेट में पैसा निवेश करने का सबसे प्रमुख नुकसान यह होता है कि अचानक नकदी की जरूरत पड़ने पर यदि आप उसे बेचना चाहें तो उसमें काफी समय लग जाता है; इस प्रकार इसमें तरलता का

अभाव रहता है और कई बार जल्दबाजी में बहुत कम कीमत पर उसे बेचना पड़ जाता है।

धोखाधड़ी की आशंका – प्रॉपर्टी की खरीद–फरोख्त में धोखाधड़ी की आशंका हमेशा बनी रहती है। कोई व्यक्ति प्रॉपर्टी के फर्जी कागजात तैयार कराकर कई खरीददारों के हाथ बेच सकता है। खुला भू–खंड होने की स्थिति में प्रायः कब्जे का कोई निश्चित चिह्नांकन नहीं होता है। कई बार एजेंट या बिल्डर स्वयं एडवांस की रकम लेकर भाग जाता है। इसके अलावा कई बार कोई अज्ञात दबंग व्यक्ति आकर प्रॉपर्टी पर कब्जा कर लेता है। कभी–कभी विक्रेता ऐसी प्रॉपर्टी को भी चेप देता है, जिस पर कोर्ट द्वारा स्टे ऑर्डर जारी किया गया होता है। इसके अलावा भुगतान के समय भी धोखाधड़ी की आशंका बनी रहती है।

प्रोजेक्ट में विलंब – कभी बिल्डर दिए गए समय पर प्रोजेक्ट पूरा नहीं कर पाता है; उस स्थिति में खरीददार को एक साथ दोतरफा नुकसान झेलना पड़ता है, एक तरफ प्रॉपर्टी के लिए चुकाई गई रकम का ब्याज और दूसरी ओर किराया।

अपेक्षाकृत अधिक रकम की आवश्यकता – अन्य विकल्पों की अपेक्षा इसमें ज्यादा रकम लगाने की जरूरत पड़ती है।

प्रॉपर्टी की कीमत गिर भी सकती है – निवेश हमेशा फायदेमंद ही हो, यह जरूरी नहीं है। पच्चीस से तीस वर्ष की अवधि तक प्रॉपर्टी शेयर की तरह अच्छा रिटर्न देती है, लेकिन अन्य परिसंपत्तियों की तरह रियल एस्टेट में भी उतार–चढ़ाव की स्थिति आती है। अंतर बस इतना ही होता है कि इसमें सोने और शेयर जितनी तरलता नहीं होती। डीमोनेटाइजेशन के पश्चात् संपूर्ण भारतवर्ष में कीमतों में गिरावट भी देखी गई है।

साथ ही, यह भी ध्यान में रखें कि किसी दूर–दराज के इलाके में आपको मकान तो सस्ता मिल सकता है, लेकिन वहाँ आपको ऑफिस आने–जाने, बच्चों के स्कूल जाने–आने, वीकेंड शॉपिंग और सामाजिक समारोहों आदि में जाने–आने पर ज्यादा खर्चा करना पड़ सकता है। किराए पर मकान लेना हो तो ऐसे स्थान पर लें, जहाँ से आपको ऑफिस और बच्चों को स्कूल जाने–आने में दिक्कत न आए।

प्रॉपर्टी के मामले में इसे दो साल के दौरान बेचने पर शॉर्ट टर्म कैपिटल गेन लगता है। दो साल से ज्यादा निवेश करने पर लॉन्ग टर्म कैपिटल गेन लगता है।

□

सोना

हालाँकि एक छोटे से वाक्य में मैं इस सवाल का जवाब देना चाहूँगा कि आपको अपने पोर्टफोलियो में सोना रखना चाहिए या नहीं? जवाब है—हाँ। इससे फर्क नहीं पड़ता कि आप कौन हैं और कितने रईस हैं।

फिर, अगला तार्किक सवाल कि इसका कितना हिस्सा आपको रखना चाहिए?

इसका कोई सही या गलत उत्तर नहीं है। वर्तमान दौर के मुताबिक पोर्टफोलियो का 5 से 10 फीसदी हिस्सा (निवेश) सोने में होना चाहिए।

एक संपत्ति के तौर पर सोना उपयोगी साबित नहीं होता है। लोग इसका इस्तेमाल गहनों के तौर पर करते हैं या फिर अपने पैसे को सुरक्षित करने के लिए इसे इस्तेमाल में लाते हैं, जिससे कि उन्हें इसकी जानकारी न देनी पड़े। इसका मतलब यह है कि सरकार जिस सोने को खरीदने के लिए अपना कीमती डॉलर रिजर्व खर्च करती है, लोग उस सोने का इस्तेमाल अपना काला धन छुपाने के लिए करते हैं। इससे सरकार को दोहरा घाटा है। काले धन से राजस्व का घाटा तो है ही, साथ ही, डॉलर रिजर्व को भी इससे झटका लग रहा है। सोना एक सुप्त धातु है और इससे आय उत्पन्न नहीं हो सकती।

आभूषण खरीदते ही आप यह मानकर चलते हैं कि आपने 25 से 30% रुपयों का नुकसान उठा लिया है, क्योंकि आपको धातु से आभूषण बनाने का खर्चा (मेकिंग चार्ज) वहन करना पड़ता है।

गहनों की लूट, चोरी एवं छीजत (पहनने पर घिसते हैं, साथ ही, वजन कम होता है) का भी खतरा रहता है। अतः सोना उतना ही खरीदें जितना पहनने एवं दिखाने के लिए जरूरी है।

यह एसेट उतना तरल (लिक्विड) नहीं है, जितना कि शेयर और

म्यूचुअल फंड। इसको बेचने के लिए आपको इसे ज्वैलर के पास ले जाना पड़ता है। इसको सुरक्षित रखना भी परेशानी भरा कार्य है।

जरा सोचें कि जो पैसा भारतीयों द्वारा सोने की खरीद पर लगाया जा रहा है, उसके 25 फीसदी हिस्से का निवेश भी अगर शेयर बाजार में किया जाए तो इससे हमारी डॉलर की जरूरत कम होगी, क्योंकि सोने की माँग नीचे आ जाएगी। इसके अलावा, हमें अपने शेयर बाजार में तेजी के लिए एफ.आई.आई. पर निर्भर नहीं होना पड़ेगा।

भौतिक सोना (फिजिकल गोल्ड)/गोल्ड बार

शुद्धता के मानक पर सही उतरने में संदेह रहता है। इनको इधर–उधर ले जाना भी परेशानी का कारण बनता है। जब बेचने जाते हैं तो कम पैसा मिलता है।

डिजिटल गोल्ड

डिजिटल गोल्ड ऐसा सोना होता है, जिसे पेटीएम या गूगल पे सहित विभिन्न प्लेटफॉर्मों से ऑनलाइन खरीदा जाता है। यह ऑनलाइन खाते में जमा रहता है। पेटीएम और सेफगोल्ड (डिजिटल गोल्ड का ब्रांड) पिछले दो वर्षों से डिजिटल रूप से सोने की पेशकश कर रहे हैं। गूगल पे, फोन पे और मोतीलाल ओसवाल जैसी कंपनियाँ डिजिटल गोल्ड खाते की सेवाएँ दे रही हैं।

ये ऑनलाइन कंपनियाँ घर पर डिलिवरी और मुफ्त भंडारण की सेवाएँ दे रही हैं। इसके अलावा ये खाताधारकों को उनके खाते में रखे डिजिटल सोने को आभूषण में बदलने की सुविधा भी दे रही हैं।

गोल्ड ई.टी.एफ. (एक्सचेंज ट्रेडेड फंड)

यदि आप भी सोने में निवेश करना चाहते हैं और सोना खरीदने के लिए एक साथ बड़ी रकम नहीं है, तो आपके लिए गोल्ड ई.टी.एफ. (एक्सचेंज ट्रेडेड फंड) शानदार विकल्प हो सकता है। गोल्ड ई.टी.एफ. शेयरों की तरह स्टॉक एक्सचेंजों पर कारोबार करते हैं।

गोल्ड ई.टी.एफ. में निवेश के कुछ ऐसे फायदे हैं, जो अन्य स्रोतों के जरिए सोने में निवेश के मुकाबले इसे आकर्षक बनाते हैं।

✓ गोल्ड ई.टी.एफ. को बिना किसी प्रीमियम का भुगतान किए प्रचलित बाजार कीमतों पर खरीदा जा सकता है।
✓ डीमैट खाते के जरिए सुविधाजनक तरीके से खरीद–बिक्री।
✓ निवेशकों को सोने की सुरक्षा की कोई चिंता नहीं।
✓ कीमतों के निर्धारण में पारदर्शिता।
✓ लॉट साइज के कम–से–कम एक यूनिट होने के कारण रिटेल निवेशकों के लिए आदर्श फंड।
✓ पुनः बेचने की स्थिति में कीमत पूरी तरह से सुरक्षित होती है।

हर महीने कुछ यूनिटें खरीदकर अपने पोर्टफोलियो में जोड़ते जाएँ। ये यूनिटें आप किसी कंपनी के शेयरों की तरह ही बाजार से खरीद सकते हैं। गोल्ड ई.टी.एफ. की आधा और एक ग्राम की यूनिटें आमतौर पर उपलब्ध होती हैं और आप अपनी क्षमता के मुताबिक हर महीने यूनिटें खरीदकर अच्छा निवेश कर सकते हैं। गोल्ड ई.टी.एफ. एक तरह की म्यूचुअल फंड स्कीम ही है। इसके जरिए आप सोने में निवेश कर सकते हैं।

गोल्ड ई.टी.एफ. में 10–15 साल लगातार निवेश करने के बाद आपके पास अच्छी मात्रा में यूनिटें मौजूद होती हैं। इन यूनिटों से आप कोई भी बड़ा काम कर सकते हैं। गोल्ड ई.टी.एफ. यूनिट खरीदने से निवेशकों को सोने को सुरक्षित रखने के लिए किसी बैंक के लॉकर का खर्च नहीं उठाना पड़ता है। हालाँकि आपको अपने डीमैट खाते के लिए कुछ शुल्क देना होगा। इलेक्ट्रॉनिक तौर पर होने के कारण आपको अपने सोने की सुरक्षा का डर नहीं रहेगा।

शादी–विवाह के लिए पहले से आभूषण खरीदकर रखने से बेहतर है कि आप गोल्ड ई.टी.एफ. में निवेश करें। जब कभी आभूषण खरीदने की जरूरत हो तो इसकी यूनिटों को बेचकर प्राप्त पैसों से नवीनतम डिजाइन वाले गहने खरीदे जा सकते हैं। गोल्ड ई.टी.एफ. की खासियत यह है कि यह 99.5% शुद्ध सोने में निवेश करते हैं। आपका विश्वसनीय आभूषण विक्रेता भी आपको एक बार अशुद्ध सोने के गहने पकड़ा सकता है, लेकिन गोल्ड ई.टी.एफ. चूँकि अभौतिक रूप में होता है, इसलिए इसमें अशुद्धि संबंधी कोई जोखिम नहीं होता है।

संप्रभु स्वर्ण बॉण्ड (सॉवरिन गोल्ड बॉण्ड)

इसे भारत सरकार भारतीय रिजर्व बैंक के माध्यम से जारी करती है। इसमें आप अभौतिक रूप में एक ग्राम सोने से लेकर अधिकतम चार किलो सोना खरीद सकते हैं। इस बॉण्ड को आप बैंक से भी खरीद सकते हैं। इस पर लगभग 2.5% प्रतिवर्ष ब्याज मिलता है। ब्याज का भुगतान हर छह माह में किया जाता है।

बॉण्ड की अवधि (टेन्योर) आठ वर्ष होती है, परंतु इन्हें पाँच साल के बाद सेकेंडरी मार्केट में भी ट्रेडिंग किया जा सकता है, अतः भुनाया जा सकता है। अगर आप बॉण्ड को डीमैट खाते में रखते हैं तो आप उन्हें वहाँ कभी भी बेच सकते हैं, लेकिन वहाँ बेचने पर आपको उन्हें डिस्काउंट पर बेचना पड़ेगा।

अतः अगर आप सेकेंडरी मार्केट से सॉवरिन गोल्ड बॉण्ड खरीदते हैं, तब वह आपको 10 से 15% तक सस्ते भी मिल सकते हैं, क्योंकि बेचनेवाले अब उनसे छुटकारा पाने के लिए कम कीमत पर बेच देते हैं।

अतः सॉवरिन गोल्ड बॉण्ड्स, जो स्टॉक एक्सचेंज पर सूचीबद्ध (लिस्टेड) हैं, वो आपको डिस्काउंट पर मिलते हैं, क्योंकि वे लिक्विड नहीं हैं। अतः वे आपको वर्तमान कीमत से 10 से 15% सस्ते मिल सकते हैं। इनका खर्च अनुपात (एक्सपेंस रेशियो) नहीं है, अतः ई.टी.एफ. से सस्ते हैं।

फेस वैल्यू पर 2.5% सालाना ब्याज दिया जाता है, जबकि मार्केट रेट कम है, अतः यील्ड ज्यादा होगी, 2.8% से लेकर 3.20% तक, इसका मतलब ये गोल्ड ई.टी.एफ. से 3 से 4% ज्यादा प्रतिफल (रिटर्न) देते हैं। लेकिन आप इन्हें तभी खरीदें, जब आप इन्हें कम–से–कम आठ साल (मैच्योरिटी पीरियड) तक रख सकें, क्योंकि उस वक्त सारा पैसा कर–रहित (टैक्स फ्री) होगा। कोई भी कैपिटल गेन टैक्स नहीं लगेगा।

कर प्रावधान

अगर भौतिक सोने और गोल्ड ई.टी.एफ. में तीन साल से कम अवधि के लिए निवेश किया जाए तो शॉर्ट टर्म कैपिटल गेन (एस.टी.सी.जी.) के तहत इंडिविजुअल इनकम टैक्स स्लैब के अनुसार कर चुकाना होता है और अगर इन्हें तीन साल से ज्यादा रखा जाए तो इंडेक्सेशन के साथ 20% लॉन्ग टर्म कैपिटल गेन टैक्स लगेगा।

□

परिसंपत्ति आवंटन (एसेट एलोकेशन)

आपके पोर्टफोलियो में प्रत्येक संपत्ति का फीसदी में आवंटन ही 'परिसंपत्ति आवंटन' कहलाता है। उदाहरण के लिए, अगर आप यह तय करते हैं कि आपके पूरे पोर्टफोलियो का 10 फीसदी सोने में निवेश होना चाहिए तो आप एक निश्चित समय तक 10 फीसदी निवेश बरकरार रखेंगे। ऐसा ही आप अन्य निवेश के साथ भी करते हैं।

इसे परोक्ष निवेश रणनीति के तौर पर जाना जाता है, जहाँ निवेशक को बाहरी दुनिया में हो रही हलचल से विशेष मतलब नहीं होता, जब तक कि वे अपने निवेश आवंटन को बरकरार रखते हैं, वे इसे पुनर्संतुलन के तरीके के तौर पर प्रयोग करते हैं। अब आप अपने निवेश को निम्नलिखित छह खंडों में वर्गीकृत कर लें– इक्विटी, म्यूचुअल फंड, बीमा, नकदी (फिक्स्ड डिपॉजिट और बैंक जमा), सोना और जायदाद (रियल एस्टेट)। आपका घर रियल एस्टेट वर्ग के अंतर्गत दर्ज किया जाएगा। आपके फिक्स्ड और रेकरिंग डिपॉजिट नकदी वर्ग के तहत लिखे जाएँगे। अगर आप एक या उससे अधिक वर्ग के तहत कुछ नहीं रखते तो या तो उसे खाली छोड़ दें या शून्य लिख दें। अगर आप किसी संपत्ति वर्ग में तमाम वस्तुओं में निवेश किए हुए हैं, तो उसकी सूची बना लें। उदाहरण के लिए, अगर आपके पास गहने हैं, सॉवरिन गोल्ड बॉण्ड्स हैं और गोल्ड ई.टी.एफ. हैं, तो आपको उन तीनों की सूची तैयार करनी चाहिए और उसे उसी वर्ग के तहत लिख लेना चाहिए। उन सबके सामने उनकी कीमत भी लिखनी होगी और इसी तरह आगे बढ़ना होगा।

हर संपत्ति वर्ग में किए गए निवेश का कुल योग जोड़ लें और इसे रुपए के आँकड़े में और कुल संपत्ति के प्रतिशत में जोड़ लें। इस अभ्यास के अंत में आपको एक नजर में तुरंत पता चल जाना चाहिए कि कौन से संपत्ति वर्ग में आपकी संपत्ति के किस अनुपात में निवेश हुआ है। यहाँ भी खुद को आँकने में पीछे न हटें– कोई सही या गलत उत्तर नहीं होता। बहुत संभव है कि आपके

पास कुछ संपत्ति वर्ग ऐसे भी हों, जिनकी कीमत शून्य या बहुत छोटी संख्या नजर आए, लेकिन इससे आप प्रभावित न हों।

ऐसा आदर्श परिसंपत्ति आवंटन (आइडियल एसेट एलोकेशन) क्या है, जो कम जोखिम उठाने वाले प्रत्येक निवेशक के लिए अच्छा होगा?

निवेश में आदर्श परिसंपत्ति आवंटन (आइडियल एसेट एलोकेशन) प्रत्येक निवेशक के लिए अलग–अलग होता है। जोखिम लेने की क्षमता के साथ हमें निवेशक की उम्र व उसकी सेवानिवृत्ति में बाकी साल भी पता होने चाहिए, तभी हम यथोचित परिसंपत्ति आवंटन का फैसला ले पाएँगे। अमूमन इस तरह के हरेक छोटे निवेशक के लिए मुफीद निवेश पोर्टफोलियो में डेट इन्स्ट्रूमेंट, लिक्विड या कैश तथा डिविडेंड देने वाले शेयर या फंड होने चाहिए।

बचत की कितनी फीसदी रकम इक्विटी या इक्विटी संबंधित उत्पादों में लगाएँ?

इसका जवाब अलग–अलग हालातों पर निर्भर करता है कि कोई भी निवेशक अपनी बचत राशि की कितनी फीसदी रकम इक्विटी या इक्विटी से जुड़े उत्पादों में निवेश करे। इक्विटी में निवेश का एक साधारण नियम है कि आप संख्या 100 में से अपनी आयु घटाएँ, उतने प्रतिशत राशि का निवेश कर दें। जैसे आप 40 वर्ष के हैं, तो आप 60% (100–40) का निवेश इक्विटी में करें और 40% का डेट में। हालाँकि निवेश का प्रतिशत आपकी जोखिम लेने की क्षमता एवं वर्तमान स्थितियों पर निर्भर करता है। दरअसल इसमें निवेशक की उम्र, नौकरी के शेष बचे साल, उसकी मौजूदा जीवनशैली, वित्तीय महत्त्वाकांक्षाएँ, उसके लक्ष्य व उसके पास उपलब्ध धन के लिहाज से यह निकाला जा सकता है कि उसे कितनी रकम म्यूचुअल फंड में निवेश करनी है।

समय–समय पर पोर्टफोलियो की समीक्षा करें

बाजार में उतार–चढ़ाव के चलते इस बात की बहुत ज्यादा संभावना होती है कि किसी सेक्टर या एसेट में गिरावट या तेजी रहे। ऐसे में परिसंपत्ति आवंटन की समीक्षा समय–समय पर जरूर करनी चाहिए, ताकि बाजार की दिशा के मुताबिक ही आप अपने निवेश को भी दिशा दे सकें। नियमित स्वास्थ्य जाँच की तरह ही परिसंपत्ति आवंटन की 12 महीनों में एक बार समीक्षा अच्छी रहती है।

□

बेहतरीन वित्तीय जीवन के लिए 10 महत्त्वपूर्ण उपाय

- अपने वित्तीय जीवन में स्वयं मुख्य कार्यकारी अधिकारी बनें।
- अपने जीवनयापन पर वेतन का केवल 85 से 90% ही खर्च करें।
- बजटिंग को प्राथमिकता वाले खर्च की तरह देखें।
- फिजूल खर्च पर नियंत्रण रखें और 'आज खरीदो, कल चुकाओ' की प्रवृत्ति से बचें।
- जीवन में हमेशा आगे बढ़ते जाएँ, छोटी–छोटी चीजों को अपनी राह का रोड़ा कभी भी न बनने दें।
- हमेशा तत्काल फायदा लेने की गलतियाँ न करें।
- जिंदगी में लालच के चक्कर में न पड़ें।
- आयकर बचाने की योजना वित्तीय वर्ष की शुरुआत में करें व केवल आयकर बचाने के लिए निवेश न करें।
- अपने परिवार को बचत व धन कमाने की प्रक्रिया के बारे में संक्षेप में समझाएँ।
- अपने वित्तीय जीवन में फैसले जितनी जल्दी हो सके, कर लें, विलंब न करें।

अपने वित्तीय जीवन में स्वयं मुख्य कार्यकारी अधिकारी बनें

अगर आपसे पूछा जाए कि आप किसी दिन बैंक के सी.ई.ओ. बन जाएँगे, तो कैसा महसूस करेंगे? आपके चेहरे पर मुसकराहट आ जाएगी।

इसके पश्चात् आपसे अगला सवाल पूछा जाए कि आप अपने बैंक को प्रथम स्थान पर लाने के लिए क्या प्रयास करेंगे?

फिर आप मुसकराकर जवाब देंगे कि पूरी निष्ठा एवं मेहनत के साथ प्रयास करेंगे।

क्या आप अपने निजी वित्तीय जीवन के बारे में भी ऐसी ही सोच रखते हैं? अगर नहीं रखते हैं, तो आज ही रखना चालू कर दीजिए, क्योंकि आप स्वयं अपने वित्तीय जीवन के सी.ई.ओ. हैं। आपने जिन वित्तीय उत्पादों को खरीदा है, वे आपकी कंपनी के कर्मचारी हैं। अगर आपने उनका चयन सही किया है, तो वे पूर्ण लगन एवं निष्ठा के साथ सही दिशा में कार्य करेंगे तथा आपके वित्तीय जीवन को सही दिशा देंगे। आपको प्रत्येक कर्मचारी के प्रदर्शन पर नजर रखनी चाहिए। जो अच्छा काम नहीं कर रहे हैं, उनसे तुरंत छुटकारा पा लीजिए। आपको भी लगेगा कि उनको नौकरी पर रखकर आपने कुछ गलती की है। इसी प्रकार जो वित्तीय उत्पाद अच्छा प्रदर्शन नहीं कर रहे हैं, उन्हें पोर्टफोलियो की वार्षिक समीक्षा के दौरान बाहर का रास्ता दिखा दें।

अपने जीवनयापन पर वेतन का केवल 85 से 90% ही खर्च करें

यह मानकर चलें कि आपका वर्तमान वेतन आपके वास्तविक वेतन का 85 से 90% ही है।

अपने मन पर इस विचार की मोहर लगा लें। अपने मस्तिष्क में इस विचार को भर लें। फिर आमदनी का जितना हिस्सा तर्कसंगत लगता हो, उतना बचाएँ। आपकी यह बचत आपकी आमदनी के दसवें हिस्से यानी 10% से कम नहीं होनी चाहिए।

अपनी कमाई का एक हिस्सा खुद रखो। चाहे आपकी कमाई कितनी ही कम क्यों न हो, आपको इसके दसवें हिस्से यानी 10% से कम नहीं बचाना चाहिए। आप इससे ज्यादा बचा सकते हो, तो बचा लो। सबसे पहले खुद का भुगतान करो। बची हुई कमाई से अपना खर्च चलाओ। इससे आपको बहुत सुख मिलेगा। जब आपका धन बढ़ेगा, तो इससे आपको प्रेरणा मिलेगी। फिर आप ज्यादा कमाने के लिए ज्यादा कोशिश करेंगे, क्योंकि आपकी आमदनी जितनी बढ़ेगी, आपका निवेश भी उतना ही बढ़ेगा।

'पेड़ की तरह ही दौलत भी एक छोटे बीज से ही उगती है।'

बजटिंग को प्राथमिकता वाले खर्च की तरह देखें

बजटिंग—एक नीरस गतिविधि, जो जिंदगी में जरूरी है। इसका मतलब है अपने वर्तमान खर्चों और भविष्य की बचत के लिए अपने पैसों का आवंटन

(बँटवारा) करना।

हसरतें / इच्छाएँ– चीजें, जिनकी आप कामना करते हैं, परंतु इनकी हमारी जिंदगी में अति आवश्यकता नहीं होती है। जैसे महँगी कार, विदेश भ्रमण, महँगे कपड़े, महँगे ब्रांडेड मोबाइल एवं अन्य महँगे गैजेट्स आदि।

पोस्टपेड मोबाइल कनेक्शन की जगह प्रीपेड मोबाइल कनेक्शन काम में लेना चाहिए। आजकल प्रीपेड मोबाइल कनेक्शन पोस्टपेड कनेक्शन की तुलना में सस्ता उपलब्ध है, अतः अपने पोस्टपेड कनेक्शन को प्रीपेड में कन्वर्ट करा लें। बहुत सारे लोग उससे मजे से काम चला रहे हैं।

बाहर घूमने–फिरने और खाने पर नियंत्रण करें, कभी–कभार ही जाएँ। अगर आप कार के बजाय बाइक से काम चला सकते हैं तो बाइक ही चलाएँ। मैं ऐसे कई लोगों को देखता हूँ, जो कार चलाते हैं, जबकि टू–व्हीलर उनके लिए पर्याप्त है।

बड़ी कार खरीदने के बजाय छोटी कार खरीदें। कार की कीमत आपकी सालाना सकल आय की 50% राशि के बराबर होनी चाहिए। अगर आपकी सालाना आय 10 लाख रुपए है, तो आपकी कार की कीमत पाँच लाख रुपए तक होनी चाहिए।

शॉपिंग करने जाने से पहले एक सूची (लिस्ट) बना लें कि आप क्या खरीदना चाहते हैं? नजदीकी जगहों के लिए पैदल या साइकिल से जाएँ, कार और मोटरसाइकिल के गुलाम न बनें।

आज आप जो भी छोटी–छोटी बचत करेंगे और निवेश करेंगे, उससे आनेवाले समय में बहुत जबरदस्त फायदा होगा। जीवन में आप जितनी जल्दी निवेश पर ध्यान देना शुरू करेंगे और जितने समर्पण से ध्यान देंगे, आपको बाद में उतनी ही बड़ी राहत मिलेगी। लेकिन यह ध्यान अनुशासन पर होना चाहिए और छोटे–मोटे भटकावों में उलझना नहीं है, वे तो आपकी राह में आएँगे ही आएँगे।

फिजूल खर्च पर नियंत्रण रखें और 'आज खरीदो, कल चुकाओ' की प्रवृत्ति से बचें

हमारे दादा–दादी के समय में पहले लोग कमाते, फिर इकट्ठा करते और जरूरी होने पर ही खर्च करते थे। उस समय विलासिता के इतने संसाधन भी उपलब्ध नहीं थे। यात्रा के नाम पर समूह में चारधाम की यात्रा पर ही जाना पसंद करते थे। समूह में यात्रा करने से खर्चा भी कम होता था।

आजकल दौर बदल गया है। खर्च करो और किस्तों (ई.एम.आई.) में चुकाओ। हम वह पैसा खर्च कर रहे हैं, जो हमने अभी तक कमाया भी नहीं

है। मोबाइल से लेकर विदेश भ्रमण करने तक सभी कुछ किस्तों में उपलब्ध है। यह ई.एम.आई. आपके बड़े कर्ज को छोटे–छोटे टुकड़ों में बाँट देती है, ताकि हमें यह लगे कि हम भी विदेश यात्रा भ्रमण का खर्च उठा सकते हैं। यदि कर्ज चुकाना मुश्किल लगे तो समय–सीमा बढ़ा दीजिए, मासिक किस्त और भी कम हो जाएगी, हो गया न चमत्कार। मनुष्य का स्वभाव ऐसा है कि अगर आप उसको किसी उत्पाद की वास्तविक कीमत बताओगे तो खरीदने से पहले वो दो बार सोचेगा। लेकिन उस उत्पाद को खरीदने में ई.एम.आई. कितनी आएगी, यह पता चलते ही उसे एहसास होता है कि वह यह वस्तु खरीद सकता है।

दरअसल समस्या बस नंबरों के खेल की है। नंबर (ई.एम.आई.) जितना छोटा होता है, उतनी ही ज्यादा हमें अपनी हैसियत नजर आती है। लेकिन यह एक छलावा है। दरअसल किस्त जितनी कम होगी, उसको चुकाने का समय उतना ही ज्यादा होगा। इस वजह से हमें ज्यादा ब्याज चुकाना पड़ता है। इस सुविधा ने एक नई प्रवृत्ति को जन्म दिया है, वह है– आज खरीदो, कल चुकाओ।

कुछ मामलों (गृह ऋण और शिक्षा ऋण) तक यह ठीक भी है, लेकिन हमारे समाज का एक बड़ा तबका अपनी चादर से ज्यादा पैर पसार रहा है। नकद पैसा खर्च करने में हमें ज्यादा दुःख होता है। कई बार जब हम शॉपिंग मॉल जाते हैं तो हम उन चीजों को खरीद लेते हैं, जिनकी वास्तविकता में हमें कोई जरूरत ही नहीं है। हम बगैर जरूरत के महँगे कपड़े एवं बेमतलब के गैजेट्स आदि खरीद लेते हैं। आप पुराने टेलीविजन (जो ठीक काम कर रहा है) को छोड़कर नया खरीद लेते हैं, वह भी तब, जबकि आपने सुखी सेवानिवृत्ति के लिए कोई योजना नहीं बनाई हो।

मैं यह नहीं कहता कि आप वस्तुएँ मत खरीदो, लेकिन तभी जब आपको वास्तव में उनकी जरूरत हो। अधिकतर लोग ज्यादा सामान इसलिए खरीदते हैं, ताकि अपने दोस्तों तथा रिश्तेदारों में अपनी शान दिखा सकें या उनके सामने अपने को बड़ा साबित कर सकें। हमेशा ध्यान रखें कि पैसा आपका है, उसको व्यर्थ की चीजें खरीदने में बरबाद न करें।

मैं कई ऐसे लोगों को जानता हूँ, जिन्होंने अपनी हैसियत से भी बड़ा मकान खरीद लिया है और अब किस्तों के बोझ में दबकर अपनी जिंदगी तनाव में गुजार रहे हैं। अगर सिर पर भारी कर्ज है, परिवार खुश नहीं है, तो मित्रो, अच्छा कमाने का क्या फायदा? अपनी झूठी शान और महत्त्वाकांक्षाओं के पीछे अपनी जीवनशैली और परिवार की खुशियों को दाँव पर मत लगाइए। अगर आपका परिवार सुखी है तो आपका वित्तीय नियोजन सफल है।

जीवन में हमेशा आगे बढ़ते जाएँ, छोटी–छोटी चीजों को अपनी राह का रोड़ा कभी भी न बनने दें

मेरा एक सहयोगी पिछले एक साल से इसी उधेड़बुन में लगा हुआ है कि किस कंपनी का टर्म प्लान सस्ता है? किसका क्लेम सेटलमेंट रेशियो ज्यादा है? कौन सा टर्म प्लान रिटर्न दे रहा है? इन तमाम बातों के बीच वह एक बात भूल गया और वह है टर्म प्लान लेना। इस कारण उसने टर्म प्लान अभी भी नहीं लिया है।

मेरे एक वरिष्ठ सहयोगी ने एक दिन मुझसे म्यूचुअल फंडों में निवेश के बारे में पूछा तो मैंने उनको कई अच्छे फंड के बारे में समझाया और एक वितरक (डिस्ट्रीब्यूटर) का नंबर भी दिया। मेरे बताए अनुसार वितरक ने उनसे संपर्क किया एवं म्यूचुअल फंडों के बारे में उनको समझाया। कुछ दिन बाद मैंने उनसे निवेश के बारे में पूछा तो उन्होंने कहा कि वे एक ऑनलाइन म्यूचुअल फंड खरीदने के बारे में सोच रहे हैं। आज उनको सोचते–सोचते एक साल हो गया है। उनका म्यूचुअल फंड में निवेश का विचार सपना बनकर ही रह गया। छोटी सी दलाली (ब्रोकरेज) को बचाने के चक्कर में उन्होंने अपना वित्तीय जीवन खूँटी पर टाँग दिया।

इसी प्रकार से एक मित्र कई दिनों से डीमैट खाता खुलवाने की सोच रहा है। लेकिन वह इस उलझन में है कि कम–से–कम दलाली (ब्रोकरेज) कहाँ लगेगी। वह साल में ज्यादा–से–ज्यादा एक लाख रुपए का निवेश करेगा, लेकिन 200 से 500 रुपए बचाने के चक्कर में परेशान हो रहा है। जो व्यक्ति पूरे साल में बहुत कम ट्रेडिंग करते हैं, उनके लिए शुल्क का अत्यधिक विश्लेषण करना समय की बरबादी है।

इस प्रकार कई लोग अपने वित्तीय जीवन में किसी भी कारण से एक–न–एक जगह आकर ठहर ही जाते हैं और फिजूल की या अपेक्षाकृत कम उपयोगी चीजों पर समय बरबाद करते रहते हैं। किसी चीज को लागू करने का मतलब उस पर काररवाई करना और उसको आगे बढ़ा देना होता है।

हमेशा चीजों को बड़े परिदृश्य में देखने की कोशिश करें। कई बार हमारे जीवन में छोटी–छोटी चीजें भी बहुत महत्त्वपूर्ण होती हैं, परंतु उनको उतना बड़ा न बनाएँ कि वे आपके लिए वास्तविक लक्ष्य की राह में रोड़ा बन जाएँ।

मान लीजिए, आप किसी प्रतिष्ठित वित्तीय सलाहकार की सेवाएँ लेकर अपने वित्तीय जीवन में बदलाव लाना चाहते हैं। इस वक्त आपके जीवन का मुख्य लक्ष्य होगा– अपनी जिंदगी के वित्तीय लक्ष्यों को प्राप्त करना। इसी दौरान आपको पता चले कि वित्तीय सलाहकार का सालाना शुल्क 25,000

रुपए है तो आप चिंता में पड़ जाएँगे और आप मोल–भाव पर उतर आएँगे तथा उसको कहेंगे कि 5000 रुपए कम करे, और अगर वह वित्तीय सलाहकार अपना शुल्क कम नहीं करता है तो आप उससे नहीं जुड़ते हो।

इसी प्रकार केवल 5000 रुपए आपके वित्तीय जीवन में बाधा बन जाते हैं और आप अपना मन बदल लेंगे कि कोई सस्ता वित्तीय सलाहकार ढूँढ़ लिया जाए तथा ये 5000 रुपए आपके लिए आपके वित्तीय जीवन से ज्यादा भारी हो गए हैं एवं आप बिना सलाहकार के जीवन में लाखों रुपए का नुकसान उठाने के लिए तैयार हो जाते हैं।

मित्रो, मेरी बात पर ध्यान दें कि यदि आपको कोई गंभीर बीमारी हो जाए तो भी क्या आप सस्ते डॉक्टर को ढूँढ़ोगे या सस्ता डॉक्टर नहीं मिला तो उसके मिलने का इंतजार करोगे?

भावार्थ यह है कि मोल–भाव करें, लेकिन उसको पकड़कर न बैठ जाएँ। कई बार चीजें हमें सस्ती और मनचाही कीमत पर मिल जाती हैं, तो यह आपकी अच्छी किस्मत हो सकती है, वरना उसको पकड़कर रुकें नहीं, आगे बढ़ जाएँ।

हमेशा तत्काल फायदा लेने की गलतियाँ न करें

मनुष्य का स्वभाव यही है कि वह क्षणिक संतुष्टि देनेवाली चीजों के मोह में बँध जाता है। उस पल में आनंद लेने के लिए भविष्य के लाभ को भी दाँव पर लगा देता है। ये चीजें जीवन के नजरिए से भी सही नहीं हैं।

उदाहरण

ऑफिस में समोसा या मिठाई आने पर उसको तुरंत खा लेना तथा अनाप शनाप फास्ट फूड (पिज्जा/बर्गर) खाना, वो भी यह जानते हुए कि यह सब आपकी सेहत एवं स्वास्थ्य के लिए सही नहीं है।

अधिकतर लोग यह जानते हुए कि सुबह जल्दी उठने तथा व्यायाम करने से फायदा होता है। फिर भी सुबह देर तक सोना पसंद करते हैं, क्योंकि सुबह देर तक सोने में आपको अच्छा महसूस होता है।

देखा जाए तो इन सब आदतों से कुछ समय के लिए संतुष्टि मिलती है,

लेकिन भविष्य में इसके क्या परिणाम हो सकते हैं, आप सोच भी नहीं सकते। आप अपने आप पर काबू रखें। अगर दीर्घकाल तक स्वस्थ जीवन जीना चाहते हैं तो अपने आपको बदलकर जीवन में अच्छी आदतों को अपनाएँ तथा जीवन में हमेशा सफलता की राह पर आगे बढ़ते रहें, परंतु हम लोग इन चीजों की परवाह नहीं करते, क्योंकि यह जिंदगी और मौत का सवाल नहीं है। यह आराम का मामला है।

लोग इसी में उलझे रहते हैं कि सप्ताह के अंत में फिल्म कहाँ देखेंगे? डिनर कहाँ करना है? लेटेस्ट आईफोन कौन सा आया है? कल किस मॉल में चलेंगे?

इसी तरह की गलतियाँ हम लोग अपने वित्तीय जीवन में भी करते हैं। मैं आपको वित्तीय जीवन की वो पाँच गलतियाँ बताने जा रहा हूँ, जो कि आप में से कई लोग करते हैं।

(1) आयकर बचाने के लिए एंडोमेंट्स पॉलिसी, मनी बैक पॉलिसी एवं यूलिप खरीदना।

(2) अनुपयोगी बीमा पॉलिसियों को सरेंडर नहीं करना।

(3) बिना सोचे–समझे मनचाहा शेयर खरीद लेना।

(4) बेकार शेयरों एवं म्यूचुअल फंडों में पैसा फँसाए रखना एवं विजेताओं को बेच देना।

(5) निवेश के लिए दूसरा मकान खरीदना।

जिंदगी में लालच के चक्कर में न पड़ें

26 मई, 2019 को बेंगलुरु के इंदिरा नगर मेट्रो स्टेशन स्थित कॉफी कैफे डे में, मैं अपने एक मित्र अजय के साथ बैठा था। उस वक्त वे एक कंपनी में प्रबंधक के पद पर कार्यरत थे। उन्हें वित्तीय नियोजन के बारे में मुझसे

परामर्श लेने थे। मैंने उन्हें सभी उत्पादों के साथ–साथ म्यूचुअल फंडों के बारे में समझाया, परंतु उन्होंने कहा कि उनकी कंपनी निवेश पर 20–30% प्रतिफल दे रही है। अतः उन्होंने वहाँ पर 10 लाख रुपए का निवेश कर रखा है। मैंने उन्हें समझाया कि कोई भी कंपनी या योजना अगर अप्रत्याशित प्रतिफल (रिटर्न) दे रही है, तो उसमें निवेश न करें, परंतु उन्होंने मेरी बात नहीं मानी और जून 2019 में कंपनी के ऑफिस पर ताला लग गया, मालिक फरार हो गया। मेरे दोस्त का सारा निवेश स्वाहा हो गया। जब वे मोबाइल पर मुझसे बातें कर रहे थे तो उनका गला भरा हुआ था।

आपको हमेशा उन योजनाओं या वित्तीय उत्पादों से दूर रहना चाहिए, जो कि अप्रत्याशित मुनाफा देने का वादा करते हैं। लालच की वजह से कुछ लोग इन उत्पादों में अपना कीमती पैसा फँसा देते हैं। कई कंपनियाँ, जो कि मल्टीलेवल मार्केटिंग के नाम पर लोगों को शृंखलाबद्ध तरीके से जोड़ती हैं एवं अंत में निवेशकों को बड़ी चपत लगा देती हैं, कुछ दिनों बाद उनके ऑफिस पर ताला लटका होता है। क्रिप्टोकरंसियों से भी दूर रहें।

काल्पनिक ऑफर/लॉटरी जीत/सस्ते फंड ऑफर से सावधान रहें। धोखाधड़ी करने वाले व्यक्ति इ–मेल, पत्र, फैक्स और एस.एम.एस. के माध्यम से विदेश से सस्ते फंडों की विभिन्न काल्पनिक योजनाएँ/ऑफर देते हैं और प्रोसेसिंग शुल्क, लेन–देन शुल्क, कर निकासी शुल्क एवं समाशोधन शुल्क के रूप में राशि माँगते हैं। किसी को भी फंड न भेजें, कमीशन के बदले में धोखेबाजों द्वारा अपने खातों का उपयोग न करने दें।

आयकर बचाने की योजना वित्तीय वर्ष की शुरुआत में करें और केवल आयकर बचाने के लिए निवेश न करें

फरवरी और मार्च के महीनों में अधिकतर भारतीय आयकर बचाने के लिए जीवन बीमा पॉलिसियाँ खरीदते हैं, क्योंकि एजेंट सभी जगह व्याप्त हैं तथा बिना बुलाए भी सलाह देने आ जाते हैं। लोग एंडोमेंट्स पॉलिसी, यूलिप या मनी बैक पॉलिसियों में पैसा फँसा देते हैं। जिनकी उन्हें न जरूरत है, न समझ। ये भविष्य के सपने साकार करने में भी मदद नहीं करती हैं। बस केवल आयकर बचाने के लिए। क्या आप जानते हैं कि यूलिप पर 30% से 50% तक आवंटन शुल्क लगता है? और रही बात बचत की तो ज्यादा–से–ज्यादा एक लाख पचास हजार रुपए निवेश करने पर केवल 30% तक बचत कर पाते हैं और उससे ज्यादा पैसा गँवा देते हैं। यानी आपने एक लाख रुपए का चेक एजेंट को दिया है तो पचास हजार रुपए दस्तावेज पर हस्ताक्षर करते ही गँवा देते हैं।

अपने परिवार को बचत व धन कमाने की प्रक्रिया के बारे में संक्षेप में समझाएँ

बच्चों को पता होना चाहिए कि आप कितना कमाते हैं और क्या काम करते हैं। उन्हें यह भी पता होना चाहिए कि आप उनकी पढ़ाई, बाइक, सैर–सपाटे आदि के लिए किस तरह पैसा जोड़ रहे हैं। अगर वे यह सब जान लेते हैं तो बहुत संभावना है कि वे पूरा सहयोग करेंगे। वे अपनी माँगें रखते समय वास्तविकता के धरातल पर और अपनी सीमाओं में रहेंगे। आप

बच्चों को धन संबंधी बुनियादी बातें बता सकते हैं, ताकि वे ज्यादा जागरूक, ज्यादा जिम्मेदार बनें और पैसों को लेकर ज्यादा वास्तविक ढंग से सोचें।

माता–पिता अपने बच्चों को ये सब बातें बताना ठीक महसूस नहीं करते हैं, क्योंकि उन्हें लगता है कि बच्चे अभी छोटे हैं। माता–पिता सोचते हैं कि जब बच्चों की नौकरी लग जाए और वे कमाने लगें, तब उन्हें वित्त और उसकी समझ का उपयोग करना चाहिए। अधिकतर बच्चों को यह पता नहीं होता है कि पैसा कमाना कितना मुश्किल काम है। उन्हें आपके वेतन और आपके पद के बारे में पता होता है और वे खुद को उच्च–मध्यम वर्ग में समझते हैं। जब आप उन्हें आवास ऋण, कार ऋण एवं अन्य जिम्मेदारियों जैसे, सेवानिवृत्ति के लिए बचत, बीमारी, पढ़ाई और शादी के खर्च के बारे में बताते हैं, जिसके लिए आप बचत कर रहे हैं, तब उन्हें अपनी वर्तमान स्थिति का सही अंदाजा होता है और वे पूरी जिम्मेदारी से पेश आते हैं।

ऐसे कई व्यक्ति हैं, जो अपने बीमा, निवेश, सेवानिवृत्ति योजना, बैंकिंग

और बजटिंग आदि से जुड़े फैसलों में महिलाओं को शामिल नहीं करते हैं और यह कोई अच्छी बात नहीं है। कई बार परिवार के भविष्य से जुड़े मामलों में महिलाओं की समझ काफी बेहतर होती है। पुरुष कई बार दीर्घकाल में होनेवाले खर्चों को नहीं समझ पाते हैं। कई मामलों में महिलाएँ पुरुषों से ज्यादा स्मार्ट होती हैं। हम अपने जीवन में जो भी निर्णय लें, उन्हें जरूर शामिल करना चाहिए। उनसे जरूर पूछ लें कि सेवानिवृत्ति के बाद उनकी जीवनशैली का स्तर क्या रहेगा? सेवानिवृत्ति के बाद आपकी (और उसकी) योजनाएँ क्या हैं? आपकी पत्नी से आपको कई उपयोगी सुझाव मिलेंगे, जिससे आपके लिए योजना बनाना और आसान हो जाएगा।

अपने वित्तीय जीवन में फैसले जितनी जल्दी हो सके, कर लें, विलंब न करें

अपने वित्तीय जीवन को स्वयं सँभालें। अगर आपको लगता है कि आपको वित्तीय सलाहकार की जरूरत है तो उसे अवश्य लें, क्योंकि किसी भी कंपनी का कोई भी सी.ई.ओ. प्रत्येक चीज में महारथी नहीं होता है। उसको भी विशेषज्ञों की हमेशा जरूरत होती है। अतः आप भी अपनी जिंदगी के सी.ई.ओ. बनें और प्रमाणित वित्तीय सलाहकार की मदद लें।

'जब जागो, तभी सवेरा'

□

जीवन की राह सरल बनाएँ

सरलीकरण यानी अनावश्यक चीजों को दूर हटाना, ताकि जो कुछ जरूरी हो, वह आसानी से हो सके। पहले बैंकों में हर प्रक्रिया (पासबुक, डेबिट कार्ड, क्रेडिट कार्ड एवं अन्य सुविधाएँ) के लिए अलग–अलग एप्स थे। आम लोगों को इससे परेशानी यह थी कि हर बैंकिंग कार्यकलाप के लिए उन्हें अलग–अलग मोबाइल एप्स डाउनलोड करने पड़ते थे। लेकिन सरलीकरण की प्रक्रिया ने इन सभी एप्स को एक ही मोबाइल एप में समाहित करते हुए एक नया एप बना दिया है; जैसे– योनो (भारतीय स्टेट बैंक), यू मोबाइल (यूनियन बैंक ऑफ इंडिया) एवं एम कनेक्ट प्लस (बैंक ऑफ बड़ोदा)। यह बैंकों द्वारा सरलीकरण की दिशा में एक प्रयास है।

हम सामान्य तथा सरल वातावरण को ज्यादा पसंद करते हैं। एक माँ, जिसका बेटा शादी लायक है, अगर हम उससे पूछते हैं कि उसे कैसी बहू चाहिए? तो उसका जवाब होगा– सादे (सिंपल) विचारों वाली।

लेकिन हमने अपनी वित्तीय जिंदगी को जटिल बना रखा है। हममें से अधिकतर लोग इस पहलू पर बात ही नहीं करते हैं। सरलीकरण एक ऐसा पहलू है, जो हमारे वित्तीय जीवन को सशक्त एवं अधिक आरामदायक बना सकता है।

हम सब अच्छी कमाई चाहते हैं और साथ ही यह भी चाहते हैं कि हमारा निवेश सफल हो। हमें हर दिन अपनी वित्तीय जिंदगी पर नजर रखने की जरूरत न पड़े, न ही हम दूसरे लोगों के बहकावे में आकर गलत उत्पाद (प्रोडक्ट) को खरीदें। समय पर बिलों का भुगतान करें।

जटिलताएँ एवं मेरा व्यक्तिगत अनुभव

मेरे एक मित्र, जो कि एक बड़ी अंतरराष्ट्रीय कंपनी में प्रेसिडेंट के पद पर कार्यरत हैं। उन्होंने मुझे अपना वित्तीय पोर्टफोलियो मेल किया और कहा कि मैं इसमें किस प्रकार सुधार कर सकता हूँ?

पोर्टफोलियो का विवरण इस प्रकार है–

- ➢ दो मनी बैक पॉलिसियाँ
- ➢ तीन यूलिप
- ➢ पाँच एंडोमेंट्स पॉलिसियाँ
- ➢ 15–20 म्यूचुअल फंड्स
- ➢ 20–30 शेयर्स, जिनकी वर्तमान कीमत खरीदी गई कीमत की आधी हो चुकी है।
- ➢ चार बैंक खाते (उन्होंने इसके पीछे कारण बताया कि जॉब बदलने पर हर जगह बैंक में वेतन खाता खुलवाना पड़ता है)
- ➢ पाँच एफ.डी.
- ➢ पी.पी.एफ. खाता
- ➢ दो एन.एस.सी.
- ➢ दो सॉवरिन गोल्ड बॉण्ड

इसके अलावा उन्होंने मुझे बताया कि उनके पास तीन क्रेडिट कार्ड हैं और वे सामान्यतया एक को ही काम में लेते हैं। इस उलझन भरे पोर्टफोलियो को लेकर वे चिंतित हैं। दर्जन भर बीमा पॉलिसियों का ट्रैक रखना एवं कोई भी ई.सी.एस. बाउंस न हो, इसके लिए हमेशा बचत खाते में पैसे रखना, उनके सिरदर्द का कारण बन जाता है।

अगर आपका पोर्टफोलियो भी इसी प्रकार का है, तो मैं निश्चित रूप से कह सकता हूँ कि इससे आपका जीवन भी जटिल एवं चिंताग्रस्त हो जाएगा। आपकी सारी ऊर्जा और समय केवल इसी में उलझकर रह जाएँगे। इस परिस्थिति के लिए हम स्वयं जिम्मेदार हैं।

हमें जीवन में इस जटिलता से बचते हुए बेहतर चीजों जैसे अपने परिवार, मित्रों, अपनी नौकरी, सेहत अथवा अपनी रुचियों पर ध्यान देना चाहिए, जिससे हम खुश रह सकें।

जब मैंने उनसे इस बेतरतीब (अव्यवस्थित) पोर्टफोलियो का कारण पूछा तो उनका जवाब इस प्रकार था–

1. ज्यादातर पॉलिसियों को उन्होंने अपने मित्रों, बैंक एवं परिवार के लोगों के दबाव में खरीदा। कुछ बीमा कंपनी के एजेंट उन्हें लुभावने सपने दिखाकर चले गए। मित्रो, दबाव में न आएँ, केवल टर्म प्लान खरीदें।
2. 15 म्यूचुअल फंड खरीदने के पीछे उनका उद्देश्य था कि इससे उनका जोखिम कम हो जाएगा। मित्रो, मैं आपको बताना चाहता हूँ कि अकेला म्यूचुअल फंड ही आपको दर्जनों शेयर्स में निवेश विस्तार का अवसर देता है। चार या पाँच से ज्यादा म्यूचुअल फंडों में निवेश कर आप अपने पोर्टफोलियो में केवल दोहराव कर रहे हैं, जो अव्यवस्था और उन म्यूचुअल फंड पर नजर रखने में लगने वाले समय की बरबादी के अलावा कुछ भी नहीं है। मेरा व्यक्तिगत अनुभव यह है कि आम आदमी को बस चार से पाँच म्यूचुअल फंड ही रखने चाहिए। इस रणनीति से पर्याप्त जोखिम विस्तार मिलता है और पोर्टफोलियो प्रबंधन आसान हो जाता है।

सरल पोर्टफोलियो

ऊपर दिए गए उदाहरण से आप काफी हद तक समझ गए होंगे कि एक सरल पोर्टफोलियो क्या है? जो आपके वित्तीय जीवन को सुखी एवं सरल बना दे।

- अधिकतम दो बचत खाते– एक, जिसमें वेतन आता है, सारी किस्तें एवं प्रीमियम जाते हैं। दूसरा, जिसमें आपातकालीन फंड का प्रावधान किया गया है। व्यवसायी के लिए एक खाता ही पर्याप्त है।
- तीन से पाँच म्यूचुअल फंड्स
- एक स्वास्थ्य बीमा पॉलिसी
- एक या दो टर्म पॉलिसी (जीवन बीमा)
- एक क्रेडिट कार्ड (अधिकतम दो), यदि इसकी आवश्यकता हो तो
- एक या दो एफ.डी.
- पी.पी.एफ. एवं एन.पी.एस. खाता

अब आप समझ चुके होंगे कि कौन से वित्तीय उत्पाद किस मात्रा में खरीदे जाएँ।

अपनी वित्तीय योजना को सर्वोत्तम बनाने के लिए दो और क्षेत्रों पर ध्यान दें–

1. **तकनीकी (टेक्नोलॉजी) का उपयोग**
2. **वित्तीय दस्तावेज प्रबंधन**

तकनीकी (टेक्नोलॉजी) का उपयोग

तकनीकी आपके जीवन को खुशनुमा बनाती है। इसका जीवन के हर क्षेत्र में उपयोग करें।

- क्रेडिट कार्ड को अपने बचत खाते से जोड़ दें, ताकि नियत तारीख पर बकाया राशि का भुगतान हो जाए। सभी ऋण खातों का ई.सी.एस. करवा दें।
- नेट बैंकिंग एवं मोबाइल एप का प्रयोग करें, ताकि बार–बार बैंक जाने की आवश्यकता न हो।
- सभी यूटिलिटी बिलों जैसे बिजली, टेलीफोन, बच्चों की फीस एवं टेलीविजन रिचार्ज का भुगतान करने के लिए बैंकिंग मोबाइल एप जैसे यू मोबाइल, योनो, पेटीएम एवं जस्ट डायल का उपयोग करें। इससे समय और ऊर्जा दोनों की बचत होगी।
- अपनी टर्म पॉलिसियों एवं व्हीकल इंश्योरेंस का रिमाइंडर मोबाइल में सेट कर दें। गूगल कलेंडर का उपयोग कर सकते हैं। यह एक उत्कृष्ट सुविधा है, जो आपको इ–मेल और एस.एम.एस. से रिमाइंडर भेजता है। आप हर माह दिए जानेवाले बीमा प्रीमियम और अन्य भुगतान को याद रखने के लिए इसका इस्तेमाल करें।
- स्वचालन (ऑटोमेशन) में एक अच्छी बात यह है कि चीजें, जो हम अकसर करते हैं, उनके भूलने की संभावना कम या नहीं के बराबर होती है, जैसे कि क्रेडिट कार्ड को बैंक खाते से जोड़ना, अन्यथा हमें आर्थिक नुकसान उठाना पड़ता है।
- समय–समय पर मैसेज बॉक्स को चैक करते रहना चाहिए, ताकि आपको सालाना पॉलिसियों का रिमाइंडर मिलता रहे। समय पर अपना आयकर रिटर्न भरें अन्यथा जुरमाना भरने के लिए तैयार रहें।

वित्तीय दस्तावेज प्रबंधन

मित्रो, जब कभी वित्तीय नियोजन के विषय पर मैं सेमिनार करता हूँ, तब लोगों को इस जरूरी कार्य के बारे में अवश्य बताता हूँ। आइए, समझते हैं कि दस्तावेज प्रबंधन की आवश्यकता क्यों पड़ती है?

मान लीजिए, एक व्यक्ति, जो नौकरी या व्यवसाय कर रहा है और परिवार की जिम्मेदारी उठा रहा है, उसने उचित वित्तीय नियोजन भी कर रखा है। जैसा कि आप जानते हैं कि जीवन का कुछ भी पता नहीं लगता, अचानक एक दिन उस व्यक्ति की कार दुर्घटना में मृत्यु हो जाती है। क्या होगा? परिवार, मित्र एवं रिश्तेदार ज्यादा–से–ज्यादा एक महीने तक उदास रहेंगे या रोते रहेंगे। कुछ दिनों पश्चात् जीवन सामान्य हो जाएगा।

अब आपके चाहने वाले (पिता, पत्नी और बच्चे) सोचने लगेंगे कि आपके पास कौन–कौन सी पॉलिसियाँ थीं? आपका बीमा एजेंट कौन था? आपने लॉकर की चाबी कहाँ रखी है? कई बार पत्नी को भी लॉकर की चाबी का पता नहीं होता है।

आपका सी.ए. कौन है? जो आई.टी.आर. फाइल करता है। उसका नाम, पता एवं मोबाइल नंबर क्या है? इसके अलावा कुछ और सवाल भी आपके परिवारवालों को परेशान करते हैं। जैसे–

- आपने कितने म्यूचुअल फंडों में निवेश कर रखा है?
- क्या आपका शेयरों में निवेश है? अगर है, तो आपका ब्रोकर कौन है?
- आपकी बैंक में कितनी एफ.डी. हैं?
- आपने वसीयत (विल) किसके नाम की है?
- गृह ऋण या वाहन ऋण कहाँ से ले रखा है?

ये तमाम सवाल आपके जाने के बाद आपके चाहनेवालों को परेशान कर देंगे एवं वे उलझकर रह जाएँगे। ये जो सवाल मैंने आपको बताएँ हैं, इनसे भी ज्यादा सवाल उनके सामने आ सकते हैं। लेकिन आप ज्यादा चिंता न करें, क्योंकि कुछ सप्ताह पश्चात् आपको प्यार करनेवाले जैसे–तैसे इनकी जानकारी हासिल कर लेंगे।

इसके अलावा भी मैं अपना अनुभव बाँट रहा हूँ। कई बार लोग मेरे पास ऋण लेने आते हैं और कहते हैं कि किसी एक वित्तीय वर्ष के दस्तावेज उनके पास से या सी.ए. के पास से खो गए हैं। क्या आप मुझे गृह ऋण दोगे? उनके चेहरे पर परेशानी के भाव नजर आते हैं। सन् 2011 में मैंने अपनी पत्नी

का पैन कार्ड बनवाया एवं कुछ समय पश्चात् ही वह रेल यात्रा के दौरान खो गया। उसकी फोटोकॉपी भी हमारे पास नहीं थी। इस प्रकार हम सभी लोगों के किसी–न–किसी दस्तावेज के साथ ऐसा होता रहता है।

दस्तावेजों को हमेशा सँभालकर रखें, क्योंकि इस प्रकार की घटनाएँ किसी के भी साथ हो सकती हैं, चाहे वो आप ही क्यों न हों।

लेकिन इन सबसे बचा जा सकता है, खासकर मेरी पुस्तक के इस अध्याय को पढ़ने के पश्चात् आप केवल दो घंटे का समय निकाल लें एवं जिस प्रकार मैं आपको जानकारी दे रहा हूँ, उसी प्रकार से एक मुख्य दस्तावेज (मास्टर डॉक्यूमेंट) तैयार कर लें।

आपका यह छोटा सा सुनियोजित प्रयास आपकी जिंदगी को आपके साथ भी और आपके बाद भी सरल बनाए रखेगा।

मुख्य दस्तावेज (मास्टर डॉक्यूमेंट)

हमें एक मुख्य दस्तावेज तैयार करना चाहिए, जिसमें सभी आवश्यक जानकारियाँ हों एवं परिवार के सदस्यों को इस दस्तावेज से अवगत कराएँ तथा उनकी आँखों के सामने ही उस दस्तावेज को एक अलमारी में रखें, ताकि उन्हें भी पता रहे कि मुख्य दस्तावेज कहाँ रखा है।

साल में कम–से–कम एक या दो बार इसका अध्ययन करते रहें–

1. आपके महत्त्वपूर्ण दस्तावेज (के.वाई.सी. से जुड़े हैं)

क्र.सं	दस्तावेज	नंबर	स्थान	दस्तावेज किस तिथि तक वैध है।
1	पैन कार्ड			
2	आधार कार्ड			
3	पासपोर्ट			
4	ड्राइविंग लाइसेंस			
5	मतदाता पहचान पत्र			

ड्राइविंग लाइसेंस हमेशा साथ रखें एवं बाकी दस्तावेजों को एक फोल्डर में रखें एवं सभी दस्तावेजों की एक–एक कॉपी कंप्यूटर में भी सुरक्षित रखें।

2. महत्त्वपूर्ण व्यक्तियों का संपर्क

विवरण	नाम	मोबाइल नंबर	इ–मेल
सी.ए.			
स्टॉक ब्रोकर			
म्यूचुअल फंड एजेंट			
बीमा एजेंट			
वकील			

3. एसेट्स एवं लाइबिलिटी की जानकारी

एसेट्स	राशि	लाइबिलिटी	राशि
पी.पी.एफ.		1. गृह ऋण	
एन.पी.एस.		2 वाहन ऋण	
म्यूचुअल फंड			
शेयर			
एफ.डी.			
मकान			
कार			

4. अति महत्त्वपूर्ण दस्तावेजों की जानकारी

दस्तावेज	स्थान	संपर्क	मोबाइल नंबर
वसीयत			
जन्म प्रमाण–पत्र			
बीमा पॉलिसी			
प्लॉट के दस्तावेज			
लॉकर की चाबी			

इन दस्तावेजों को खोने के पश्चात् दोबारा प्राप्त करना बहुत कठिन है, अतः इन्हें सँभालकर रखना जरूरी है।

यूनियन बैंक ऑफ इंडिया द्वारा वित्तीय साक्षरता को बढ़ावा देने के लिए वित्तीय साक्षरता केंद्र (फाइनेंशियल लिटरेसी सेंटर) खोले गए हैं। इन केंद्रों पर **किसानों, वृद्ध नागरिकों, माइक्रो एवं स्मॉल इंटर प्रिनोयोर्स** और स्कूल जाने वाले बच्चों को वित्तीय साक्षरता के बारे में **निःशुल्क** बताया जाता है।

इन केंद्रों का ध्येय वित्तीय परामर्श उपलब्ध कराना, वित्तीय उत्पादों एवं सेवाओं के बारे में शिक्षा देना, मुश्किल में पड़े उधारकर्ताओं के लिए ऋण पुनर्निर्धारण और सामान्यतः वित्तीय जागरूकता लाना है।

□□□